Heinz Schlaffer

Das entfesselte Wort

Nietzsches Stil
und seine Folgen

Carl Hanser Verlag

1 2 3 4 5   11 10 09 08 07

ISBN 978-3-446-20946-6
Alle Rechte vorbehalten
© Carl Hanser Verlag München 2007
Satz: Greiner & Reichel, Köln
Druck und Bindung: Ebner & Spiegel, Ulm
Printed in Germany

Inhalt

1 Wort und Zahl 7
2 Stilbeschreibung 16
   Abbildung: Eine Passage in Nietzsches Schriften 25
3 Zwischen den Wörtern 29
4 »Von Höflichkeit« 39
5 Poesie der Prosa 49
6 Unter der Schrift 59
7 In Erwartung der Rede 69
8 Sprechen 78
9 Spruch 87
10 Stilkritik 96
11 Gegensätze 104
12 Sein Kampf 113
13 Ich 122
14 Führer Nietzsche 131
15 Im Jahrhundert der Führer 141
16 Wort und Tat 150
17 Unzeitgemäß 160
18 Vornehm 171
19 Die Stile und der Stil 181
20 Stil und Anti-Stil 190

   Anmerkungen 199
   Register 221

I
Wort und Zahl

Umbrüche schärfen die Beobachtung. Ingo Schulze erinnert sich, daß er das politische Ende der DDR als ein Auswechseln der Maßstäbe in der gesellschaftlichen Organisation erfahren habe: »Waren im Osten die Zahlen hinter den Worten verschwunden, so verschwanden die Worte jetzt hinter den Zahlen. Man konnte meinen, man wäre aus einer Wortwelt in eine Zahlenwelt geraten. War der Osten nicht deshalb kaputtgegangen, weil er dem Wort, der Ideologie den Vorrang vor der Ökonomie, vor den Zahlen gegeben hatte?«[1] Lange Zeit, doch immer mühsamer hatten die sozialistischen Staaten, die aus einem politischen Programm – aus Worten also – hervorgegangen waren, zu unterdrücken und zu verschweigen versucht, was in modernen Gesellschaften alle menschlichen Bedürfnisse und Tätigkeiten bestimmt: ihre Umrechnung in Geld. Um dieses ökonomische Prinzip gruppieren sich Zahlenreihen, vom Bruttosozialprodukt, der Außenhandelsbilanz, dem Prozentsatz der Arbeitslosen bis zu Umfrage- und Wahlergebnissen, den Bestseller- und Bestenlisten, den Einschaltquoten der Fernsehsendungen, der Platzauslastung der Theater. Selbst in dem klassischen Organ der Wortwelt, der Zeitung, nimmt die Zahlenwelt der Statistiken und Tabellen einen wachsenden Raum ein. Börsenkurse und Sportergebnisse führen den Vorrang des Meßbaren täglich vor Augen. Waren werden mit Worten angepriesen, aber mit Geld bezahlt; Sportler werden als Helden verehrt, aber mit Zahlen gemessen. Auch die Attraktion und die Kosten der Kultur entziehen sich nicht der Berechnung. Entzaubert ist, so lehrte Max Weber, die moderne Welt, weil sie keine geheimnisvollen Mächte kennt und sich auf rationale Kalkulation verläßt.

Wenn die Zahl über das Wort gesiegt hat, schwindet die Bedeutung jener Gruppe, die auf die Macht des Wortes gesetzt hatte: der Intellektuellen. Ihre Kritik der bestehenden Welt und ihre Entwürfe einer besseren Welt blamieren sich, weil sie nicht in der Lage sind, eine Kostenrechnung vorzulegen. Aber nur wenige unter ihnen bringen es über sich, wie Niklas Luhmann ein kybernetisches Modell der Gesellschaft gutzuheißen oder sich wie Friedrich Kittler, schnöde und euphorisch, exakte Zahlen an die Stelle des vagen »Geistes« zu wünschen.

1989 wurde der endgültige Sieg der Zahl über das Wort manifest, im Westen wie im Osten. Die kulturelle Opposition dieser beiden Potenzen hat jedoch eine längere Vorgeschichte. Bereits in Goethes Roman *Wilhelm Meisters Lehrjahre* steht dem Kaufmannssohn Wilhelm, den es in die Welt der bedeutsamen Worte zieht – zur Dichtung, zum Schauspiel –, sein nüchterner Vetter Werner gegenüber, der alle Personen und Gelegenheiten, auf die er trifft, danach taxiert, welchen Profit er daraus zu schlagen vermöchte. Romantische Erzählungen, von Eichendorff und E. T. A. Hoffmann bis zu Thomas Mann und Hesse, werden nicht müde, sich diesen Gegensatz zwischen dem »Nützlichkeitsmenschen« und dem »künstlerischen Menschen« (wie das ungleiche Paar bei Richard Wagner heißt) auszumalen. Selbst in der Bildungspolitik des 19. Jahrhunderts kehrt der Streit wieder: Die mathematisch-technisch ausgerichtete Realschule mußte ihre Berechtigung gegen das sprachlich ausgerichtete Gymnasium verteidigen wie die Technische Hochschule gegen die Universität, an der die philologischen Disziplinen dominierten.

Die meisten Wortführer des Worts, die Schriftsteller, verabscheuten die heraufziehende Welt der Zahlen, des Zahlens und des Zählens, die Ökonomie also und die Demokratie. Friedrich Nietzsche beklagte an der Kultur seiner Zeit die »allgemeine Hast und zunehmende Fallgeschwindigkeit«: »die gebildeten Stände und Staaten werden von einer grossartig verächtlichen Geldwirthschaft fortgerissen.«[2] Nicht anders deutete Rudolf Borchardt (in einem sprachlich etwas verworrenen Satz) die ökonomische Prosperität Deutschlands nach 1871 als Zeichen des kulturellen Niedergangs: »die große geistige Literatur, auf der unsere Weltgeltung vor Sedan herrschte, ist dem Handel und Verkehr entschwunden.«[3] Dichter und Denker stilisierten die Deutschen zu einem Genievolk von »Dichtern und Denkern«, von erhabenen Wortschöpfern also, im Gegensatz zu den »Händlervölkern« des Westens, die den verächtlichen Geschäften des Geldes und den geistlosen Wissenschaften des Messens nachgingen. Mit diesem schmeichelhaften Unterschied konnten die Deutschen auch ihre Niederlage im Ersten Weltkrieg erklären, ohne ihr Selbstbewußtsein mindern zu müssen. Noch 1932 empörte sich Ernst Jünger über die Folgen aller ökonomischen Kalkulation, über den »Versuch der Rechenkunst, das Schicksal in eine Größe zu verwandeln, die sich mit rechnerischen Mitteln auflösen läßt.«[4] So ließe sich lange weiter zitieren, denn nur wenige deutsche Autoren des 19. und 20. Jahrhunderts haben sich den Topos der Antinomie von Wort und Zahl entgehen lassen. Dabei dürfen sie bis heute mit dem Beifall ihrer Leser rechnen, die sich durch dieses literarische Credo von den Banausen, den »Logikern und Mathematikern des Lebens«[5], abzugrenzen wünschen. Die Forderung, das Wort als geistige Potenz gegenüber der Zahl als mechanischem Faktum auszuzeichnen, war in Deutschland durch die protestantische Hochschätzung von Bibellektüre und Predigt vorbereitet gewesen und war schließlich durch die Verehrung der klassischen Dichter befestigt worden.

Alle Menschen können sprechen, doch wenige nur sind der Sprache in solchem Grade mächtig, daß sie allein dadurch Macht auf andere ausüben. Redner und Schriftsteller nutzen diese ungleichmäßige Verteilung des Sprachvermögens. Den einen, der spricht oder schreibt, hören oder lesen viele in stummer Bewunderung; die Leser fühlen sich ihrerseits über die Masse erhoben, der sogar der Sinn für das Zuhören und Lesen abgeht – »hole sie der Teufel und die Statistik!«, flucht Nietzsche.[6] Mit Nietzsches Begriff des »Willens« schmähte Hitler die demokratische Arithmetik: »Nicht die Zahl gibt den Ausschlag, sondern der Wille.«[7] Kaum eine Staatsform war den Regenten des Worts in Deutschland fremder als die Demokratie, in der Abstimmungen, also Zahlen, entscheiden, ohne die Stimmberechtigten nach ihrem geistigen Rang zu bewerten. Der Eine, die Wenigen, die Vielen, die »Vielzuvielen« (wie Nietzsche sie nennt), deren »Zahl« bereits »Frevel« ist (wie Stefan George hinzufügt) – der abgestufte Zugang zur Wortwelt sollte eine Art zweiter Aristokratie begründen. Die Demokratie gibt das Wort frei und mindert gerade dadurch seine Bedeutung. Kapitalistische Ökonomie und bürgerliche Demokratie, die beide sich auf Recht und Gerechtigkeit der Zahl berufen, beenden das Zeitalter des Worts. Wann hatte es begonnen?

»Im Anfang war das Wort«: Das Alte Testament erzählt, Gott habe die Welt erschaffen, indem er »sprach«, und den Umgang der Menschen untereinander geregelt, indem er Gebote aufschrieb, die später sein Sohn durch Sprüche modifizierte. Der Gott der Bibel ist Schriftsteller und Redner, der Gott der neuzeitlichen Naturwissenschaft hingegen Mathematiker. Die christliche Religion besteht in Sprachhandlungen: in der Verkündigung von Dogmen, in der Erteilung der Sakramente durch feste Sprachformeln, in Segen, Predigt, Gebet und Beichte, in erbaulicher Lektüre. Seit der frühen Neuzeit jedoch arbeiteten Physiker daran, die Gesetze des Kosmos in Zahlenverhältnissen festzulegen – zunächst im Verborgenen, um den Einspruch und Richtspruch der Kirche zu umgehen. Erst im Verein mit den Erfolgen der Technik und der Geldwirtschaft brachte die Zahlenwelt der Naturwissenschaften seit dem 18. Jahrhundert die Wortwelt in Bedrängnis. Die Apologeten des Worts suchten sich durch einen Kompromiß zu retten: In den Sphären der Mechanik und des Kommerzes mochten Zahlen gelten, in den »höheren« Angelegenheiten des Glaubens, der Philosophie und der Poesie aber galten weiterhin die Worte.

Gerade die Bedrohung der Wortmacht rief seit dem späten 18. Jahrhundert bei den Bedrohten eine früher unbekannte Emphase hervor. Ihre knappste Formel hat die verzweifelte Verteidigung des magischen Vermögens, das einst dem Wort innewohnte, in einem Gedicht des Novalis gefunden: »Wenn nicht mehr Zahlen und Figuren / Sind Schlüssel aller Kreaturen / Wenn die so singen, oder küssen, / Mehr als die Tiefgelehrten wissen / […] Und man in Mährchen und Gedichten / Erkennt die wahren Weltgeschichten, / Dann fliegt vor Einem geheimen Wort / Das ganze verkehrte Wesen fort.«[8] Weder Novalis' »geheimes Wort« noch Eichendorffs »Zauberwort«, weder die literarische Romantik noch der philosophische Idealismus (wie die Geistesgeschichte diese anspruchsvollen Oppositionen gegen die meßbare, entzauberte Welt nennt) vermochten die »Zahlen und Figuren« zu vertreiben; vielmehr erweiterten sie im 19. Jahrhundert ihr Territorium. Industrialisierung, Kommerzialisierung, der Fortschritt der Naturwissenschaften, die Formalisierung und Mathematisierung in einigen Geisteswissenschaften (in der Logik, Linguistik, Soziologie) sorgten dafür, daß die Macht der Zahlen wuchs, in der Wirklichkeit wie im Bewußtsein von ihr.

Mit Stolz registrierte die bürgerliche Gesellschaft des 19. Jahrhunderts, daß sich alles vermehrte: die Bevölkerung, die Reichweite der Kanonen, die Warenproduktion, die Geldmenge, die Masse der Informationen und der Grad der Informiertheit. Konservative Aristokraten und kulturkritische Intellektuelle wandten sich von diesem populären Glück der wachsenden Zahl verächtlich ab. Nietzsche ging einen Schritt weiter, indem er dem Prozeß der Vermehrung den Vorzug einer Verminderung entgegenhielt. Er plädierte dafür, die Bildungsansprüche der Gymnasien und Universitäten zu erhöhen und dadurch die Zahl der Schüler und Studenten zu verringern. Die sorgfältige Lektüre klassischer Texte erspare den Wust der Zeitungsnachrichten und der Modeliteratur; die Züchtung einer verbesserten Rasse erlaube es, einen Großteil der entarteten Massen zu vernichten. Je spürbarer der Erfolg der Zahlen war, desto überschwenglicher pries die Gegenpartei den Vorzug des Worts. Die Qualität des »großen Stils«, wie ihn Nietzsche forderte und in seinen Schriften demonstrierte, sollte die Expansion stilloser Quantitäten bannen.

Für das Titelblatt seines ersten Buchs, *Die Geburt der Tragödie aus dem Geiste der Musik*, ließ Nietzsche eine Zeichnung anfertigen. Sie zeigt, als Gegenstück zu Äschylos' *Gefesseltem Prometheus,* dem griechischen Drama, das Nietzsche als »das höchste Cultur-Gedicht« einschätzte,[9] die Entfesselung des Prometheus – gewiß ein Selbstporträt des künftigen Autors am Beginn seiner prometheischen Taten als Schriftsteller. Nietzsche begründete die Epoche des entfesselten Worts in der deutschen Prosa und – eine Folge dieser Entfesselung – in der deutschen Geschichte. Es bedurfte des Zweiten Weltkriegs (der Erste hatte nicht genügt), um diese Epoche zu beenden. Nach ihrem Ende blickte Gottfried Benn auf ihren Anfang zurück: »Dann kommt Nietzsche und *die* Sprache beginnt, die nichts will (und kann) als phosphoreszieren, luzifieren, hinreißen, betäuben. Sie zelebriert sich selbst, reißt das Menschliche ganz in ihren schmalen, aber auch gewaltigen Organismus, sie wird monologisch, ja monoman. Ein tragischer

Stil, Krisenstil, hybrid und final.«[10] Noch der Abgesang auf Nietzsches Stil ist in dessen Stil gehalten. Benns Urteil trifft sich mit dem Urteil, das vierzig Jahre früher, zur Zeit des Ersten Weltkriegs, Thomas Mann abgegeben hatte: Nietzsches »zivilisatorische Wirkung« bestehe »in einer ungeheueren Verstärkung, Ermutigung und Schärfung des Schriftstellertums, des literarischen Kritizismus und Radikalismus in Deutschland. [...] Er verlieh der deutschen Prosa eine Sensitivität, Kunstleichtigkeit, Schönheit, Schärfe, Musikalität, Akzentuiertheit und Leidenschaft – ganz unerhört bis dahin und von unentrinnbarem Einfluß auf jeden, der nach ihm deutsch zu schreiben sich erkühnte.«[11] Eine solche Energie der Sprache, des Stils steigerte die Bedeutung der deutschen Literatur am Beginn der Moderne, aber auch die Verwirrung der deutschen Intelligenz und das Verhängnis der deutschen Politik. Wie sich literarisches Glück und historisches Unglück in der rauschhaften Wirkung von Nietzsches Stil verschränken, hat Benns ambivalente Charakteristik erfaßt: »Ein tragischer Stil, Krisenstil, hybrid und final.«

Viel beschworen, aber unzulänglich bewiesen wird heute eine angebliche »Sprachkrise« um 1900. Dieses Stereotyp stützt sich vor allem auf Hofmannsthals durchaus beredsamen *Brief* des Lord Chandos und den koketten letzten Satz von Wittgensteins *Tractatus logico-philosophicus*: »Wovon man nicht sprechen kann, darüber muß man schweigen.« Aber wer hielt sich schon an diesen Ratschlag? In Wahrheit gab sich diese Zeit allen Versuchen und Versuchungen einer erregten Sprache hin. Die Schriftsteller schrieben, die Redner redeten über alles, am liebsten und geläufigsten über das Unsichtbare, Unsagbare, Undenkbare. Sobald die Sprache die Rücksicht auf Grammatik, den tradierten Wortschatz und seine Bedeutungen abgelegt hatte, fiel es leichter, provozierende »Umwertungen aller Werte« in unerhörten Sätzen vorzuführen, mysteriöse Parolen als Ausfluß einer persönlichen Erleuchtung auszugeben, ad hoc entworfene Weltanschauungen zu propagieren, radikale Programme zur Erlösung der Welt oder wenigstens des deutschen Volkes aufzustellen.

Gerade an großen Worten läßt sich nur schwer nachprüfen, inwieweit dem Wortlaut ein Sachverhalt entspricht. So ehrgeizige Begriffe wie »Gott«, »heilig«, »Volk«, »Rasse«, »Geist«, »vornehm« halten die einen für höchste Wahrheit, die anderen für leeren Schall – eine Ungewißheit, die sich bei den Begriffen »Tiger« oder »Tisch« nicht so leicht einstellt. Es ist ein Vorzug der Sprache, daß sie auch von dem zu reden gestattet, was nicht unmittelbar vor Augen liegt, auch von einem Tiger im fernen Dschungel und von einem Tisch, der erst angefertigt werden soll, von abwesenden Dingen also, von Vergangenheit etwa und Zukunft. Mit dieser Erweiterung des räumlichen und zeitlichen Horizonts handelt sich die Sprache jedoch den Nachteil ein, daß Phantasiegebilde, wenn sich nur ein Name für sie findet, so auftreten, als gehörten sie zur erfahrbaren Welt. Religion, Mythos, Poesie und Wahn bedienen sich dieser Übertreibungen der Sprache, die nicht vollständig durch den kontrollierten Bezug zur Außenwelt und die innere Logik der Wort- und Satzbildung gesteuert ist. Es braucht viel Sachverstand, um zu unterscheiden, was in einem Satz Deskription, was in ihm Fiktion ist. Im Übergangsbereich von Wahrnehmung, Erkenntnis, Vermutung, Verdacht, Wunsch und Halluzination verschwimmen die Konturen. Selbst das Unwahrscheinliche, sogar das Widerlegte lebt oft lange durch die Erwägung fort, ob nicht das, was jetzt noch zweifelhaft in exaltierten Sätzen existiert, künftig wahr und wirklich werden könnte, notfalls mit Hilfe von Gewalt?

»Dann kommt Nietzsche und *die* Sprache beginnt.« Es verblüfft und trifft dennoch zu, daß ein einzelner Autor *die* Sprache einer ganzen Epoche begründet, darüber hinaus in der Sprache zuvor verborgene Möglichkeiten aufgedeckt haben soll. Aus dem Bestand und dem Potential der deutschen Sprache entwickelte Nietzsche seine besondere Sprache, das unerhörte, das noch nie gehörte Wort. Hätte er die Wortwelt nicht mit so faszinierenden Eigenschaften ausgestattet, sie hätte sich nicht so lange, so großartig und mit so katastrophalen Folgen gegen die Zahlenwelt behaupten können.

2

Stilbeschreibung

Nietzsches Bücher haben bei seinen Zeitgenossen selten Beachtung, seltener noch Zustimmung gefunden. Auf einen der wenigen Rezensenten, den Schweizer Kritiker Josef Victor Widmann, machte *Jenseits von Gut und Böse* einen zwiespältigen Eindruck: »Viele dieser Aphorismen haben mehr einen dichterischen als philosophischen Werth, was so weit wahr ist, daß man an ihnen, d.h. an ihrer lebhaften und schönen Form, noch Wohlgefallen empfindet, wenn man ihren Inhalt auch als grundfalsch erkennt.«[1] Widmann konnte nicht ahnen, daß bereits die nächste Generation Thesen, die er für »grundfalsch« hielt, als vollkommen richtig anerkannte. Das Ausmaß von Nietzsches Wirkung auf Literatur, Philosophie, Politik, sogar auf die Lebensformen der folgenden Jahrzehnte, sollte seine eigene Prophezeiung, er werde der Denker der Zukunft sein, noch übertreffen. Vor allem dort, wo sich literarischer Ehrgeiz mit dem Klang halbphilosophischer Begriffe und mit Spekulationen über die politische Zukunft vermischte und zu kulturphilosophischen Aufrufen, Bekenntnissen und Weltanschauungslehren aufschwang, war die Imitation von Nietzsches Schreib- und Denkweise obligatorisch. Thomas Manns *Betrachtungen eines Unpolitischen*, Oswald Spenglers *Untergang des Abendlandes*, Alfred Rosenbergs *Mythus des 20. Jahrhunderts* sind nur die bekanntesten Titel aus der endlosen Reihe von Schriften dieser Art, die in der ersten Hälfte des 20. Jahrhunderts deutsche Kultur zu deuten, zu formen, zu repräsentieren glaubten. Weil sich auch Mussolini und Hitler zu Nietzsches Erben erklärt hatten, endete 1945 seine Popularität; in der DDR wurden seine Schriften nicht mehr gedruckt, in der Bundesrepublik zunächst nicht ohne verlegene Rechtfertigungen. Seitdem sind sein Werk und dessen Wirkung fast nur noch Gegenstand gelehrter Abhandlungen. Lediglich der Erkenntniskritik Nietzsches haben die französischen Dekonstruktivisten eine aktuelle Bedeutung, eine akademische Popularität verschafft. Sie läßt sich besonders an solchen literaturwissenschaftlichen Textanalysen ablesen, die der Maxime folgen, daß die Zweideutigkeit der Sprache jede Eindeutigkeit des Sinns ausschließe.

Die Zukunft, die Nietzsche seinem Werk vorhersagte, trat ein, ist aber heute bereits wieder zur Vergangenheit geworden. War also das Urteil des frühen Kritikers – »grundfalsch« – grundrichtig? Widmann hatte von seinem Verdikt die »lebhafte und schöne Form« ausgenommen. Benn, selbst geprägt durch Gedanken und Stil Nietzsches, radikalisierte und generalisierte Widmanns Unterscheidung: »Stil ist der Wahrheit überlegen, er trägt in sich den Beweis der Existenz.«[2] Haben erst die Nachgeborenen, auf die Nietzsches Wirkungen nicht mehr einwirken und denen die Geschichte das Urteil über Wahr und Falsch abgenommen hat – haben erst sie die Freiheit, sich dem »Wohlgefallen« an Nietzsches Stil zu überlassen? Sein Werk wollte sich nicht damit begnügen, in der Sphäre des Worts, als Literatur also, Aufsehen zu erregen. Es wollte die Grenze des Worts zur Tat überschreiten (Nietzsches Nachfahren überschritten sie wirklich). Heute scheint es wieder in die Grenzen des Buchs zurückzukehren, um von anderen Büchern kommentiert zu werden. Es wird zur Lektüre unter anderen Lektüren und kann auch, wie zu sehen sein wird, einem gelehrten Exzeß von Lektüre, der Stilanalyse, dienen.

Nietzsche nannte sich stolz »ein Verhängnis«. Kann seine Prosa, nachdem sich das von ihr inspirierte Verhängnis ausgetobt hat, auf den puren Zauber der Sprache reduziert werden – ohne den das Verhängnis wohl gar nicht eingetreten wäre? Nach 1945 haben sich zwei entgegengesetzte Interpretationen von Nietzsches geschichtlicher Rolle eingebürgert. Die einen setzten ihn als Vorläufer und Anstifter des Faschismus auf den Index der bedenklichen Bücher, die anderen entschuldigten seinen Beitrag zur Begründung totalitärer Ideologien im 20. Jahrhundert als Mißverständnis und Mißbrauch eines Textes, dessen Unschuld wiederherzustellen sei. Jedoch die geschichtliche Wirkung dieses Werks ist Ziel und Absicht auch der »lebhaften und schönen Form«. Schön nämlich ist diese Form, weil sie lebhaft ist, weil sie zum Leben drängt, auf das Leben wirken will. Der Anspruch und das Versprechen von Sätzen, die künftig wahr machen möchten, was zu ihrer Zeit noch als falsch erachtet wird, bestimmen den Stil dieser Sätze. Widmann hatte seiner Kritik den Titel *Nietzsches gefährliches Buch* gegeben; der Kritiker verfügte nicht über prophetische Gaben, spürte aber die Vehemenz einer neuartigen Schreibweise, die im Leser den Wunsch zu erregen vermochte, »gefährlich zu leben« – eine Formel Nietzsches, die seine italienischen Anhänger, die Futuristen und Faschisten, wörtlich übernahmen und wörtlich nahmen. Eine Analyse dieses Stils muß seine über den Stil hinausreichenden Folgen verständlich machen. Der heutige Leser sollte das Ärgernis ertragen, daß vollkommene Schönheit ein Mittel der Zerstörung sein kann, sein will. Nach der politisch-militärischen Niederlage, die der Ausgang des Zweiten Weltkriegs den Anwendern Nietzsches beibrachte, darf sich – mit unverdienter Gelassenheit – das ästhetische Vergnügen heutiger Leser jener Sprachkunst aussetzen, die Nietzsche nicht nur zum ästhetischen Vergnügen entfesselt hatte.

Bekanntlich ist der Begriff ›Stil‹ auf fast alle kulturellen Erzeugnisse anwendbar, das Leben selbst eingeschlossen, wofür in der modernen Gesellschaft dieser oder jener Lebensstil bereitsteht. Eine Beschreibung von Nietzsches Sprachstil bleibt dem Ursprung des Begriffs näher, da bereits im Lateinischen ›stilus‹, wörtlich ›Griffel‹, die Schreibart eines Schriftstellers bezeichnete: Das Ergebnis des Schreibens ist der Art vergleichbar, wie einer sein Werkzeug hält. Jeder wächst mit einer Sprache auf, aber nicht mit einem Stil; dieser ist Resultat einer Erziehung, einer Selbsterziehung oder einer Begabung. Die Grammatik legt fest, welche Sätze korrekt sind; das Prädikat des Stils aber verdienen erst solche Sätze, die mehr als korrekt sind: schön oder zumindest eigenartig. Grammatik und Stil verhalten sich wie Pflicht und Kür. Stil ist Kür, aber nicht Willkür: Die Summe seiner Extravaganzen soll wiederum eine Ordnung ergeben, eine nach ästhetischen Gesichtspunkten geformte Grammatik zweiten Grades.

Stil ist auch ein Mittel der Distinktion. Die aristokratische Attitüde, wie sie die Schriftsteller im Fin de siècle und noch lange danach gerne zur Schau trugen, hatte als Adelsdiplom nichts als ihren Stil vorzuweisen. Stil fordert Beachtung und Achtung; er wäre keiner, wenn der Stilkünstler nicht auf die Stillosigkeit der normalen Benutzer der Sprache herabblickte (weshalb das gesteigerte Stilbewußtsein der deutschen Prosa seit Schopenhauer von einer unablässigen Sprachkritik begleitet wird). Stil ist die Manifestation einer Abweichung, die als Norm auftritt, einer Norm jedoch, die mehr bewundert als nachgeahmt sein will. Zwar unterliegt auch der Stil dem historischen Wandel; doch anders als die Mode, die im Einverständnis mit der Zeit kommt und geht, verspricht der Stil, die wahre und schöne Form ein für allemal getroffen zu haben. Den Versuchungen und Veränderungen der Zeit hofft der seiner selbst bewußte Stil zu entgehen, indem er auf die Substanz und Dauer einer Form vertraut. Wem es gelingt, einen Stil zu schreiben und nicht nur Sätze, der beweist, unabhängig von jedem bestimmten Inhalt, daß er über genügend Geist und Souveränität verfügt, um unter seinem Namen dem anonymen

Chaos der nachlässig gehandhabten Sprache endlich den Charakter von Entschiedenheit, Notwendigkeit, Gültigkeit und Herrschaft aufzuprägen.

Man verfehlt nicht Nietzsches Intention, wenn man sich vordringlich mit seinem Stil und nicht mit seinen Ansichten beschäftigt. Bereits 1873 plante er ein Buch »Über Lesen und Schreiben« (mit den Kapiteln »1. Das Viellesen. 2. Das Vielschreiben. 3. Der Stil. 4. Die Rede.«[3]) »Vom Lesen und Schreiben« handelt ein Abschnitt des *Zarathustra*. Es ließe sich leicht ein ganzes Buch mit Nietzsches Empfehlungen für einen guten Stil, mit der Kritik des schlechten Stils und dem Lob der eigenen schriftstellerischen Fähigkeiten zusammenstellen. Stilbildung, »den guten Geschmack und die strenge sprachliche Zucht«, erklärt er in seinen Vorträgen *Ueber die Zukunft unserer Bildungsanstalten* zur wichtigsten Aufgabe der Gymnasien. Ihren Lehrern empfiehlt er, »den Gebrauch von solchen Worten geradezu zu verbieten wie z. B. von ›beanspruchen‹, ›vereinnahmen‹, ›einer Sache Rechnung tragen‹, ›die Initiative ergreifen‹, ›selbstverständlich‹.«[4] In der ersten der *Unzeitgemäßen Betrachtungen* demontiert er den Ruhm des angeblichen »klassischen Prosaschreibers« David Friedrich Strauß durch eine unerbittliche und detaillierte Kritik dieser Prosa. Pathetisch hält Nietzsche den nachlässigen Schriftstellern seine eigene Leistung entgegen, die er der Devise verdanke: »an einer Seite Prosa wie an einer Bildsäule arbeiten.«[5] Seine Sorge um den vollkommenen Stil erstreckt sich auf die kleinsten phonetischen und rhythmischen Einzelheiten: »Ein Missverständniss über sein Tempo zum Beispiel: und der Satz selbst ist missverstanden! Dass man über die rhythmisch entscheidenden Silben nicht im Zweifel sein darf, dass man die Brechung der allzustrengen Symmetrie als gewollt und als Reiz fühlt, dass man jedem staccato, jedem rubato ein feines geduldiges Ohr hinhält, dass man den Sinn in der Folge der Vocale und Diphthongen räth, und wie zart und reich sie in ihrem Hintereinander sich färben und umfärben können: wer unter bücherlesenden Deutschen ist gutwillig genug, solchergestalt Pflichten und Forderungen anzuerkennen und auf so viel Kunst und Absicht in der Sprache hinzuhorchen?«[6] Nicht einmal die Satzzeichen läßt Nietzsche bei der Inventur im Arsenal der sprachlichen Mittel unerwähnt.

Nietzsche war davon überzeugt, daß sein – und fast nur sein – Stil solchen höchsten Ansprüchen genüge. »Ich bilde mir ein«, schreibt er 1884 seinem Freund Erwin Rohde, »mit diesem Z[arathustra] die deutsche Sprache zu ihrer Vollendung gebracht zu haben. Es war, nach *Luther* und *Goethe,* noch ein dritter Schritt zu thun –; sieh zu, alter Herzens-Kamerad, ob Kraft, Geschmeidigkeit und Wohllaut je schon in unsrer Sprache *so* beieinander gewesen sind. [...] Mein Stil ist ein *Tanz*; ein Spiel der Symmetrien aller Art und ein Überspringen und Verspotten dieser Symmetrien. Das geht bis in die Wahl der Vokale.«[7] In *Ecce homo*, dem nicht durch Bescheidenheit beeinträchtigten Rückblick Nietzsches auf seine Werke, setzt er sich in dem Kapitel »Warum ich so gute Bücher schreibe« an den obersten Platz in der Geschichte der deutschen Prosa: »Man weiss vor mir nicht, was man mit der deutschen Sprache kann, – was man überhaupt mit der Sprache kann. – Die Kunst des *grossen* Rhythmus, der *grosse Stil* der Periodik zum Ausdruck eines ungeheuren Auf und Nieder von sublimer, von übermenschlicher Leidenschaft ist erst von mir entdeckt.«[8] Einem Besucher gegenüber meinte er, daß der publizistische und ökonomische Mißerfolg seiner Bücher gerade durch ihre stilistischen Vorzüge verursacht sei: »von dem Ertrag seiner Schriften könne ein Mensch nicht leben, der wie er, die Form seiner Schriften, den Stil derselben so ernst nehme.«[9] Einige Jahrzehnte später hätte er recht gut vom Ertrag seiner Schriften leben können. Sie trafen auf Leser oder hatten sich solche geschaffen, die von dieser Form, diesem Stil bezaubert waren.

In Nietzsches Sprache steckt mehr, als er verraten wollte, mehr als er selbst erkannte, mehr auch, als seine Anhänger bemerkten und rühmten. Noch der heutige Leser, obgleich weniger zum Enthusiasmus aufgelegt, kann die von Nietzsches Sprache ausgelösten Erregungen nachfühlen, wenn auch vielleicht nicht erklären. Die in diesem Buch unternommene Analyse will Nietzsches Stil so genau beschreiben, daß es gelingt, Intentionen aufzudecken, die er verbirgt. Dafür ist eine Unterscheidung dienlich, die der Kunsthistoriker Erwin Panofsky von dem Zeichentheoretiker Charles S. Peirce übernommen hat: ein Kunstwerk erfordere vom Betrachter einen doppelten Blick, auf das, »was es zur Schau trägt«, und auf das, »was es verrät«.[10]

Um unbewußte Vorgänge der Lektüre bewußt zu machen, ist eine unnatürliche Art von Lektüre notwendig: ihre Verlangsamung, ihr Stillstand schier. Mit einem Textabschnitt, etwa eine Seite lang und mühelos in einer Minute aufzunehmen, wird der Leser der Abhandlung über diesen Text, wenn ihn die Geduld nicht verläßt, mehrere Stunden, vielleicht sogar Tage aufgehalten. Solch ein kurzer Text, wie die aus Nietzsches Schriften ausgewählte Passage, ist im Normalfall bald gelesen und bald vergessen – mit Recht, denn würden die Leser den lange verweilenden Blick des Philologen zur allgemeinen Richtschnur nehmen, so kämen sie mit ihren Lektüren nicht vom Fleck. Den größten Teil sprachlicher Phänomene wird der Leser gewöhnlich gar nicht bemerken, weil er sie für unumgängliche, also gleichgültige Begleiterscheinungen der vom Autor beabsichtigten Mitteilung hält. Es ist kaum möglich, gleichzeitig auf den Sinn und auf den Klang eines Satzes zu achten. Stilanalyse muß sich mit dem Widerspruch abfinden, daß sie Leseerfahrungen aufzeichnet, wie sie kein Leser registriert hat außer dem einen, der sie aufzeichnet. Seinen nächsten Verbündeten hätte der Stilanalytiker in dem toten, nicht mehr zur Auskunft fähigen Autor: Er war immerhin mit dem Schreiben länger beschäftigt als der gewöhnliche Leser mit dem Lesen, hatte also Zeit genug gehabt, Absichten und Nebenabsichten in seine Worte hineinzulegen. Nietzsche, der »nicht umsonst Philologe« und daher »ein Lehrer des langsamen Lesens« war,[11] wünschte sich einen Leser, der zögernd liest, also der Neigung widersteht, den fortlaufenden, vorauseilenden Text möglichst schnell einzuholen.

Im Vergleich einer Seite Prosa mit einer »Bildsäule« steckt der paradoxe Vorschlag, die Lektüre durchgearbeiteter Texte nicht als zeitlichen Vorgang, sondern als räumliche Wahrnehmung aufzufassen. Die Ausführlichkeit dieser Untersuchung geht noch über Nietzsches Wünsche hinaus. Nietzsche behauptet, daß jede Einzelheit der Wortfolge, des Klangs und des Rhythmus in seiner Prosa bedacht und beabsichtigt sei. Sie besäße demnach Eigenschaften, die gewöhnlich nur der Lyrik zukommen, und erforderte vom Interpreten die gleiche Aufmerksamkeit, wie er sie einem Gedicht zuwenden sollte. Ähnlich wie die Beschreibung der Form an einem Gedicht noch anderes erkennen läßt als seine offensichtlichen Motive, so zeigen sich bei genauer Analyse in Nietzsches Prosastil Tendenzen, die im Wortlaut des Textes nicht zur Sprache kommen. Erst die am stilistischen Detail gewonnenen Einsichten lassen weiträumige Folgerungen zu, die Nietzsches Stil mit den intellektuellen Bewegungen des 20. Jahrhunderts verknüpfen.

Nicht ohne Recht rühmt sich Nietzsche, er habe gezeigt, »was man mit der deutschen Sprache kann, – was man überhaupt mit der Sprache kann.« Deshalb ist auch eine Analyse seiner Sprache gehalten, an ihr Neuerungen der deutschen Sprache und generelle Möglichkeiten von Sprache zu erhellen. Nietzsche war mit der Tradition der Rhetorik vertraut (er hielt in Basel Vorlesungen über ihre Anfänge in der Antike), doch bezweifelte er, daß sie das stilistische Potential der Sprache erschöpfend beschrieben und ausgebeutet habe. Die Entdeckung bislang verborgener Ausdrucksmöglichkeiten der

Sprache durch ihn könnte verständlich machen, weshalb sein Stil Wirkungen hervorrief, wie sie vorher keine andere Prosa hervorzurufen vermochte, und hätte sie auch die rhetorischen Praktiken noch so virtuos zu handhaben gewußt.

Die Passage, deren Untersuchung bewußt machen soll, was dieser Stil ist und was er vermag, findet sich im »Vorwort« zu einer der letzten Schriften Nietzsches, *Der Fall Wagner*. Sie erschien 1888 im Verlag von C. G. Naumann, Leipzig; der Druck folgte penibel den Wünschen des Verfassers. »Es ist bloß eine Broschüre, aber sie soll *so ästhetisch wie möglich* aussehn,« mahnte er seinen Verleger. Der großzügige Druck, der schmale Rahmen und der breite Rand sorgen für ein solches Aussehen. Die Broschüre ist – im Gegensatz zu der damals herrschenden Fraktur – in Antiqua gesetzt, um dem Zeitgeschmack zu opponieren und an die Antike zu erinnern: »mir wenigstens sind die lateinischen Lettern unvergleichlich sympathischer« als die deutschen.[12] Die zahlreichen Sperrungen waren damals üblich, wenngleich in solcher Häufung selten. Sie geben Unterstreichungen im Manuskript des Autors wieder und entsprechen der heutigen Kursive. (Nur im folgenden Kapitel, das die Besonderheiten auch der typographischen Erscheinung beachtet, werden Sperrungen in dieser Gestalt zitiert, danach, wie es heute Gepflogenheit ist, durch Kursive ersetzt.) – Der Ausschnitt, in der nachstehenden Abbildung des gesamten Vorworts eigens hervorgehoben,[13] gehört nicht zu den am häufigsten angeführten und interpretierten Stellen in Nietzsches Gesamtwerk; aus dessen Stilrepertoire fällt er jedoch nicht heraus. Der Eindeutigkeit halber wird dieser und nur dieser Ausschnitt durchgängig ›Passage‹ genannt.

VORWORT.

Ich mache mir eine kleine Erleichterung. Es ist nicht nur die reine Bosheit, wenn ich in dieser Schrift Bizet auf Kosten Wagner's lobe. Ich bringe unter vielen Spässen eine Sache vor, mit der nicht zu spassen ist. Wagnern den Rücken zu kehren war für mich ein Schicksal; irgend Etwas nachher wieder gern zu haben ein Sieg. Niemand war vielleicht gefährlicher mit der Wagnerei verwachsen, Niemand hat sich härter gegen sie gewehrt, Niemand sich mehr gefreut, von ihr los zu sein. Eine lange Geschichte! — Will man ein Wort dafür? — Wenn ich Moralist wäre, wer weiss, wie ich's nennen würde! Vielleicht Selbstüberwindung. — Aber der Philosoph liebt die Moralisten nicht . . . er liebt auch die schönen Worte nicht . . .

Was verlangt ein Philosoph am ersten und letzten von sich? Seine Zeit in sich zu überwinden, „zeitlos" zu werden. Womit also hat er seinen härtesten Strauss zu bestehn? Mit dem, worin gerade er das Kind seiner Zeit ist. Wohlan! Ich bin so gut wie Wagner das Kind dieser Zeit, will sagen ein décadent: nur dass ich das begriff, nur dass ich mich dagegen wehrte. Der Philosoph in mir wehrte sich dagegen.

Was mich am tiefsten beschäftigt hat, das ist in der That das Problem der décadence, — ich habe Gründe dazu gehabt. „Gut und Böse" ist nur eine Spielart jenes Problems. Hat man sich für die Abzeichen des Niedergangs ein Auge gemacht, so versteht man auch die Moral, — man versteht, was sich unter ihren heiligsten Namen und Werthformeln versteckt: das verarmte Leben, der Wille zum Ende, die grosse Müdigkeit. Moral verneint das Leben... Zu einer solchen Aufgabe war mir eine Selbstdisciplin von Nöthen: — Partei zu nehmen gegen alles Kranke an mir, eingerechnet Wagner, eingerechnet Schopenhauer, eingerechnet die ganze moderne „Menschlichkeit."
— Eine tiefe Entfremdung, Erkältung, Ernüchterung gegen alles Zeitliche, Zeitgemässe: und als höchsten

Wunsch das Auge Zarathustra's, ein Auge, das die ganze Thatsache Mensch aus ungeheurer Ferne übersieht, — unter sich sieht... Einem solchen Ziele — welches Opfer wäre ihm nicht gemäss? welche „Selbst-Überwindung"! welche „Selbst-Verleugnung"!

Mein grösstes Erlebniss war eine Genesung. Wagner gehört bloss zu meinen Krankheiten.

Nicht dass ich gegen diese Krankheit undankbar sein möchte. Wenn ich mit dieser Schrift den Satz aufrecht halte, dass Wagner schädlich ist, so will ich nicht weniger aufrecht halten, wem er trotzdem unentbehrlich ist — dem Philosophen. Sonst kann man vielleicht ohne Wagner auskommen: dem Philosophen aber steht es nicht frei, Wagner's zu entrathen. Er hat das schlechte Gewissen seiner Zeit zu sein, — dazu muss er deren bestes Wissen haben. Aber wo fände er für das Labyrinth der modernen Seele einen eingeweihteren Führer, einen beredteren Seelenkündiger als Wagner? Durch Wagner redet die Modernität ihre intimste Sprache: sie verbirgt weder ihr Gutes, noch ihr Böses, sie hat alle Scham vor sich verlernt. Und umgekehrt: man hat beinahe eine Abrechnung über den Werth des Modernen gemacht, wenn man über Gut und Böse bei Wagner mit sich im Klaren ist. — Ich verstehe es vollkommen, wenn heut ein Musiker sagt „ich hasse Wagner, aber ich halte keine andre Musik mehr aus." Ich würde aber auch einen Philosophen verstehn, der erklärte: „Wagner resümirt die Modernität. Es hilft nichts, man muss erst Wagnerianer sein..."

3

Zwischen den Wörtern

Gliche eine Seite von Nietzsches Prosa wirklich jener »Bildsäule«, die er seinem Schreibstil zum Ideal gesetzt hat, so könnte man das Lesen durch Anschauen ersetzen. Jede Seite im Erstdruck der Schrift *Der Fall Wagner* ist von der schmalen Linie eines Rahmens eingefaßt, so daß der Eindruck eines Bildes entsteht. In der Tat regt die auffällige graphische Anordnung der Passage dazu an, sie vor, neben oder nach der Lektüre optisch wahrzunehmen, als Bild im Gedächtnis zu behalten. Wie in den meisten späten Texten Nietzsches drängt sich eine Vielzahl von Zeichen zwischen die Wörter. Zu Komma und Punkt, der üblichen Ausstattung von Sätzen, tritt hier die anspruchsvollere Interpunktion mit Doppelpunkten, Frage- und Ausrufezeichen. Ungewöhnlich gehäuft sind Gedankenstriche, eingefügt mit Vorliebe an unerwarteten Stellen (nach Komma, Punkt und Doppelpunkt), mehr noch die sogenannten ›drei Pünktchen‹, die außerhalb von Privatbriefen und erzählender Prosa kaum vorkommen. Außerdem sorgen Anführungszeichen, Sperrungen und ungleichmäßige Länge der Absätze für ein unruhiges Druckbild. An manchen Stellen nehmen die Nicht-Wörter, d. h. Zeichen und Lücken, fast so viel Platz ein wie die Wörter: » – u n t e r sich sieht ... Einem solchen Ziele – « Doch gibt es exzessivere Fälle: Ein Aphorismus in *Jenseits von Gut und Böse* (Nr. 277) beginnt mit einem Gedankenstrich (» – Schlimm genug!«) und endet mit einem Interpunktionsgewitter: » – Die Melancholie alles F e r t i g e n ! ...« Dem gleichmäßig fortlaufenden Text prägt die

Markierung durch typographische und syntaktische Zeichen ein ungleichmäßiges Relief auf. So gewinnen auch die geringer markierten Partien, etwa der erste Absatz im Vergleich mit dem zweiten, einen eigenen Ausdruckswert, den des besonnenen Rückblicks, der doch nur, wie aus dem Fortgang zu sehen, als Ruhe vor dem Sturm zu verstehen ist. Die klassische Antiqua der Schrift und die expressiven Markierungen, die darin eingetragen sind, verhalten sich wie Marmorblock und skulpturierte Oberfläche bei jener »Bildsäule«, in der Nietzsche das Vorbild seines Stils erblickte.

Bereits in frühen Jahren überlegte Nietzsche, wie ein Vorzug der mündlichen Mitteilung, die hörbaren Unterschiede zwischen erregt, nachdrücklich, beiläufig, flüsternd gesprochenen Partien, in der Schrift nachzubilden sei, um »die Leidenschaften der Betonung ungefähr nachfühlen zu lassen. Frage: wie hebt man ein Wort heraus, ohne den Ton zu Hülfe zu nehmen (da man keine Tonzeichen hat)? Zweitens: wie hebt man ein Satzglied heraus? Vielfach muß anders geschrieben als gesprochen werden.«[1] Bald danach verzichtete Nietzsche auf Vorlesungen und Vorträge, weitgehend sogar auf Gespräche; er redete nur noch schreibend. In der Schrift sollten nun Sperrungen und Satzzeichen, vor allem die weniger gebräuchlichen, als Ersatz für die fehlenden Tonzeichen dienen. Erinnert das Resultat dieser Nachahmung von Mündlichkeit in der Schrift zunächst an ein graphisches Blatt, so weist die Begründung für solche Nachbildung auf die Akustik des Worts zurück, auf die Stimme, die im Text verstummt ist. Die Typographie der Hervorhebung und Interpunktion übernimmt also eine ähnliche Funktion wie die Vortragszeichen in der Musik. Nietzsche, als Komponist gescheitert und von Wagner enttäuscht, arbeitete seinen Text zum Notenblatt um. Die Intention von Nietzsches Schriften widerstrebt den Konventionen des Drucks und strebt über die Grenzen der Schrift hinaus.

Wer liest, verwandelt das Nebeneinander graphischer Zeichen in das Nacheinander einer Wortfolge, des Satzes. Der Leser stellt also aus dem künstlichen Buchstabenbild die natürliche Zeitfolge (allerdings nicht die natürliche Geschwindigkeit) des Sprechens wieder her. Gewöhnlich ist das Tempo der Lektüre – eine Art innerer Rede – ähnlich gleichmäßig wie die Reihe der mit den Augen abgetasteten Buchstaben und deshalb kaum spürbar. Während dieses kognitiven Prozesses wird der Körper stillgestellt und vergessen (daher macht man es sich beim Lesen bequem). Komma und Punkt sorgen für die logische Ordnung des Satzes, nehmen aber nur geringen Einfluß auf sein Tempo. Doch die aufwendigeren Satzzeichen(: ? ! – ...) sowie die typographischen Hervorhebungen bewirken Verzögerungen und Pausen im Ablauf der Lektüre. Sie erzeugen im Leser die Vorstellung, daß er den Ton heben oder senken müsse, daß seine Stimme lauter oder leiser werde. Obgleich er einen derart präparierten Text nicht wirklich spricht, sind dennoch seine Sprech- und Atmungsorgane, Teile seines Körpers also, halluzinatorisch während der Lektüre tätig. Gerade den unscheinbarsten Elementen der Schrift, den Satzzeichen, teilte Nietzsche die Aufgabe zu, den Text nicht nur lesbar, sondern auch erlebbar zu machen. »Kommata, Frage- und Ausrufezeichen«, notiert er sich, »und der Leser sollte seinen Körper dazu geben und zeigen, daß das Bewegende auch bewegt.«[2]

Damit der Körper des unbewegten Lesers wenigstens imaginär bewegt werde, mußte Nietzsche versuchen, Bedingung und Grenzen der Schrift aufzuheben. Sprechen geschieht stets in ›Echtzeit‹: Deshalb begleitet die körperliche und psychische Verfassung, in der sich der Sprechende gerade befindet, fördernd oder hemmend sein Sprechen, als Euphorie, Besonnenheit, Verlegenheit, Stottern oder Verstummen. Wer schreibt, will dagegen zu einem haltbaren Ergebnis kommen und daher jede situative Abhängigkeit von den Umständen unterdrükken. Dem korrekten fertigen Satz sieht man, besonders in seiner gedruckten Gestalt, nicht mehr an, wieviel Zeit und Anspannung dem Verfasser Konzeption und Niederschrift kosteten. Nietzsche möchte »das Bewegende« des Schreibens noch im gedruckten Wort darstellen, um den Leser zum Nachempfinden und Nachspielen dieser Bewegung anzuregen.

Im Ausruf »Wohlan!«, zwischen dem vierten und fünften Satz der Passage eingeschoben, schließen sich die Gebärde einer Bewegung, die Imitation des Tonfalls und das zum Wort erweiterte Ausrufezeichen so zusammen, daß der Leser der Illusion verfällt, er höre eben in diesem Augenblick dem Selbstgespräch des Autors zu. »Wohlan!« paßt zu einer mündlichen, nicht zu einer schriftlichen Äußerung; man könnte es jedem geschriebenem Imperativsatz folgenlos hinzufügen. In einer Rede soll dieser Ausdruck die Zuhörer oder den Redenden selbst dazu ermuntern, sogleich mit einer bestimmten Handlung zu beginnen. Mit einer solchen prompten Erfüllung können Texte nicht rechnen, da sie hergestellt und aufbewahrt, geschrieben und gedruckt werden, um in einem unbestimmten Zeitraum an einen unbekannten Leser zu gelangen. Nietzsches theatralisches »Wohlan!« läßt den Leser an einer momenthaften Wende im Denk- und Schreibprozeß des Autors teilhaben, so als bestünde, durch die tote Materialität des gedruckten Buchs hindurch, eine unmittelbare, fast körperliche Nähe zu dem Menschen, der hier sprechend schreibt (wie lange es auch immer her sein mag, daß er dies geschrieben hat). Ausrufe, Ausrufezeichen und Imperative sind nur im Präsens sinnvoll. Nietzsche wagt es, diese Regel zu durchbrechen. Obwohl der Satz, dem »Wohlan!« voransteht, zum Präteritum übergeht (»dass ich das begriff«), der Sachverhalt also schon länger zurückliegt, hält ihn die dramatische Bewegtheit des Ausrufs und des Ausrufezeichens als ein gegenwärtiges, für den Autor und seinen einfühlsamen Leser immer noch akutes, aktuelles Ereignis fest. Eine Vergangenheit, die unter dem Vorzeichen des »Wohlan!« steht, ist nicht vergangen, sondern noch für die Gegenwart des Autors und die Zukunft des Lesers bedeutsam.

Nietzsche entwirft einmal das Bild eines Lesers, wie er sich ihn nicht wünscht: »Beachten Sie wie schnell er liest, wie er die Seiten umschlägt – genau nach der gleichen Sekundenzahl Seite für Seite. Nehmen Sie die Uhr zur Hand. Es sind lauter einzelne wohlüberdenkbare Gedanken schwerere leichtere – und er hat für alle Einen Genuß! Er liest sie d u r c h, der Unglückliche, als ob man je Gedanken-Sammlungen durchlesen dürfte!«[3] Nietzsches Zeichensetzung soll einen derart passiven, geradezu desinteressierten Umgang mit seinen »Gedanken-Sammlungen« verhindern. Wir können schneller lesen als sprechen. Sämtliche Eintragungen in eine Zeile – veränderte Schrifttypen und ungewöhnliche Satzzeichen – verlangsamen die Lektüre und nähern sie dem Tempo des Zuhörens an, wodurch hinter dem Produkt des Schriftstellers die Figur eines Sprechenden, eines Denkenden sichtbar wird. Diese Suggestion ist Ziel der »lauten Zeichensetzung«.[4] Da der Leser dennoch nicht ganz vergißt, daß der Autor abwesend ist und sein Schreibakt lange zurückliegt, erscheint das schriftliche Dokument seiner Mitteilung wie ein Ruf aus der Ferne. Er klingt hoheitsvoller als eine Ansprache aus der Nähe. Magisch wirkt die Geisterstimme, deren Körper verborgen ist. Sperrungen erhöhen ihre Lautstärke, Klammern (sie sind bei Nietzsche selten) vermindern sie, Fragezeichen, Gedankenstriche, drei Punkte lassen die Rede verstummen, die Gedanken jedoch weitergehen. Wenn es der vorgetäuschten Stimme gelingt, die räumliche und zeitliche Entfernung zum Leser zu überwinden, so muß dieser zur Überzeugung gelangen, daß hinter der Trennwand der Buchstaben eine geistige Macht mit übernatürlichen Fähigkeiten steht.

Die Stimme gehört einem einzelnen, die Wörter gehören allen. Der Stil eines Autors wird durch Wörter, die er vermeidet, ebenso modelliert wie durch Wörter, die er gebraucht. Er kann sogar dieses Vermeiden zur Schau stellen, indem er die ihm anstößigen Wörter in Anführungszeichen setzt. Dies geschieht in der Passage mehrmals. »Zeitlos«, »Gut und Böse«, »Menschlichkeit«, »Selbst-Überwindung«, »Selbst-Verleugnung« rückt Nietzsche als gängige, unbedachte und ihm innerlich fremde Ausdrücke von seiner eigenen, eigentlichen Sprache ab. Die anderen reden von »Gut und Böse«, von »Menschlichkeit«, sobald sie ihre moralischen Prinzipien bekunden wollen. Dagegen steht Nietzsche, wie sein Leser weiß, »jenseits von Gut und Böse« und sieht, wie dieser in der Passage erfährt, »die ganze Thatsache Mensch [...] unter sich.« Komplizierter als bei solcher Prüfung, Zurückweisung und Abwertung ist die Funktion der Anführungszeichen in den drei anderen Fällen. »Zeitlos«, »Selbst-Überwindung«, »Selbst-Verleugnung« sind zwar ebenfalls beliebte Floskeln im Munde der anderen, doch will Nietzsche den Wörtern den Wert zurückerstatten, den sie durch gedankenlosen Gebrauch verloren haben. »Zeitlos« mögen anspruchslose Leute ihren Kleidungsstil nennen; Nietzsche nimmt die abgegriffene Formel wieder ernst, die dann, wörtlich verstanden, treffend die Anstrengung eines Philosophen zu bezeichnen vermag, »seine Zeit in sich zu überwinden«. Wie er »Selbst-Überwindung« verstanden haben will, erläutert Nietzsche bereits in dem Satz, der vor der Passage steht und nach dem richtigen Begriff für den Bruch mit der »Wagnerei« sucht: »Wenn ich Moralist wäre, wer weiss, wie ich's nennen würde! Vielleicht Selbstüberwindung. – Aber der Philosoph liebt die Moralisten nicht ... er liebt auch die schönen Worte nicht ...« Tauchen dennoch in der Passage so »schöne Worte« wie »Selbst-Überwindung« und »Selbst-Verleugnung« auf, so stehen sie gleichsam im Konjunktiv. Ein Moralist »würde« das, was der Philosoph Nietzsche wirklich geleistet hat, so nennen. Gegen den Sachgehalt, der in diesen Wörtern steckt, erheben die Anführungszeichen keinen Einwand; sie sollen vielmehr durch Verfremdung den nachlässig gewordenen Wortgebrauch wieder zu seiner ursprünglichen Bedeutung zurückbringen. (Vielleicht signalisiert der Trennungsstrich in »Selbst-Überwindung« den Gewinn an Bewußtheit gegenüber der zuerst zitierten »Selbstüberwindung« der Moralisten.) Die Anführungszeichen spiegeln also den Prozeß der Reflexion, in dem »der Philosoph« geläufige Sprachformeln aufgreift, kritisch bedenkt, das Richtige an ihnen vom Falschen sondert und für eine angemessene Verwendung in einem neuen Zusammenhang zubereitet. An dem Wort, das die Anführungszeichen begrenzen, vollzieht sich eine »Umwertung aller Werte«.

Wo Komma, Punkt, Frage- und Ausrufezeichen zu stehen haben, darüber entscheidet die grammatische Struktur eines Satzes. An die Stelle eines Semikolons oder eines Doppelpunkts könnten fast immer auch Komma oder Punkt treten; auf jeden Fall ist an dieser Stelle ein Satzzeichen nötig. Auch zwei der drei ausdrucksstarken Ausrufezeichen in der Passage, nach »Wohlan« und nach »Selbst-Überwindung«, ließen sich durch ausdruckslose Kommata ersetzen. Anders verhält es sich mit den Gedankenstrichen und Gedankenpunkten:[5] Meistens könnten sie entfallen, ohne daß die syntaktische Klarheit Schaden litte (sie würde sogar erhöht). Sie haben also einen stilistischen, keinen grammatischen Wert. Nietzsche deutete selbst den Gedankenstrich als Signal, das den Übergang von den offenbaren Gedanken zu den versteckten »Hintergedanken« anzeigt und von dem, was bereits geschrieben ist, auf das verweist, was noch zu schreiben wäre: »Alles, was ich bisher geschrieben habe, ist Vordergrund; für mich selber geht es erst immer mit den Gedankenstrichen los.«[6] Die drei ersten Gedankenstriche der Passage verzögern lediglich den in sich schlüssigen Gedankengang. Die folgenden Gedankenstriche und Gedankenpunkte jedoch stehen vor oder in dem grammatisch unvollständigen und zugleich überfrachteten Satz, der mit »– Eine tiefe Entfremdung« beginnt. Die Gedankenlücken in diesem Satzgebilde sollen den Verdacht auf »Hintergedanken« lenken. So heißt es etwa »Moral verneint das Leben ... Zu einer solchen Aufgabe war mir eine Selbstdisciplin von Nöthen«, obwohl weder hier noch sonst in dem Absatz ausdrücklich von einer bestimmten Aufgabe die Rede ist. Geheimnisvoller noch ist der syntaktische und sachliche Zusammenhang der von Gedankenpunkten und Gedankenstrich umgebenen Andeutung » ... Einem solchen Ziele – «, wobei unklar bleibt, um welches Ziel es sich handelt und weshalb es ein so großes »Opfer« erfordert. Der Leser wird sich Gedanken darüber machen, welche Hintergedanken der Autor bei seiner Aufgabe, seinem Ziel hatte.

Nietzsches Selbstinterpretation, daß es bei ihm »erst immer mit den Gedankenstrichen« losgehe, legt es nahe, in seiner eigentümlichen Vorliebe für die ungewöhnlichsten Satzzeichen den Denkprozeß des Autors gespiegelt zu sehen. Dagegen spricht jedoch, daß er von einer bereits vergangenen Erfahrung berichtet und genügend Zeit gehabt hätte, den Tumult seiner Gedanken, wenn schon nicht in einer ersten Skizze des Textes, so doch spätestens vor dem Druck zu beruhigen und in wohlgeformte Sätze zu verwandeln. Absichtlich dramatisiert Nietzsche den längst von ihm durchdachten Gedankengang, so daß der Leser die Anstrengung eines überlegenen Denkers erkennt oder das produktive Chaos eines unbegreiflichen Genies verehrt. »Der Künstler weiss, dass sein Werk nur voll wirkt, wenn es den Glauben an eine Improvisation, an eine wundergleiche Plötzlichkeit der Entstehung erregt.«[7]

Nietzsches Zeichensetzung führt dem Leser die engen Grenzen seines Denkvermögens im Vergleich zu dem des Autors vor Augen. Wie die Fragezeichen im ersten Absatz so geben die Gedankenstriche und -punkte im zweiten Absatz das Rätsel auf: ›Wie geht es weiter?‹ Der Leser findet schwer eine Antwort und muß die höhere Einsicht des »Philosophen« anerkennen, der zunächst richtige Antworten gibt, dann nur noch andeutet und schließlich verschweigt. Was dasteht, ist weniger, als was dahintersteckt: der unbegrenzte Gedankenreichtum des Autors, der davon im begrenzten Text nur einen Auszug, eine Kostprobe gegeben hat. Begierig, der verborgenen Wahrheit teilhaftig zu werden, folgt der Leser gespannt den weiteren Sätzen und, da sie die Enthüllung zurückhalten, den weiteren Schriften Nietzsches. Seine exquisite Interpunktion fügt den bedeutenden Worten das Versprechen bedeutenderer Gedanken hinzu, die vielleicht in Zukunft die Gestalt von Worten annehmen werden. Oft enden Nietzsches Aphorismen mit Satzzeichen, die anzeigen, daß der Gedanke noch nicht zu Ende ist, so in der »Ersten Abhandlung« *Zur Genealogie der Moral*: »das sind ja die beiden Grundformen der bisherigen Überlegenheit des Menschen über sonstiges Gethier! ...« (Nr. 6), »weil er – siegreich gewesen ist ...« (Nr. 7, die wie die folgenden Nr. 8 und 9 sogar mit einem Gedankenstrich beginnt), »dass sub hoc signo Israel [...] über alle v o r n e h m e r e n Ideale immer wieder triumphirt hat. – –« (Nr. 8), »Für mich nämlich giebt es an dieser Stelle viel zu schweigen. –« (Nr. 9), für den Leser also noch viel zu denken, mehr noch zu rätseln. Eingeleitet durch solche Pausenzeichen wirken selbst die Abstände zwischen den einzelnen Aphorismen und die unbedruckten weißen Flächen zwischen den Absätzen der Passage wie Aufforderungen zum Nach- und Vorausdenken. Die Lücken, die Punkte und Striche halten den Platz für die kommende Wahrheit frei; sie wird der Autor, »der die ganze Thatsache Mensch aus ungeheurer Ferne übersieht«, dereinst offenbaren.

Satzzeichen stehen zwischen den Wörtern; Nietzsche interpretiert sie so, daß sie über die Wörter hinaus, auf die Sphäre des Geistes verweisen. »Wer in W o r t e n denkt, denkt als Redner und nicht als Denker.«[8] Daran, daß er den Redefluß der Worte unterbricht, zeigt sich die Gewalt des Gedankens, der das Nachdenken erzwingt. Extreme Interpunktion, Hervorhebung einzelner Wörter, Störung des korrekten Satzbaus will Nietzsche als Taten seines Geistes verstanden wissen, der sich aus allen Konventionen, auch aus denen der Grammatik, befreit hat. Nietzsches Leser kann den Sinn der Wörter verstehen, den Sinn der Zeichen jedoch nur erahnen. Ihre Häufung, ihre Undeutlichkeit machen ihn ratlos, als hätte er sich in ein unbekanntes, unwegsames Gelände vorgewagt. Sehnsüchtig wartet er auf den Führer, der die Zeichen richtig zu deuten weiß, weil dieser sie selbst gesetzt hat.

4

»Von Höflichkeit«

»Überwindet mir, ihr höheren Menschen, die kleinen Tugenden, die kleinen Klugheiten, die Sandkorn-Rücksichten« – diese Empfehlung schrieb Nietzsche 1885 im Namen Zarathustras.[1] Im selben Jahr erschien Otto Gildemeisters Essay *Von Höflichkeit*. Hätte Zarathustra ihn gelesen (aber er las ja nicht, er »sprach«), so würde er sein Verdikt wiederholt haben, denn dieser Essay erläutert die Vorzüge einer kleinen Tugend. Otto Gildemeister, in Bremen 1823 geboren und 1902 gestorben, war kein »höherer Mensch«, sondern Senator und Bürgermeister der Hansestadt, ein liberaler Politiker, ein humanistisch gesinnter Übersetzer, Journalist und Schriftsteller – der ideale Repräsentant eines tätigen, gebildeten, gemäßigten Bürgertums, das Nietzsche als banausisch verachtete. Gildemeisters Stil hätte er wohl das Prädikat ›Stil‹ abgesprochen und mit dem Urteil abgetan, daß dessen Ehrgeiz nicht weiter reiche, als sich »auch in der Sprache nur noch um akademisch gut geheissene Regeln und eine gewisse allgemeine Manierlichkeit«[2] zu bemühen.

Was an Nietzsches Stil neu ist, wird deutlicher durch den Kontrast mit einer Schreibweise, die zu der Zeit, da Nietzsche schrieb, als mustergültig angesehen wurde. Ein Abschnitt in Gildemeisters Aufsatz über Höflichkeit lautet:

Höflichkeit ist, einer französischen Definition zufolge, nachgeahmte Achtung, une imitation de l'estime. Die Höflichkeit ahmt Sprache und Geberde der Achtung nach, das ist schon richtig; aber das Wesentliche ist, daß sie es ohne Präjudiz und Consequenz thut, daß sie in keiner Weise für das Vorhandensein wirklicher Achtung sich verbürgt. Höflich kann ich gegen jemanden sein, von dem ich nichts weiß, auch gegen den, der mir verächtlich ist. Ich benutze die äußeren Zeichen der Achtung lediglich, um ohne Störung und Weiterung mit ihm verhandeln oder auch nur, um friedlich neben ihm existiren zu können. Wäre ich genöthigt, vorab mit ihm über den Grad seiner und meiner Achtungswürdigkeit ins Reine zu kommen, so würde Zeitverlust und schlimmeres zu besorgen sein. Dieser Gefahr überhebt mich die Höflichkeit, als welche dem Andern zu erkennen giebt, daß ich seine Achtbarkeit bis auf weiteres präsumire und demgemäß mich betragen werde. Die Höflichkeit kann neben persönlicher Werthschätzung bestehen, aber sie ist unabhängig von ihr. Sie gilt nicht dem Individuum als solchem, sondern der menschlichen Gattung, deren Mitglied ich in dem Anderen erblicke und unter allem Vorbehalt in dieser seiner Eigenschaft respektire. Ich sage ihm gewissermaßen: »Die guten Elemente der Gattung fordern meine Achtung; ich will annehmen, du gehörest zu diesen; ob dem so ist, habe ich zu untersuchen keinen Beruf; bis zum Gegenbeweise behandle ich dich so, als ob es der Fall wäre: verfahr du mit mir nach demselben Grundsatze.«[3]

Nietzsches generelles Urteil über Thema, Absicht und Darstellungsweise einer solchen Schrift ist schon gefällt, ohne daß er den speziellen Text zur Kenntnis nehmen müßte: »Wir sehen heute Nichts, das grösser werden will, wir ahnen, dass es immer noch abwärts, abwärts geht, in's Dünnere, Gutmüthigere, Klügere, Behaglichere, Mittelmässigere, Gleichgültigere, Chinesischere, Christlichere.«[4] Was Gildemeisters Stil fehlt und was Nietzsches eigener Stil besitzt, würde er »markig-männliche Kraft« einer »bis zur Sonnenhöhe der Mystik ragenden

Sprache« nennen.⁵ Gildemeister schlägt in der Tat nichts vor, wodurch die Menschen »grösser werden« könnten; er hätte wohl bezweifelt, ob ihnen Größe überhaupt bekommen würde. Er begnügt sich damit, den Sinn der geltenden Umgangsformen zu erläutern. Dazu benötigt er keine »markig-männliche Kraft« und keine »ragende Sprache«. Deshalb braucht er auch nicht wie Nietzsche das gesamte Arsenal der Satzzeichen zu mobilisieren.

Gildemeister kommt mit den verbreitetsten, bescheidensten Mitteln der syntaktischen Gliederung aus, mit Komma und Punkt, die er an einigen Stellen durch Semikolon und Doppelpunkt modifiziert. Er verzichtet auf die Favoriten nietzscheanischer Interpunktion, auf Fragezeichen, Ausrufezeichen, Gedankenstriche, Gedankenpunkte. Selbst dort fehlt ein Ausrufezeichen, wo die grammatische Regel es verlangen würde, nach dem Schlußsatz »verfahr du mit mir nach demselben Grundsatze«. Doch handelt es sich dabei nicht um einen ausgesprochenen Befehl, sondern um eine innere Rede, deren verhaltenem Ton eine vorsichtige Interpunktion angemessen ist, weshalb hier auch gelegentlich die schwächer konturierenden Semikola an die Stelle von distinkten Punkten treten. Nietzsches Zeichensetzung holt möglichst starke Kontraste aus seinen Sätzen heraus, die in sich und unter sich durch opponierende Längen, Tempi, Lautstärken akzentuiert sind. Ihre Lektüre gleicht einer Hochgebirgswanderung mit jähem An- und Abstieg in wechselnder Gangart. In Zarathustra und vielen anderen Gestalten von Wanderern und Enthusiasten der Höhe hat Nietzsche diese Art von geistiger Bewegung, wie sie der Rhythmus seiner Texte erzwingt, durch allegorische Charaktere verkörpert.

Gleichmäßig dagegen reihen sich Gildemeisters Sätze aneinander. Abgesehen von dem ersten Satz, in dem eine knappe Definition der Höflichkeit vorangestellt ist, sind die folgenden Sätze ungefähr gleich lang, von mittlerem Umfang und gegliedert durch eine überschaubare Zahl von Nebensätzen. Zum guten Ton der Unterredung unter Gebildeten gehört es, Tempo und Lautstärke im mittleren Maß zu halten. Die Abweichungen, die sich dennoch von Satz zu Satz einstellen, scheinen nicht durch den Stilwillen des Autors erzwungen, sondern durch den Sachverhalt bedingt zu sein. Ein Satz verlängert oder unterteilt sich dadurch, daß er eine Behauptung einschränkt oder gegen einen denkbaren Einwand verteidigt: »aber das Wesentliche ist, daß ...«, »auch gegen den, der ...«, »oder auch nur, um ...« Obwohl Gildemeisters Thema, die Höflichkeit, den schwer bestimmbaren Erfahrungen und Haltungen der Alltagswelt angehört, behandelt er es methodisch streng, indem er durch Folgerung, Überprüfung und Differenzierung die These, Höflichkeit imitiere Achtung, zu bestätigen, vor allem aber zu präzisieren und zu erweitern trachtet. Sein Aperçu, Höflichkeit habe lediglich einer störungsfreien Kommunikation zu dienen, gewinnt durch die Gegenprobe (»Wäre ich genöthigt, vorab mit ihm über den Grad seiner und meiner Achtungswürdigkeit ins Reine zu kommen, so würde Zeitverlust und schlimmeres zu besorgen sein«) an Glaubwürdigkeit (»Dieser Gefahr überhebt mich die Höflichkeit, als welche dem Andern zu erkennen giebt, daß ich seine Achtbarkeit bis auf weiteres präsumire und demgemäß mich betragen werde«). Der entgegenkommende Umgangston, der so gut die Lebenserfahrung und Lebensklugheit des abwägenden Autors wiedergibt, täuscht über den logischen Aufbau seiner Argumentation hinweg.

Gildemeisters Stil hat nichts mit dem Nietzsches gemein. Dennoch verfügte auch Nietzsche über diesen Stil und gebrauchte ihn, sobald er eben jenes Publikum vor sich hatte, für das Gildemeister immer schrieb. Ungewohnt höflich, fast steif beginnt Nietzsche seine Vorträge *Ueber die Zukunft unserer Bildungsanstalten*, die er 1872 vor dem patrizischen und akademischen Bürgertum Basels hielt: »Meine verehrten Zuhörer, das Thema, über das Sie gesonnen sind, mit mir nachzudenken, ist so ernsthaft und wichtig und in einem gewissen Sinne so beunruhigend, daß auch ich, gleich Ihnen, zu jedem Beliebigen gehen würde, der über dasselbe etwas zu lehren verspräche« – so geht der Satz noch lange weiter.[6] Nietzsche spricht hier so, als wolle er wie seine »verehrten Zuhörer« jener Klasse von Bildungsbürgern angehören, die er bereits ein Jahr danach, in seiner Kritik an David Friedrich Strauß, zu »Bildungsphilistern« herabstufte. Anders als Nietzsches Vortrag erlaubt sich Gildemeisters Essay sogar eine gewisse Nachlässigkeit, wie sie die Konversation belebt: »das ist schon richtig«; so redet, aber so schreibt man nicht. Dieser Einschub wirkt, als würde er direkt, ohne Zögern und daher ohne Stilisierung auf einen Einwand des Lesers antworten, der, wie bei einem Gespräch, gleichberechtigt an der Klärung des Problems teilnimmt. Um seine Geistesverwandtschaft mit der gutbürgerlichen Leserschaft kundzutun, greift Gildemeister deren oft gebrauchte Formeln auf (»ins Reine kommen«, »unter allem Vorbehalt«), läßt geläufige Fremdwörter zu (»Präjudiz«, »präsumiren«) und rechnet mit gewissen Fremdsprachenkenntnissen (»une imitation de l'estime«). Er lehnt seine Schreibweise an die dem Leser vertraute Sprechweise an, um den Widerstand gegen eine unvertraute Einsicht abzubauen.

Im Vortrag kommt Nietzsche dem Stil Gildemeisters näher, weil ein Essay das schriftliche Gegenstück zum mündlichen Vortrag ist. Vom öffentlichen Vortrag übernimmt der Essay Themen, Umfang, Stilhöhe und vor allem die Rücksicht auf die Erfahrungen und das Denkvermögen eines gebildeten, doch nicht fachmännischen Publikums.[7] Beide, Vortrag wie Essay, sind gesellige Formen: Sie benützen eine Sprache, die auch die Zuhörer und Leser sprechen oder schreiben können, zumindest können möchten. In bewußtem Gegensatz dazu will der Stil, den Nietzsche für die Passage im *Fall Wagner* gewählt hat, ungesellig, einzigartig, unnachahmlich sein. Stolz stellt sich ihr Verfasser außerhalb jeglicher Sozietät. Im Leser, den er trotzdem braucht, möchte er Bewunderung für sich, den einsamen Ausnahmemenschen, wecken. Das Personalpronomen »ich« findet sich zwar im Text Gildemeisters häufiger noch als in dem Nietzsches, wo es aber allein die wie auch immer stilisierte, doch in jedem Sinn einmalige Person des Autors meint. Sie distanziert sich ausdrücklich von den Zeitgenossen, den »décadents«, von Schopenhauer und Wagner. Sie teilt sich selbst sogar in mehrere Personen auf: die befangene, die sie war; die kämpfende, die sie wurde; die siegreiche, die sie sein wird – Nietzsches wahres Ich steht der Welt noch bevor. Bei Gildemeister dient »ich« nur dazu, im höflichen Umgang zweier Menschen die gleichartigen Positionen des einen und des anderen sprachlich zu unterscheiden: »Höflich kann ich gegen jemanden sein ...« Ein solches »ich« ließe sich ebenso gut durch ›man‹ oder ein beliebiges Subjekt ersetzen. Höflichkeit ist ein Verhalten auf Gegenseitigkeit und fragt nicht nach der Individualität der an der Kommunikation beteiligten Personen.

Jede ungewöhnliche und stilisierte Redeweise deutet auf den Sprechenden zurück, jede gewöhnliche läßt ihn als Person vergessen. Deshalb sind Nietzsches Sätze mit der Signatur des Verfassers versehen, während die Sätze Gildemeisters auch jemand anderes (allerdings nicht jeder andere) hätte schreiben können. Seine Prosa ist nichts als Prosa: Sobald der Leser die Mitteilung des Textes verstanden hat (was ihm nicht schwerfallen wird), verdämmert in seinem Bewußtsein die Sprache wieder, die als Vehikel der Mitteilung diente und vielleicht gar nicht bemerkt wurde, weil sie in ihrem Zweck aufging. Keines von Nietzsches Stilidealen läßt sich in diesem Text finden: kein Wechsel von »staccato« zu »rubato«, keine Modulation der Vokale, keine rhythmische Sequenz. Würde man Gildemeisters Sprache an einer von Nietzsche erstellten Skala messen, so müßte sie das Prädikat ›Null-Stil‹ erhalten. Eigenschaften, die ihn auszeichnen: Korrektheit, Verständlichkeit, weltmännische Sicherheit, Verzicht auf poetische Extravaganz – diese zurückhaltenden Eigenschaften eines traditionellen, mittleren, an englischen und französischen Vorbildern geschulten Stils verspottet Nietzsche als Weg »in's Dünnere, Gutmüthigere, Klügere, Behaglichere, Mittelmässigere, Gleichgültigere, Chinesischere, Christlichere.«

Der Nachruhm korrigiert den Ruhm. Wegen seines Stils wurde Gildemeister zu seiner Zeit gerühmt; heute ist er vergessen. Die Geschichte von Nietzsches Ansehen nahm den entgegengesetzten Verlauf. Prüft man jedoch die beiden Textausschnitte auf ihren Erkenntniswert, so könnte auch heute noch das Urteil zugunsten Gildemeisters ausfallen. Seine beiläufige Soziologie und Psychologie der Höflichkeit enthält eine Einsicht, die mit der Erfahrung übereinstimmt, ohne deshalb trivial zu sein (da selbst der Höfliche sich der Voraussetzungen und des Mechanismus seines Verhaltens nicht bewußt ist). Nietzsches Passage läßt sich entweder als die private Nachricht verstehen, daß sich der Verfasser erfolgreich gegen die Tendenzen seiner Zeit gestellt habe, oder als pauschale Aufforderung, das moralische Prinzip der Menschlichkeit aufzugeben. Dennoch wird heute kaum jemand die Neigung verspüren, Gildemeisters gediegener Darlegung vernünftiger Gedanken den Vorzug zu geben. Warum fasziniert Nietzsches furioser Stil selbst *den* Leser noch, der gegen Nietzsches verstiegene und kompromittierte Ideen immun geworden ist?

Der Stil von Prosaformen, die sich in der Mitte zwischen Dichtung und Wissenschaft halten, der Stil also von Essay, Aphorismus und Manifest, der Stil der kulturellen Diskurse, folgt im 20. Jahrhundert Nietzsche und nicht Gildemeister. Dies trifft selbst auf Autoren zu, die, wie Benjamin, Bloch oder Adorno, Nietzsches Diagnosen und Prognosen widersprechen. Um die andauernde Attraktion dieses Stils zu begreifen, kann wiederum ein Vergleich mit Gildemeisters Darstellungszweck und Darstellungsweise hilfreich sein. Vor dem zitierten Absatz steht der Satz: »Sprache, Familie, Staat bedeuten für die Erziehung des Menschengeschlechts natürlich mehr als die Höflichkeit.« Der Essay *Von Höflichkeit* gesteht ein, daß sein Thema von untergeordneter Bedeutung ist, verglichen mit jenen großen Themen, um die sich Philosophie, Geschichtsschreibung und Gesellschaftstheorie kümmern. Der gedämpfte Ton von Gildemeisters Sprache soll der bescheidenen Dimension seines Gegenstands angemessen bleiben.

Solche Bescheidenheit endet mit Nietzsche. Er schreibt jeden Satz, als ginge es darin um das Äußerste und Letzte. Nietzsches Passage läßt keinen Augenblick vergessen, daß folgenschwere Entscheidungen von ihrem Verfasser zu treffen waren und vom Leser zu treffen sein werden. Jedermann soll Nietzsches frühere Zuwendung zu Wagner und die jetzige Abwendung von ihm als die wichtigste Angelegenheit »für die Erziehung des Menschengeschlechts« betrachten. Auch Nietzsches Sprache läßt keinen Augenblick lang vergessen, daß der Autor über geniale Fähigkeiten verfügt, ja, geradeheraus, ein Genie ist. »Wilde Kräfte und Energien« sind ein Merkmal des »Genius«,[8] das seine Sprache zu erkennen gibt. Wer als Genie gelten will, muß immer ein Genie sein, denn ›Genie‹ bezeichnet eine besondere Person und nicht nur eine besondere Fertigkeit. Am »großen Menschen« – ein Ausdruck, den Nietzsche von Hölderlin und Jean Paul übernahm – ist nichts klein oder belanglos; unter der Hand, unter seiner Hand wird alles zum Großen und Bedeutungsvollen. Mit der Pose der Erregtheit wirbt diese Sprache der Genialität um Aufmerksamkeit und schlägt die maßvolleren Mitbewerber um die Gunst des Publikums aus dem Felde. In der scharfen Konkurrenz der Meinungen, Parteiungen, Weltanschauungen auf dem Markt der Publikationen verspricht der geniale, bis zur Destruktion unkonventionelle Ton einen entscheidenden Vorsprung. Wie die Höflichkeit als gesellige Tugend im 20. Jahrhundert an Bedeutung verliert, so der höfliche Stil an literarischem Ansehen. Mit dem wachsenden Nachruhm Nietzsches zieht die radikale, rücksichtslose, unhöfliche Sprachgebärde alle Bewunderung auf sich. Nietzsches Mitwelt, in der von Gildemeister beschriebenen altbürgerlichen, friedfertigen Sicherheit aufgewachsen, war von dieser neuen Sprache abgestoßen. Nietzsches Nachwelt jedoch vernahm in seiner ungebärdigen und zugleich virtuosen Prosa die Stimme des 20. Jahrhunderts, die sich hervorragend eignete für die Begleitung und Beförderung der Revolutionen und Kriege, der Innovationen und Katastrophen, der Emanzipationen und Gewalttaten, woran diese Epoche so reich sein sollte.

Nietzsche befreite die reflektierende Prosa des kulturellen Diskurses, die bis zu Gildemeister der Grammatik der normalen Sprache unterstanden hatte, aus ihrer dienstbaren Stellung und lieferte sie der Herrschaft des Genies aus. »Genius« und »Genie«, Lieblingswörter in Nietzsches frühen Schriften, waren Titel, die man im 18. und 19. Jahrhundert dem Künstler und Dichter, zuweilen auch einem Wissenschaftler zuerkannte, nie aber einem Essayisten. Nietzsche überträgt diese höchste Auszeichnung produktiver Individualität auf das Gebiet der erörternden Prosa. Dies konnte nur gelingen, indem er Elemente der Poesie in seine Prosa einarbeitete. Rhythmus, Klang, Bildlichkeit, von Hause aus Mittel der poetischen Sprache, lösen in der zweckgerichteten Prosa vorher unbekannte Reaktionen aus: Erstaunen, Faszination, intensive und identifikatorische Lektüre, Wiederholung und Einprägung durch auswendig gelernte Zitate, euphorische Weitergabe an andere. Mit Nietzsche beginnt eine neue Art des Essays (der gar nicht mehr diesen bescheidenen Namen eines ›Versuchs‹ oder – wie es der ursprünglichen Bedeutung des Worts ›Essai‹ entspricht – einer ›Kostprobe‹ tragen will). Von Montaigne bis Gildemeister bestimmten Skepsis, Liberalität und Mitteilsamkeit die Sprache des Essays. Seit Nietzsche und seinen Nachahmern ist sie selbstbewußt, fordernd, herrisch. Der Leser sieht sich nicht mehr als Mitbürger angesprochen, sondern als künftiger Gefolgsmann angerufen.

5

Poesie der Prosa

Nietzsche glaubte zu bemerken, daß die anderen etwas Ungewöhnliches in ihm sahen. Angeblich hatten sie »das Gefühl, daß es bei mir etwas sehr Fernes und Fremdes gebe, daß meine Worte andere *Farben* haben als dieselben Worte in andern Menschen.«[1] Nietzsche näherte sich dem 1889 ausbrechenden Wahnsinn, der ihn endgültig in die Ferne und Fremde entrückte, zum Mitglied des italienischen Königshauses machte und schließlich zum Gott Dionysos. Lange jedoch war es ihm möglich gewesen, den Wahnsinn zu bannen und nur seinen Worten etwas »Fernes und Fremdes« und »andere Farben« zu geben. Er nützte ein Privileg der Dichtung: Sie ist erlaubter, verabredeter, ja erwünschter Wahnsinn. Im furor poeticus redet der Dichter von Dingen, die gar nicht existieren, in einer Sprache, die niemand spricht, von Welten, Personen und Ereignissen, die frei erfunden sind, in Bildern, Versmaßen und Reimen, wie sie die Alltagsrede nicht kennt.

Gildemeister schrieb eine prosaische Prosa. Nietzsches Überprosa integriert prosafremde, also poetische Elemente in ihre Sätze und überwältigt so den Leser, der an die traditionelle Unterscheidung von Prosa und Poesie gewöhnt ist. Der Prosa gegenüber pflegt er eine andere, eine sachlichere, skeptischere Haltung einzunehmen als gegenüber einem Gedicht, in dessen Ton er sich einstimmt, mit dem er übereinstimmt. Man muß zunächst die Wirkungen der beiden Redeformen, der prosaischen und der poetischen, auseinanderhalten, um die Wirkung zu verstehen, die ihre Vermischung auslöst: den

Schwindel einer Grenzverletzung, die Erhöhung eines Sachverhalts zum Ausdruck, den Anschein einer größeren Bedeutsamkeit, die intensive Aneignung einer fremden Sprache. Die Poetisierung der philosophischen Prosa gehört zu Nietzsches Kunst der Verführung.

Das metrisch-phonetische System der Poesie verleiht den Worten der Alltagssprache eine andere Farbe. »Die Krähen schreien und ziehen schwirren Flugs zur Stadt: Bald wird es schneien. Weh dem, der keine Heimat hat!« So könnte ein zufriedener Hausvater kommentieren, was er im Spätherbst beim Blick aus dem Fenster sieht (der Genitiv »schwirren Flugs« wirkte im 19. Jahrhundert nicht so gesucht wie heute). Etwas anderes sind und bedeuten dieselben Worte, wenn sie die Schlußstrophe von Nietzsches Gedicht *Abschied* bilden:

Die Krähen schrei'n
Und ziehen schwirren Flugs zur Stadt:
Bald wird es schnei'n,
Weh dem, der keine Heimat hat![2]

Nun wird die poetische Form sichtbar, die hinter der prosaischen Schreibweise noch versteckt geblieben war. Es sind Verszeilen im jambischen Metrum, wechselnd zwischen zwei und vier Hebungen und dieser unterschiedlichen Länge entsprechend kreuzweise gereimt. Erst die Anordnung als Strophe lenkt die Aufmerksamkeit auf sprachliche Eigenschaften, die für das Verständnis der Prosafassung gleichgültig waren und deshalb übersehen wurden: auf die krähenartigen r-Laute in den beiden ersten Zeilen; auf die Klangähnlichkeit der übereinander stehenden, jeweils die zweite Hebung tragenden Wörter »schrei'n«, »schwirren«, »schnei'n«; auf die Monotonie des Endes »der keine Heimat hat«, wobei »Heimat« den Diphthong von »keine« aufnimmt und bereits sämtliche Laute des nachfolgenden »hat« enthält. Werden diese Worte als Gedicht gelesen und nicht mehr als Prosa, so ändert sich der Sinn des Gesagten. In der Prosafassung könnte der Ausspruch »Weh dem, der keine Heimat hat!« irgendwelche unglücklichen Leute meinen, an die der glückliche Hausbesitzer denkt. Bei einem Gedicht dagegen glaubt der Hörer oder Leser, in allem, was gesagt wird, spreche sich die Situation und das Empfinden des Sprechenden aus. Demnach muß es dieser selbst sein, »der keine Heimat hat«. Eine prosaische Beobachtung des Wetters verwandelt sich durch die poetische Form in die Klage eines Einsamen. Der Ton in der Klangfolge des Gedichts, die Stellung im Aufbau der Strophe verleihen dem poetisch gebrauchten Wort »eine andere Farbe«. Das unscheinbare »dem« in der letzten Zeile erhält nun Gewicht, weil das jambische Metrum an dieser Stelle eine betonte Silbe vorsieht. »Dem«, der so isoliert und vereinsamt hier steht, ist das ganze Gedicht gewidmet; er, der so tut, als wäre ›der‹ ein anderer, spricht von sich selbst.

Die Passage aus dem *Fall Wagner* ist kein Gedicht, doch in der prosaischen Anordnung des Textes verbergen sich poetische Eigenschaften. Ein spätes Fragment Nietzsches legt Richtlinien für »Das vollkommene Buch« fest, das er noch zu schreiben gedenkt: »die Form, der Stil Ein *idealer Monolog*. Alles Gelehrtenhafte aufgesaugt in die Tiefe / alle Accente der tiefen Leidenschaft, Sorge, auch der Schwächen, Milderungen, *Sonnen*stellen, – das kurze Glück, die sublime Heiterkeit – / [...] die ganze Geschichte wie *persönlich erlebt und erlitten* (– so allein wird's *wahr*) / [...] Nicht ›Beschreibung‹; alle Probleme ins *Gefühl*, übersetzt, bis zur Passion.«[3] Begriffe wie »idealer Monolog«, »Tiefe«, »das kurze Glück«, »persönlich erlebt und erlitten«, »Probleme ins Gefühl übersetzt« könnten einem lyrischen Dichter besser als Richtschnur seiner Produktion dienen denn einem Prosaschriftsteller. Wenngleich *Der Fall Wagner*, ein Jahr vor dieser Notiz entstanden, noch nicht »das vollkommene Buch« darstellt, so nähert sich diese Schrift doch, wie alle späten Schriften Nietzsches, dem unerreichbaren Ideal, in dem die Unterscheidung zwischen der Poesie des Dichters und der Prosa des Philosophen aufgehoben sein sollte. Nietzsche verletzt damit bewußt das seit der Antike gültige Gebot, in der Stillage eines Satzes nicht ›gebundene und ungebundene Rede‹ zu vermischen, ein Gebot, das noch Heine, erfahren in beiden Formen, in Erinnerung behielt: »Nur so viel will ich bemerken, daß, um vollendete Prosa zu schreiben, unter andern auch eine große Meisterschaft in metrischen Formen erforderlich ist. Ohne solche Meisterschaft fehlt dem Prosaiker ein gewisser Takt, es entschlüpfen ihm Wortfügungen, Ausdrücke, Cäsuren und Wendungen, die nur in gebundener Rede statthaft sind, und es entsteht ein geheimer Mißlaut, der nur wenige, aber sehr feine Ohren verletzt.«[4] Demnach hätte Nietzsche seine Prosa auf verbotene Weise geschrieben.

Der Lyrik am nächsten kommt jener Teil der Passage, der auch am stärksten von Satzzeichen aufgewühlt ist:

– Eine tiefe Entfremdung, Erkältung, Ernüchterung gegen alles Zeitliche, Zeitgemässe: und als höchsten Wunsch das Auge *Zarathustra's*, ein Auge, das die ganze Thatsache Mensch aus ungeheurer Ferne übersieht, – *unter* sich sieht ... Einem solchen Ziele – welches Opfer wäre ihm nicht gemäss? welche »Selbst-Überwindung«! welche »Selbst-Verleugnung«!

Ein Kennzeichen von Gedichten ist die Vielfalt an Wiederholungen: Versfuß, Verszeile, Strophe, Refrain, Reim, Assonanzen, um nur die bekanntesten anzuführen. So wiederholt – mit der Abänderung von drei Wörtern – die an Wiederholungen reiche letzte Strophe des Gedichts *Abschied* die erste. Solche Wiederholungen erleichtern es dem Sprecher (ursprünglich: dem Sänger) wie dem Hörer, sich Text und Melodie des Gedichts einzuprägen, um der Vergänglichkeit der Dinge und der Vergeßlichkeit der Menschen entgegenzuwirken. Sogar das Gedicht selbst wiederholt sich, sobald es mehrfach gelesen und auswendig gelernt wird. Es hat einen guten Sinn, daß das aus dem Lateinischen stammende Wort ›Vers‹ auf eine Bewegung der ›Um- und Wiederkehr‹ verweist, das Wort ›Prosa‹ jedoch auf eine ›geradeaus‹ fortschreitende Bewegung. – Entgegen dem Stilgesetz der Prosa, Wiederholung zu vermeiden und in der Darlegung der Sache fortzuschreiten, verwendet der zitierte Abschnitt eine besondere Sorgfalt darauf, Wiederholungen zu erzeugen. Unauffällig bliebe die Häufung des unbestimmten Artikels »eine«, »ein«, »einem« und des Fragepronomens »welches«, »welche«, »welche«, wenn nicht auch Substantive und Verben ganz oder teilweise wiederkehrten: »das Auge«, »ein Auge«; »Alles Zeitliche, Zeitgemässe«; »übersieht, – *unter* sich sieht«; »welche ›Selbst-Überwindung‹! welche ›Selbst-Verleugnung‹!« Daraus ergeben sich ein dem Reim ähnlicher Gleichklang und eine dem Rhythmus ähnliche Bewegung. Beides vereint die Wortgruppe »Entfremdung, Erkältung, Ernüchterung«: Gleich sind in allen drei Wörtern Anfangslaut und Endsilbe, dazu Anfangs- und Endsilbe im zweiten und dritten Wort, die metrische Struktur (unbetont – betont – unbetont) im ersten und zweiten Wort. Im Verein mit dem vorangestellten Adjektiv »tiefe« ließe sich diese Sequenz in vierhebigen Daktylen deklamieren. Verschiedenen Klang, doch verwandte Bedeutungen haben die Wortstämme ›fremd‹, ›kalt‹, ›nüchtern‹, die in den von ihnen abgeleiteten Begriffen durch deren Vor- und Nachsilben einander noch ähnlicher werden. Was, als Prosa genommen, wie eine Aufzählung von Verschiedenem aussieht, nähert sich, als Poesie genommen, einem Zauberspruch, der mit der Reihenfolge dreier magisch verbundener Wörter den, der sie aufsagt, aus »allem Zeitlichen« erlöst.

Die sich wiederholenden Elemente eines Gedichts müssen sich exakt wiederholen; unreine Reime, ungleiche Metren stören. Was sich dagegen in Nietzsches Prosa wiederholt, darf sich, damit sie Prosa bleibt, nur ungefähr wiederholen, wie eben an der Dreiheit »Entfremdung, Erkältung, Ernüchterung« zu sehen war. Der Wiederholung des Gleichen folgt die Störung durch das Nicht-Gleiche. So beginnen alle Sätze im ersten Absatz der Passage mit einem gleichmäßig alternierenden Metrum: »Was verlangt ein Philosoph am ersten«, »Seine Zeit in sich zu überwinden«; »Womit also hat er seinen«; »Mit dem, worin gerade er«; »Wohlan! Ich bin so gut wie Wagner«; »nur dass ich das begriff, nur dass ich mich dagegen wehrte«; »Der Philosoph in mir«; danach aber fahren die Sätze unregelmäßig, arhythmisch nach Art der Prosa fort. Ähnlich lösen sich am Schluß des mittleren Absatzes die gleichgebauten Rhythmen (die Wiederholung der dreihebigen Trochäen »Einem solchen Ziele – welches Opfer wäre« und des doppelten Beginns »welche Selbst-«) in die zufällig verteilten Betonungen eines Prosasatzes auf.

Auch in der Fügung »übersieht – *unter* sich sieht ...« ist die poetische Symmetrie durch prosaische Asymmetrie gebrochen. Die Achse des Gedankenstrichs trennt die beiden Teile, die der reimartige Gleichklang »sieht« einander zuordnet. Beide sind wie Verszeilen durch Pausen – Gedankenstrich nach »übersieht«, Gedankenpunkte nach »*unter* sich sieht« – aus dem übrigen Satz herausgehoben. Doch wird die erste Formulierung durch die zweite nicht nur wiederholt, sondern zugleich umgeformt. »*Unter* sich sieht« ist mehr als eine Umschreibung und Variation von »übersieht«. Durch Sperrung und Auflösung in drei Wörter wird der zweite Ausdruck länger und schon dadurch gewichtiger als der erste. Wer etwas unter sich sieht, steht höher noch als einer, der etwas übersieht; die Wiederholung geht über die Vorgabe hinaus. Dieses Verfahren läßt sich in der Passage mehrfach beobachten, nahezu in jedem Satz: »Seine Zeit in sich zu überwinden« intensiviert sich zu »›zeitlos‹ zu werden«, »nur dass ich das begriff«

zu »nur dass ich mich dagegen wehrte«, »so versteht man auch die Moral« zu »man versteht, was sich unter ihren heiligsten Namen und Werthformeln versteckt«, »eingerechnet Wagner« und »eingerechnet Schopenhauer« zu »eingerechnet die ganze moderne ›Menschlichkeit‹«, »das Auge *Zarathustra's*« zum »Auge, das die ganze Thatsache Mensch aus ungeheurer Ferne übersieht«, »Selbst-Überwindung« zu »Selbst-Verleugnung«. Manchmal täuscht das gleiche Wort über seine veränderte Bedeutung hinweg: Das fragende »welches« (»welches Opfer …?«) kehrt scheinbar unverändert wieder und hat dennoch, seine grammatische Funktion wechselnd, sich zum bewundernden Ausruf gewandelt: »welche ›Selbst-Überwindung‹! welche ›Selbst-Verleugnung‹!« Wie bei einem Echo hat die Frage ihre Antwort erhalten.

In Nietzsches Sätzen wiederholt sich das Gleiche in veränderter, gesteigerter Gestalt. So verbinden sie die Bauform der Lyrik, den Parallelismus von Verszeilen, mit dem Ziel der Prosa, in jedem Satzteil eine neue Nachricht zu geben. Die nachfolgende Mitteilung übertrifft jeweils die vorangehende an Radikalität; was die erste nur andeutet, halb noch verbirgt, spricht die zweite rücksichtslos und programmatisch aus. (Man mag einwenden, daß die Reihe »das *verarmte* Leben, der Wille zum Ende, die grosse Müdigkeit« die Katastrophen nicht steigere, sondern abschwäche; doch, wie Nietzsche an anderer Stelle definiert, ist »müde« sogar »mehr als krank«, weil der Müde gegen die höchsten Werte des Lebens, »Kraft, Arbeit, Hoffnung, Jugend, Liebe«, gleichgültig geworden sei;[5] im »verarmten Leben« hingegen ist immerhin noch Leben, im »Willen zum Ende« noch ein Wille.) In der Fähigkeit, die Wiederholung des Gleichen zu einer Entdeckung des Neuen zu nutzen, beweist sich der »freie Geist«, dessen Heroismus ihn über solche beschränkten Geister hinaushebt, die sich bereits mit der ersten, harmloseren Formulierung zufriedengegeben hätten.

Mit der Klärung des Verhältnisses von Prosa und Poesie war Nietzsche schon befaßt, als er in Basel Vorlesungen über die Geschichte der antiken Redekunst hielt. Aus seinem Studium der aristotelischen Rhetorik und der athenischen Redner zog er den Schluß, daß die öffentlich vorgetragene »Kunstprosa« oder »poetische Prosa« aus der Nachahmung der griechischen Lyriker und Tragödiendichter entstanden sei, aus dem Wunsch vor allem, Wirkung und Ruhm des Schauspielers auch dem Redner zu verschaffen.[6] In den Vorlesungen beurteilte Nietzsche den Wert dieser Annäherung der Prosa an die Poesie zurückhaltend. Später suchte er nach Formeln für einen Kompromiß von Nähe und Kontrast: »Der Takt des guten Prosaikers in der Wahl seiner Mittel besteht darin, *dicht* an die Poesie heranzutreten, aber *niemals* zu ihr überzutreten,«[7] oder ausführlicher und nun doch recht poetisch: »fürwahr, man schreibt nur *im Angesichte der Poesie* gute Prosa! Denn diese ist ein ununterbrochener artiger Krieg mit der Poesie: alle ihre Reize bestehen darin, dass beständig der Poesie ausgewichen und widersprochen wird; jedes Abstractum will als Schalkheit gegen diese und wie mit spöttischer Stimme vorgetragen sein; jede Trockenheit und Kühle soll die liebliche Göttin in eine liebliche Verzweifelung bringen; oft giebt es Annäherungen, Versöhnungen des Augenblickes und dann ein plötzliches Zurückspringen und Auslachen.«[8] Eben solch ein Spiel zwischen der Annäherung an die Poesie und der Entfernung von ihr läßt sich in der Prosa der Passage verfolgen. Wie in einem Gedicht erstreben die Wörter »Entfremdung, Erkältung, Ernüchterung« und »welche ›Selbst-Überwindung‹! welche ›Selbst-Verleugnung‹!« die lyrische Wirkung von Klangähnlichkeit, doch als begriffliche »Abstracta« widerstreben sie dem Bedürfnis der Lyrik nach einem sinnlichen Vokabular. Und beinahe folgen sie jeweils einem festen Versmaß, daktylisch im ersten, trochäisch im zweiten Fall, aber jedesmal zerstört eine widerspenstige Silbe das sich anbahnende Metrum und hält die Prosa vom Übertritt zur Poesie zurück. – Beredt hatte Nietzsche die Spielregel erläutert, nach der sich die Prosa der Poesie nähern und sich doch von ihr fernhalten soll. Dabei überging er den Zweck dieses Spiels, der wohl über das Spielerische hinausreicht.

Nietzsches Neigung zu »Genealogien«, d. h. zur psychologischen Aufklärung über den kompromittierenden Ursprung von später angesehenen Institutionen, nährte sein Mißtrauen gegen die Poesie. Ihr, der »lieblichen Göttin«, hielt er in derselben Schrift, der *Fröhlichen Wissenschaft,* die Entstehung aus einer »*abergläubischen Nützlichkeit*« vor: »Es sollte vermöge des Rhythmus den Göttern ein menschliches Anliegen tiefer eingeprägt werden, nachdem man bemerkt hatte, dass der Mensch einen Vers besser im Gedächtniss behält, als eine ungebundene Rede; ebenfalls meinte man durch das rhythmische Tiktak über grössere Fernen hin sich hörbar zu machen; das rhythmisirte Gebet schien den Göttern näher an's Ohr zu kommen.«[9] Solche Vorbehalte gegen die Poesie schwanden, nachdem *Zarathustra* geschrieben war, eine Art von Gedicht in Prosa, das am Ende wirklich in Lyrik überging. Nun lag Nietzsche selbst daran, seine Prosa mit Hilfe poetischer Elemente zu erheben, durch ein übermenschliches, göttliches Idiom »über grössere Fernen hin sich hörbar zu machen.« Dann erst würde seine Prosa so intensiv gelesen und gedeutet werden wie Dichtung – was *Also sprach Zarathustra* und einigen seiner späteren Schriften schließlich widerfuhr. Gewöhnliche Sätze in Prosa lassen sich, ohne daß ihr Inhalt Schaden leidet, umstellen und paraphrasieren. Poesie verweigert sich solchen Operationen; ihr Wortlaut liegt fest. Je mehr poetische Elemente Nietzsche seiner Prosa einverleibt, desto mehr zwingt er den Leser, die Sätze in unabänderlicher Form zu übernehmen und sie so zu zitieren.

Es ist leichter, Prosasätzen zu widersprechen als Versen, da jeder Leser Prosa spricht, keiner jedoch Verse. Sätze, die einem

Gedicht so nahe kommen wie die Nietzsches, nutzen die suggestive Wirkung der poetischen Form für den prosaischen Inhalt. Reine Poesie würde die beabsichtigte Wirkung nicht hervorbringen. Gedichte sind zu schön und zu selbstgenügsam, als daß sie das Interesse des Lesers auf jene ernsthaften Fragen von Kultur, Moral und Zukunft zu lenken vermöchten, um die es im *Fall Wagner* wie in allen Prosaschriften Nietzsches geht. Gerade das Schwanken zwischen poetischer Euphorie und prosaischer Ernüchterung ruft einen Zustand leidenschaftlicher Ungeduld hervor, in dem sich das philosophische Problem nicht mehr vom persönlichen Erlebnis trennen läßt. Tritt Prosa wie Poesie auf, so schützt Schönheit den scheinbaren Besitz einer höheren Wahrheit vor den beharrlichen Einwänden der prosaischen Vernunft. Zweck der poetischen Elemente in Nietzsches Prosa ist es, den Leser zum Einverständnis zu verführen, noch ehe er alles verstanden hat.

6

Unter der Schrift

Bereits der Titel von Nietzsches erstem Buch kündigt eine für das Gesamtwerk folgenreiche These an: *Die Geburt der Tragödie aus dem Geiste der Musik.* Die griechischen Tragödien, von denen sich bestenfalls die Aufzeichnung ihres Textes erhalten hat, waren bei ihrer Aufführung von Musik und Tanz begleitet gewesen, von nicht-sprachlichen Äußerungen also, die nicht aufgezeichnet und deshalb für immer verloren sind. Lediglich den wechselnden Versmaßen im Text ist anzumerken, daß sich Schauspieler und Chor dabei rhythmisch bewegten und Melodien sangen. *Die Geburt der Tragödie* will vom erhaltenen Rest der Tragödie, den schriftlichen Zeugnissen, zu den Vorstufen zurückfinden, die ihn erst verständlich machen: zum einst gesprochenen Wort, zur tönenden Stimme, zum Sprechgesang, zum Rhythmus des Tanzschritts, zur Musik, zu den Klängen im Ohr der ergriffenen Zuschauer, zu Rausch und Traum einer tragischen Erfahrung des Lebens, zu den Göttern Dionysos und Apollon. Nietzsches Abhandlung, selbst ein Produkt der modernen Schriftkultur, hat das paradoxe Ziel, die Bedeutung der Schrift zu relativieren und ihren Primat in der Moderne abzuwerten, um die elementaren und extremen Zustände körperlich-psychischer Ekstase, die von den abstrakten Schriftzeichen verdeckt werden, offenzulegen und wieder ins Leben zurückzurufen. Nietzsche möchte dem sprachlichen, schriftlich fixierten Kunstwerk keinen höheren Rang zuerkennen als den einer späten, erstarrten Ablagerung vorsprachlicher, mimischer Tätigkeiten, des Tanzens und Singens.[1]

Die Geburt der Tragödie ist eine Interpretation der griechischen Kultur ebenso wie ein Plädoyer für die Wagnersche Oper. Alles, was zwischen jenem ältesten und diesem jüngsten Ereignis der Kultur liegt, erklärt Nietzsche zum Irrweg, der von der sokratischen, der Rationalität des Worts verpflichteten Philosophie bis zur zeitgenössischen, dem Buchstaben dienenden Philologie reicht. Da Nietzsches These und Programm in Opposition zu seiner vernunft- und wortgläubigen Zeit stehen, wendet sich sein Buch an die wenigen, die »Musik als Muttersprache« sprechen und »mit den Dingen fast nur durch unbewusste Musikrelationen in Verbindung stehen.«[2] Obwohl Nietzsche von Kindheit an der Musik zugetan und von seinem musikalischen Talent überzeugt war, blieb er seiner einzigen zuverlässigen Begabung treu, dem Schreiben. Diese Resignation schloß ein, daß er zum Ausgleich in seiner eigenen Sprache den ursprünglichen »Geist der Musik« vernehmbar zu machen suchte. Dafür war es notwendig, »jene künstlerisch zarten und kräftigen Gesetze des Klanges nachzufühlen, unter deren Herrschaft der an guten Mustern und in strenger Zucht herangebildete Schriftsteller lebt.«[3] Daher sind Nietzsches Charakterisierungen seines eigenen Stils reich an musikalischen Bezeichnungen: Klang, Rhythmus, Tempo, Intervalle, staccato, rubato und vieles mehr. Er wollte für das Ohr schreiben, damit das Ohr (genauer: das Klangbild, das die vom Auge aufgenommenen Buchstaben im Innern erzeugen, als ob man sie hörte) so auf den ganzen Körper wirke, bis zu den Füßen, in denen sich wieder die alte Lust zum Tanzen regen könnte.

Richard Wagner hatte seinen Verleger Ernst Wilhelm Fritzsch in Leipzig dazu bewogen, *Die Geburt der Tragödie* zu publizieren. In Nietzsche, der ihn häufig in Tribschen am Vierwaldstätter See besuchte, erkannte Wagner einen nützlichen Parteigänger und Propagandisten seiner Revolution der Oper. Nietzsches Freude über die Veröffentlichung seines ersten Buches steigerte sich durch dessen Nähe zu Wagners Büchern. Sogar »die Ausstattung«, teilt er einem Freund mit, sei »genau nach dem Muster von Wagners ›Bestimmung der Oper‹« verabredet; »freue Dich mit mir!«[4] Dieses Buch will ein kulturphilosophisches Parallelunternehmen zur Bestimmung von Wagners Musikdrama sein. Wie Wagner in der deutschen Sprache »die tonvolle Kraft ihrer Wurzeln«, »eine wunderbare Neigung und Vorbereitung zur Musik« aufgespürt habe, so beabsichtigt der Schriftsteller Nietzsche, »Gewalt und rhythmische Vielartigkeit«[5] von Wagners Musik in der eigenen Schrift nachzubilden.

Das Einverständnis zwischen Wagner und Nietzsche, das *Die Geburt der Tragödie aus dem Geiste der Musik* und *Richard Wagner in Bayreuth* demonstriert hatten, war längst zerbrochen, bevor *Der Fall Wagner* und *Nietzsche contra Wagner* es öffentlich aufkündigten. Doch gerade weil der Schüler seinem einstigen Meister vorwirft, er sei durch die Rückkehr zu christlicher Spiritualität der gemeinsamen Sache abtrünnig geworden, fällt dem verwaisten Anhänger die Aufgabe zu, in einer Art musikalischer Prosa jene »Leiblichkeit des Ausdruckes«[6] zu bewahren, die ihm einst das Werk Wagners als Wiederkehr der griechischen Tragödie hatte erscheinen lassen. *Richard Wagner in Bayreuth* beschreibt »die grosse Linie einer Gesammtleidenschaft« von Wagners Musik in einem Bild: »dieser Strom bewegt sich zuerst unruhig, über verborgene Felsenzacken hinweg, die Fluth scheint mitunter aus einander zu reissen, nach verschiedenen Richtungen hin zu wollen. Allmählich bemerken wir, dass die innere Gesammtbewegung gewaltiger, fortreissender geworden ist; […] und plötzlich, am Schluss, stürzt der Strom hinunter in die Tiefe, in seiner ganzen Breite, mit einer dämonischen Lust an Abgrund und Brandung.«[7] Diese metaphorische Beschreibung würde auch den Charakter von Nietzsches Stil nicht verfehlen; sie erfaßt genau den dramatischen Aufbau der Passage.

»Wenn das musikalische Element weicht und doch die musikalische Weltanschauung bleiben soll, wohin flüchtet sich's?«[8] Wohl in den Rhythmus der Sprache, in der diese Weltanschauung vorgetragen wird. Der Verlauf eben jener Stadien, wie sie die frühe Schrift aus Wagners Opern heraushörte, dient – mit verwandten Worten – in Nietzsches später Schrift *Ecce homo* dazu, die quasi-musikalische Komposition seiner eigenen Abhandlungen zu charakterisieren: »Jedes Mal ein Anfang, der irre führen *soll*, kühl, wissenschaftlich, ironisch selbst, absichtlich Vordergrund, absichtlich hinhaltend. Allmählich mehr Unruhe; vereinzeltes Wetterleuchten; sehr unangenehme Wahrheiten aus der Ferne her mit dumpfem Gebrumm laut werdend, – bis endlich ein tempo feroce erreicht ist, wo Alles mit ungeheurer Spannung vorwärts treibt. Am Schluss jedes Mal, unter vollkommen schauerlichen Detonationen, eine *neue* Wahrheit zwischen dicken Wolken sichtbar.«[9] Die Entsprechungen zwischen Wagners Musik und Nietzsches Prosa sind offensichtlich. Die Schrift, unsinnlich und allen biologischen Rhythmen entzogen, feiert ihr Gegenteil, die sinnliche Erfahrung von Bildern und Klängen; der Intellektuelle, an seiner Bestimmung zweifelnd, sehnt sich nach einem anderen Dasein, dessen Abbild er in der Musik und in jeder anderen Kunst besser erfüllt sähe als in seinem eigenen Metier, der Schriftstellerei.

Nachdem Wagner ihn enttäuscht hatte, komponierte Nietzsche sein eigenes Gesamtkunstwerk aus Prosa und Poesie, Schrift und Musik, Kritik und Dithyrambus, Welterkenntnis und Selbstdarstellung. Vielleicht ist der eigentliche Gehalt der Passage nicht in der Ideenfolge von Niedergang, Müdigkeit, Widerstand und Sieg zu suchen – dies wäre eher ein mythisches Schema denn ein origineller Gedankengang –, sondern in der rhythmischen Gestalt, in die sich jene Ideenfolge so einpaßt, daß sie einer musikalischen Komposition im Stile Wagners zu ähneln beginnt. (Wagners Nachfolger verwandelten

Nietzsches Prosa wieder in Musik: Gustav Mahlers 3. Sinfonie, 1896, die aus *Zarathustra* zitiert, sollte zunächst *Die fröhliche Wissenschaft* heißen; im selben Jahr entstand Richard Strauß' sinfonische Dichtung *Also sprach Zarathustra*.) Eine Notiz von 1876 unterscheidet den »Stil des Intellekts«, der »unmetrisch« und daher »gefühllos« bleibt, vom »Stil des Willens«, der »in Prosa oder Poesie – metrisch oder halbrhythmisch« ist und sich, wie Nietzsche hier noch kritisch anmerkt, für den »Stil des unreinen Denkens« eigne.[10] Wenige Jahre danach strebte Nietzsche selbst den »Stil des Willens« an, den Stil, den Zarathustra spricht: »Ja, ein Unverwundbares, Unbegrabbares ist an mir, ein Felsensprengendes: das heisst *mein Wille*«, kurz: »Heil dir, mein Wille!«[11]

Die Prosa im gedruckten Buch stellt eine Verbindung zur Musik allein durch den metrischen, halbrhythmischen »Stil des Willens« her: »Man darf vielleicht den ganzen Zarathustra unter die Musik rechnen; – sicherlich war eine Wiedergeburt in der Kunst zu *hören*, eine Vorausbedingung dazu.«[12] Trifft Nietzsches Selbstinterpretation zu, so wäre der schriftliche Charakter dieses Werks nur die Verkleidung einer anderen Kunstart, die der elementaren Rhythmik des Körpers – Tanzschritt, Stimme, Gebärde – näher steht. Das Vorwort zu *Ecce homo* zitiert zwei Absätze aus *Zarathustra*:

> Die Feigen fallen von den Bäumen, sie sind gut und süss: und indem sie fallen, reisst ihnen die rothe Haut. Ein Nordwind bin ich reifen Feigen.
>
> Also, gleich Feigen, fallen euch diese Lehren zu, meine Freunde: nun trinkt ihren Saft und ihr süsses Fleisch! Herbst ist es umher und reiner Himmel und Nachmittag –

Nietzsche preist und kommentiert diese Stelle, als handle es sich um ein Lied oder Adagio: »aus einer unendlichen

Lichtfülle und Glückstiefe fällt Tropfen für Tropfen, Wort für Wort, – eine zärtliche Langsamkeit ist das tempo dieser Reden.«[13] »Rede«, die gar einer »Lehre« dienen soll, geht hier in Bild und Metrum der Lyrik über. »Die Feigen fallen von den Bäumen« könnte, wie in deutschen Gedichten häufig, eine Verszeile mit vierhebigen Jamben und Alliteration abgeben, »Herbst ist es umher und reiner Himmel und Nachmittag«, wiederum in lyrischem Präsens und alliterierend, einem Herbstgedicht in freien Rhythmen entnommen sein. Vor allem am Ende von Nietzsches Prosaschriften stehen Gedichte, als träte in ihnen endlich zutage, was unter der Prosa sich geheim bewegt hatte, Rhythmus und Melodie. Jeder Teil des *Zarathustra* endet lyrisch, als »Lied«. Bereits *Die fröhliche Wissenschaft* schließt mit dem Ausblick auf ein fröhlicheres Reich jenseits von Schrift und Wissenschaft: »Im Gebirge« verwandelt sich der Autor in einen »*Sänger*«, der »seine Musik und Weise hören« läßt; dann folgen die *Lieder des Prinzen Vogelfrei*. Je mehr sich die Passage aus dem *Fall Wagner* der Imagination einer Höhenregion hingibt, desto musikalischer wird ihre »Weise«. Im Gebirge hallen die Dithyramben nach, die einst das Gefolge des Dionysos gesungen hatte.

Für seine Vorlesungen machte sich Nietzsche umfangreiche Aufzeichnungen über »Griechische Metrik«; er stellte sie teilweise in Notenschrift dar und zog Parallelen zur Musik Wagners.[14] Wenn, wie *Die Geburt der Tragödie* lehrt, in der griechischen Kultur der Lyriker mit dem Musiker identisch war, so kehrt die von der Musik am weitesten entfernte Sprache, die Prosa, durch Anklänge an die Lyrik wieder zu deren Ursprung zurück, zur Musik. Entsprechend ändert Nietzsche die Form seiner Gedichte; er befreit sie von der lyrischen Konvention der Neuzeit, dem Schematismus von Reim und Versmaß, und nimmt prosaische Unregelmäßigkeiten in die poetische Sprache auf, wodurch sich die je individuelle Gestalt deutlicher ausprägt: »Für die stete Wiederholung $-\cup-\cup$ usw.

den Rhythmus der Reim-Dichtung sind *wir* musikalisch zu anspruchsvoll [...] Das Spiel mit den verschiedensten Metren und zeitweilig das Unmetrische ist das Rechte: die Freiheit, die wir bereits in der Musik, durch R[ichard] W[agner], erlangt haben! dürfen wir uns wohl für die Poesie nehmen! Zuletzt: es ist die einzige, die stark zu Herzen redet! – Dank Luther!«[15] Griechische und römische Versmaße sind vielfältig und erlauben an zahlreichen Stellen, lange Silben aneinanderzureihen oder eine lange durch ein, zwei kurze Silben zu ersetzen. Antike Dichtungen wirken daher bei metrisch genauer Übersetzung auf den heutigen Leser, falls er überhaupt ein Versmaß erkennt, prosaischer als die neuzeitliche Poesie, die ihn an den gleichmäßigen Wechsel von Hebung und Senkung gewöhnt hat. Durch Studium, Beruf und Leidenschaft war Nietzsche mit der antiken Dichtung vertraut und von ihrer Vorbildlichkeit überzeugt; deshalb konnte er seine rhythmisch stilisierte Prosa als eine Angleichung an die Vielfalt und Freiheit griechischer Metren verstehen. Im Hinweis auf das antike Fundament liegt Nietzsches Beitrag zur Geschichte des Prosagedichts, des poème en prose, einer gemischten Form, deren Reiz die europäische Literatur im 18. Jahrhundert entdeckte. Nietzsche begnügte sich jedoch nicht damit, das Prosagedicht als Sonderfall im System der literarischen Gattungen zuzulassen; vielmehr wurde die Durchdringung von Prosa und Poesie zur Norm seines Stils. Jean Paul durfte sagen: »Ich habe meine Prose mit einer Achtsamkeit und Schärfe pp. bearbeitet wie andre ihre Verse kaum.«[16] Nietzsche hätte sagen dürfen: ich habe meine Prosa umgearbeitet zu einer anderen Art von Vers.

Nietzsches letztes Werk sind die *Dionysos-Dithyramben*, lyrische Texte, deren freier Rhythmus an die Prosa erinnert, die sie hinter sich gelassen haben. Dieser Titel kündigt die Wiederkehr des verschollenen (aus Erwähnungen bei Platon und Aristoteles bekannten) Dithyrambus an, eines chorischen

Sprechgesangs, aus dem die Tragödie entstanden sein soll. Seine letzten Briefe unterzeichnet Nietzsche als »Dionysos«. Solche nachempfundenen Dithyramben bekleiden das Prosagedicht mit der Würde einer archaischen Dichtung, in der Musik und Sprache, Tanzschritt und Wortfolge, Poesie und Prosa noch ungeschieden waren. (Allerdings haben, mangels antiker Texte und »dank Luther«, Nietzsches Dithyramben, dem griechischen Namen zum Trotz, die meiste Ähnlichkeit mit den von Luther übersetzten Psalmen; sie waren dem Pastorensohn seit seiner Kindheit vertraut.) Freilich wird Nietzsches Prosalyrik weder gesungen noch getanzt und selten nur gesprochen – diese Ausdrucksformen eines Zeitalters, das die Schrift noch nicht kannte, sind lediglich Imaginationen beim Schreiben und Lesen, Metaphern also einer Literatur, die anders und älter sein möchte, als sie ist. »Mein Stil ist ein *Tanz*«, konnte Nietzsche behaupten, doch bleiben die Buchstaben unbewegt auf dem Papier stehen und die Leser vorerst auf dem Stuhl sitzen – wie der Autor bei der Niederschrift. Die Figur Zarathustra hatte Nietzsche erfunden, um den aus der Sphäre des Körpers und der Musik genommenen Metaphern für Literatur eine lebendige Gestalt zu verleihen. »Nur im Tanze weiss ich der höchsten Dinge Gleichniss zu reden«, spricht oder singt Zarathustra im »Grablied« – hinter der Schrift, so suggeriert seine getragene Formulierung, steht die Rede, hinter der Rede das Lied, hinter dem Lied der Tanz, hinter dem Tanz das Leben. »Stil« heißt bei Nietzsche der Wunsch, mit Hilfe der Schrift über die Grenzen der Schrift hinauszugelangen.

Skeptisch beurteilt ein Aphorismus aus *Menschliches, Allzumenschliches* die Möglichkeit, »Gedanken im Gedicht« darzustellen: »Der Dichter führt seine Gedanken festlich daher, auf dem Wagen des Rhythmus': gewöhnlich desshalb, weil diese zu Fuss nicht gehen können.«[17] Später verwendet Nietzsche selbst diese Einsicht, um durch Rhythmisierung der Prosa Wirkungen zu erzielen, die sich der Kontrolle durch den Intellekt entziehen. Zarathustra spricht in rhythmischer Prosa oder in Versen, weil er »das Ohr, das nach *mir* horcht, – das *gehorchende* Ohr« des lesenden Zuhörers gewinnen möchte.[18] Ein Leser Nietzsches berichtet von dem Eindruck, den ihm in seiner Jugend, am Ende des 19. Jahrhunderts, die Lektüre der *Götzen-Dämmerung* gemacht habe: »aus der knappen Sprache klang mir ein Rhythmus entgegen, den ich noch vor keinem deutschen Buch empfunden hatte; denn um den Rhythmus der Prosa, durch den auch – ein Geheimnis! – der Gedanke oft genug seine besondere Färbung erhält, ist es eigen bestellt: der Zauber seiner Wirkung ist manchmal ganz unabhängig von dem, was der Leser als Ausdruck einer Wahrheit oder eines Irrtums zu nehmen geneigt ist, und wirkt seelenhaft geheimnisvoll weiter.«[19] Nietzsche gibt selbst eine Erklärung für diese Wirkung des musikalischen Rhythmus, den er in die Sprache transponiert; die Musik »enthält die allgemeinen Formen aller Begehrungszustände: sie ist durch und durch Symbolik der Triebe, und als solche in ihren einfachsten Formen (Takt, Rhythmus) durchaus und jedermann verständlich.«[20]

Akustische Phänomene und rhythmische Bewegungen nimmt bereits ein Embryo in sich auf; sie liegen also, als »Begehrungszustände« im Unbewußten gespeichert, der Fähigkeit, Sprache zu verstehen, weit voraus. Kognitive Einsichten und moralische Gebote sind dagegen an eine Sprache gebunden, die sich vom Zauber des Klangs und des Rhythmus gelöst hat. (Deshalb ist Liebe im Roman ein moralisches Problem, im Gedicht ein psychisches Erlebnis.) Nietzsche kündigt die Gültigkeit moralischer Urteile auf und rhythmisiert gleichzeitig die Sätze, in denen er sie aufkündigt. An der Passage aus dem *Fall Wagner* läßt sich beobachten, wie unmittelbar nach der Abwertung der Moral, »ihrer heiligsten Namen und Werthformeln«, der Text rhythmischer wird. An die Stelle eines überzeugenden Arguments tritt die emotionale Intensivierung der akustisch-körperlichen Signale, die den Leser an seine vorrationale Konstitution erinnern und zu reflexionsloser Zustimmung bewegen sollen. Der Rhythmus, älter als die Wörter und doch in ihnen, führt in ein Gebiet jenseits von Gut und Böse. »Mit Tönen kann man die Menschen zu jedem Irrthume und jeder Wahrheit verführen: wer vermöchte einen Ton zu *widerlegen*?«[21]

Nietzsche versuchte durch den Stil seiner Schriften wiederherzustellen, was die griechische Tragödie in ihrer Überlieferungsgeschichte verloren hatte: Stimme, Gebärde, Rhythmus, die Bewegung des Körpers. »Aus dem Geiste der Musik« soll noch einmal eine große kulturelle Tat geboren werden – aber doch nur im »Geiste«, denn in Texten bleibt alle Körperlichkeit imaginär. Während des Schreibens und Lesens vergessen der Schreibende wie der Lesende ihren Körper. Der theatralisch mit körperlichen Gesten aufgeladene Text Nietzsches muß sich damit begnügen, Nachbild eines Körpers zu sein, der bereits dem Schreibenden nicht mehr als ein Phantom gewesen war. Doch gerade dieses Defizit spornt die Leser an, den Text endlich lebendig werden zu lassen, ihm Stimme und Körper zu verleihen. So erfüllt sich Nietzsches höchster Wunsch: Seine Schriften gehen in Fleisch und Blut über.

7

In Erwartung der Rede

Wiederholt klagte Nietzsche darüber, wie schwer es sei, in Deutschland »ein guter Schriftsteller zu werden. Es fehlt hier an einem natürlichen Boden, an der künstlerischen Werthschätzung, Behandlung und Ausbildung der mündlichen Rede«; deshalb gebe es keinen »nationalen Stil«. Die deutsche Prosa, beherrscht von »Zeitungs-Sprache« und »Alltags-Deutsch«, habe zu keinem »Kulturstil« gefunden;[1] bereits Schopenhauer hatte dieses Urteil gefällt. Die Klage war seit dem Ende des 18. Jahrhunderts zu hören. Am eindringlichsten hatte sie Adam Müller in seinen 1812 in Wien gehaltenen *Zwölf Reden über die Beredsamkeit und deren Verfall in Deutschland* vorgetragen. Eben dem Verfall der Beredsamkeit wollten seine Reden beispielhaft Einhalt gebieten. Die Kritiker der deutschen Unfähigkeit zu öffentlicher Rede waren sich darin einig, daß die Qualität des Prosastils von dem allgemeinen Status der mündlichen Rede abhänge, in letzter Instanz also vom günstigen oder ungünstigen Verlauf der Nationalgeschichte. Der deutschen Prosa sehe man es an, daß sie nicht durch die Erfahrung der Rede geprägt sei; umgekehrt werde die Rede, da es zu ihr nur selten Anlaß gebe, von einer papierenen Schreibweise verformt: »Nachdem die Rede aus dem Gebiet des Ohrs in das Gebiet des lesenden Auges, nachdem sie aus dem Gebiete der Stimme in den Wirkungskreis der schreibenden Hände einmal höchst unnatürlicherweise versetzt worden, so erstirbt sie nun auch, schrumpft zusammen, vertrocknet mehr und mehr.« Schließlich werde das geschriebene, nicht mehr gesprochene Wort zur Zahl verkürzt: »das Wort schwindet ineinander und wird mehr und mehr zur Zahl. Alle Wissenschaften, alle bürgerlichen Geschäfte lohnen sich, halten sich an der geliebten Zahl, sie verpuppen sich, wie gefräßige Insekten, in Gespinsten von Zahlen und Formeln.«[2] (Bereits hier ist der später topische Gegensatz formuliert: die Verklärung des Worts und die Abneigung gegen die Zahl.) Rede, Schrift, Zahl bezeichnen drei Stufen des kulturellen Verfalls, zu dem die romantische Opposition den zivilisatorischen Fortschritt umdeutete – mit dem Ziel, ihn rückgängig zu machen.

In Deutschland waren, vor und noch lange nach Adam Müllers Diagnose, die Gelegenheiten zur Rede beschränkt. Hier fehlte, was England besaß: ein Parlament, in dem die öffentliche Rede notwendig und folgenreich war; durch den Nachdruck in Zeitungen erlangte sie Bekanntheit, oft sogar Bewunderung bei allen Schichten des Volkes. In Deutschland fehlte zudem, was Frankreich besaß: Salons, wo Schriftsteller auf Aristokraten trafen und die Formen des Gesprächs sich verfeinerten. »Hofberedsamkeit«, auf die man an deutschen Höfen im 17. und 18. Jahrhundert Wert legte, diente dazu, zum fürstlichen Zeremoniell noch den rhetorischen Schmuck hinzuzufügen. Dabei überwogen die nicht-sprachlichen Elemente des Rituals – Kleidung, Gebärde, Räumlichkeit – die Bedeutung der standardisierten, an adeligen Akademien und bürgerlichen Gymnasien gelernten Ansprachen. Politische Entscheidungen fielen in den Kanzleien, deren »Kanzleistil« nur zum Gegenstand der Satire taugte. Kultivierte Gespräche kamen nicht zustande, da der deutsche Adel die deutsche Sprache verachtete und sich lieber französisch unterhielt. Die »Kanzelberedsamkeit« der Pfarrer, auf schlichte Gemeindemitglieder abgestimmt, konnte die anspruchsvollere Kunst der Rede nicht ersetzen, zumal im 19. Jahrhundert das Interesse an religiösen Themen abnahm. Um diesem zugleich politischen und literarischen Notstand abzuhelfen, führten in der Zeit des patriotischen Widerstands gegen die napoleonische Besatzung und der Befreiungskriege zahlreiche Publikationen – wie die genannte Adam Müllers – die programmatische Bezeichnung »Reden«, »Gespräche«, »Vorlesungen« im Titel, ob sie nun wirklich gesprochen oder nur als gesprochen ausgegeben wurden. Fichte, Schleiermacher, August Wilhelm und Friedrich Schlegel, Arndt, Solger, Jacob Grimm und viele andere erwarteten von der Rückkehr der Schrift zur Rede mehr als eine Verbesserung des deutschen Prosastils: Er sollte Vorbild und Vorläufer einer allen Landschaften und allen Schichten gemeinsamen deutschen Kultur werden. ›Stil‹ wurde Teil des nationalen Programms.

Die Zeit der Befreiungskriege war ein deutsches Nachspiel zur Französischen Revolution. In revolutionären Situationen wächst, als deren Ursache und Folge, die Bedeutsamkeit von Reden, da Traditionen und Institutionen nicht länger den gewohnten Gang der Dinge regeln und nun in jedem Augenblick Entscheidungen anstehen, die mit Worten gefordert und begründet werden müssen. Zu den Ruhmestaten der Französischen Revolution gehören die Reden, die sie antrieben, die Reden Mirabeaus, Robespierres, Saint-Justs, Dantons. In Deutschland verschaffte erst die Revolution von 1848 und die aus ihr hervorgegangene Nationalversammlung in der Frankfurter Paulskirche der politischen Rede vorübergehend öffentliche Aufmerksamkeit. Die Erfolglosigkeit dieser demokratischen Bewegung entzog jedoch der parlamentarischen Rede wieder ihren Kredit. Bismarcks Diktum, daß nicht Reden, sondern »Blut und Eisen« über das Schicksal eines Staates entschieden, wurde zum geflügelten Wort. Es ist symptomatisch, daß der bekannteste und wirkungsvollste politische Redner im 19. Jahrhundert, eben Bismarck, Repräsentant der autokratischen Macht war und Reden wie Redner verachtete. Im deutschen Kaiserreich dienten Reden dazu, an Jubiläen, am Grab bedeutender Männer, bei den Sitzungen der wissenschaftlichen Akademien mit erhabenen und zitatreichen Worten die Festkultur der Zeit zu vervollständigen. Erst der Zusammenbruch des wilhelminischen Staates entfesselte – wiederum in einer revolutionären Phase – die Leidenschaft für die politische Rede. Elias Canetti erinnert sich an die bis dahin unbekannte Energie des gesprochenen Worts während der bürgerkriegsähnlichen Zustände in den frühen zwanziger Jahren: »Ich war abends in Versammlungen gegangen und hatte Rednern zugehört, und die Diskussionen, die sich danach auf die Straße fortpflanzten, hatten mich tief erregt. Menschen der verschiedensten Art, Bürger, Arbeiter, Junge, Alte sprachen da aufeinander ein, so heftig, so hartnäckig, so sicher, als gäbe es gar keine Möglichkeit, anders zu denken, und doch war der, zu dem sie sprachen, ebenso hartnäckig vom Gegenteil überzeugt. Da es Nacht war, eine für mich ungewohnte Zeit auf der Straße, machten diese Dispute den Eindruck von etwas Unaufhörlichem, als ginge es immer so weiter, als wäre Schlaf nicht mehr möglich, so sehr kam es jedem auf seine Überzeugung an.«[3] Zwischen Linken und Rechten wogten rhetorische und wirkliche Saalschlachten, bis 1933 die Entscheidung gefallen war, die Rede zur Parole, das Hören zum Gehorchen vereinfacht wurden.

Woran sollte die deutsche »Beredsamkeit«, der Adam Müller 1812 das Wort redete, sich ein Beispiel nehmen? Die Rede der Pfarrer auf der Kanzel, der Professoren auf dem Katheder war durch die Einrichtung, der sie diente, zu sehr eingeschränkt, als daß sie ein Vorbild für den ersehnten Stil einer geschriebenen Prosa von freierem, mündlichem Charakter hätte abgeben können. Man mußte nach einem anderen Muster in der deutschen Bildungsgeschichte suchen. Adam Müller, der sich wie seine Zeitgenossen als Erbe der klassischen deutschen Literatur von Klopstock bis Goethe verstand, bemerkte den »allgemeinen Drang zum Vorlesen und Deklamieren der Nationaldichter« und deutete ihn als Anzeichen dafür, daß die Leser »von dem lebendigen Odem der Rede wieder ergriffen werden« wollten. Unverhofft war hier, in der Verssprache der Dichter, die Schrift zur Rede erwacht, weil in dieser geschriebenen, aber metrisch organisierten Gestalt von Schrift der Klang und die Bewegtheit des gesprochenen Worts verborgen lagen. »Der größte Redner der deutschen Nation, Friedrich Schiller,« habe die dichterische Form nur deshalb gewählt, »weil er gehört werden wollte und weil die Poesie eine Art von Publikum in Deutschland hatte, die Beredsamkeit aber keines.«[4] Eine gehobene, stilbewußte Mündlichkeit konnte also aus der vollkommensten Erscheinung von Schrift hervorgehen, aus der Poesie, die als Drama gesprochen, als Gedicht rezitiert, als Epos vorgelesen wurde. Sentenzen aus Dichtungen liefen bei den Gebildeten um, manche sogar bei den Ungebildeten, als wären es Sprichwörter. Die deklamierte, auswendig gelernte, mündlich zitierbare Poesie der klassischen Autoren löste im 19. Jahrhundert die Rolle der Bibel als Archiv stets präsenter, wohlformulierter Sinnsprüche ab. Daher lag der Gedanke nahe, daß die deutsche Prosa, sofern sie sich auf den vertrauten Ton einer verbreiteten und dennoch anspruchsvollen Rede stützen wollte, von der Sprechweise der Poesie lernen müsse. »Die Schranke zwischen Poesie und Prosa,« konnte Theodor Mundt 1837 schreiben, »ist im *Gedanken* durchbrochen;«[5] nur die Praxis einer stilistischen Durchdringung von gebundener und ungebundener Rede sei noch nicht weit gediehen. Mundts Buch über *Die Kunst der deutschen Prosa* will aus der historischen Einsicht in glückliche und unglückliche Entwicklungen der deutschen Prosa in Vergangenheit und Gegenwart den künftigen Charakter eines besseren Stils formen. Zur selben Zeit berichtet Heine von Unterredungen mit Rahel Varnhagen über den »Styl« Goethes und Börnes: »Die heutige Prosa, was ich hier beyläufig bemerken will, ist nicht ohne viel Versuch, Berathung, Widerspruch und Mühe geschaffen worden.«[6]

Vielleicht ist es nicht übertrieben, den neuen Stil der Prosa, in dem sich sprachliche, ästhetische und kulturelle Intentionen bündelten, zu den großen Projekten des 19. Jahrhunderts in Deutschland zu zählen. Was der politischen Rede mißlungen war, sollte einer kulturpolitischen Prosa gelingen. Das Projekt war noch nicht vollendet, als Nietzsche es erneut aufnahm. Er dramatisierte die Situation, um die Größe seiner eigenen Aufgabe und Leistung bewußt zu machen: »Es giebt *keine deutsche Bildung*, weil es noch keinen *deutschen* Kunststil giebt. Ungeheure Arbeit Schillers Goethes zu einem deutschen Stile zu kommen.« Stil bedeute die Herrschaft der Kunst über die Kultur; er bezeichne die Mitte einer nationalen Bildung. »Heilighaltung von *Sprache* und *Musik*« sei unabdingbar, damit ein solcher Stil entstehen könne.[7] Kein anderer philosophischer Schriftsteller des 19. Jahrhunderts näherte seine geschriebene Prosa mit solcher Virtuosität der gesprochenen Poesie an wie Nietzsche. Nicht vergeblich hoffte er, daß auch seine »Sprüche« dereinst gesprochen würden. Er und seine Nachfolger nannten ihre poetisch getönte Prosa »großen Stil«. Nietzsches Stil erfüllte wohl die Erwartungen, die Adam Müller und andere Anwälte einer deutschen Redekunst für die Zukunft gehegt hatten, nicht aber Nietzsches Tätigkeit; nach wenigen Versuchen verzichtete er darauf, Reden zu halten. Seine Schriften sind zwar im Gestus der Rede (genauer: des Sprechens) geschrieben, aber eben nur geschrieben. Sie konnten also erst auf spätere Leser wirken, die den Autor nicht vor Augen hatten. Nietzsche sprach vor Zuhörern, die nicht anwesend, vielleicht noch nicht einmal geboren waren. Um dieses Manko auszugleichen, gingen viele Anhänger Nietzsches später dazu über, seine Schriften vorzutragen, so daß sie endlich zu der Rede wurden, die er hätte halten wollen.

Es hat Gründe und es hat Folgen, daß die deutsche Prosa nicht dem Parlament und nicht dem Salon ihren Stil verdankt, sondern den klassischen Werken der Poesie, der kein bestimmter Ort im gesellschaftlichen Leben zukommt. Als 1942, von der aktuellen Situation zum historischen Rückblick gedrängt, Anton Kippenberg und Friedrich von der Leyen *Das Buch deutscher Reden und Rufe* »aus vier Jahrhunderten« zusammenstellten, nahmen sie auch Nachrufe, Vorreden zu Büchern und Reden, die nie gehalten worden waren, in ihre Sammlung auf, damit die Gattung der Rede fülliger erscheine, als sie in Deutschland je gewesen war. Auch Nietzsches Rede war eigentlich ein Ruf in die ferne Zukunft, bei dem lange unentschieden blieb, ob ihn jemand hören würde. »Reden« waren Wunsch und Programm, vor allem aber in Büchern zu vernehmen. Heine durfte gestehen: »ich hätte für mein Leben gern auf öffentlichem Markte, vor einer bunten Versammlung, das große Wort erhoben.«[8] Getan hat er es, aus gutem Grunde, nie, da auf dem »öffentlichen Markte« – eine Reminiszenz an die griechische Agora, an das römische Forum – zu Heines Zeit nur die Rufe von Leuten sich hören ließen, die Waren feilboten. Nietzsche sah die historische Differenz klarer: »Die Zeit des gut-Redens ist vorbei, weil die Zeit der Stadt-Culturen vorbei ist,«[9] der Kulturen, in denen sich die freien Bürger zur Beratung auf dem Stadtplatz zusammengefunden hatten. In den neuzeitlichen Flächenstaaten sind die Zuhörer, die ein Redner erreichen möchte, außer Hörweite. Die Wiederkehr der Rede, die alle hören sollten, mußte warten, bis Mikrophon und Radio erfunden waren. 1918 wurde die Reichsrundfunkkommission eingesetzt, 1923 der erste Sender in Betrieb genommen, am Anfang also der mit Worten und Waffen umkämpften Weimarer Republik. Bald danach verstärkten Lautsprecher die Stimme der Parteiredner, am erfolgreichsten die der Nationalsozialisten. Ohne den Lautsprecher hätte sich die faschistische Idee des Führers – einer spricht und alle hören – nicht so uneingeschränkt verwirklichen lassen. Heißt nun ein Buch »*Goebbels spricht*«, so sind diese »Reden aus Kampf und Sieg« wirklich gehalten, mit Hilfe des Lautsprechers, später des Volksempfängers vom Volk empfangen und erst danach gedruckt worden.[10] Im Vorwort zu *Mein Kampf* (über den er schrieb, als er nicht reden durfte) stellt Hitler Schrift und Rede einander gegenüber: »Ich weiß, daß man Menschen weniger durch das geschriebene Wort als vielmehr durch das gesprochene zu gewinnen vermag, daß jede große Bewegung auf dieser Erde ihr Wachsen den großen Rednern und nicht den großen Schreibern verdankt.«[11] So geht schließlich der romantische Traum Fichtes und Arndts in Erfüllung, daß die Nation durch Reden gebildet werden müsse. Den »kurzsichtigen Zeitgenossen«, die ihre Schriften als Reden ausgaben, hatte Adam Müller vorgehalten, daß sie »diese papiernen Taten mit den wirklichen Taten« verwechselten.[12] Goebbels und Hitler hätte er diesen Vorwurf nicht machen können. Von allen Hemmnissen befreit, funktionierte endlich die Pragmatik des Worts: Schriften wurden zu Reden, Reden zu Taten und am Ende zu Untaten.

Was die Romantiker ersehnten, die Rückkehr vom geschriebenen zum gesprochenen Wort, wird im 20. Jahrhundert Wirklichkeit: Die Schriftsteller schreiben nicht nur, sie reden auch. Hofmannsthal, Borchardt, Thomas Mann, Benn, Grass halten, politische mit literarischen Ambitionen verbindend, Reden in großen Sälen und im Rundfunk. Erst durch die technische Ausstattung der öffentlichen, nun für jedermann vernehmbaren Rede konnte der Typus des verantwortungsbewußten Schriftstellers entstehen, wie ihn sich seither das Publikum als moralische Alternative zum professionellen Politiker wünscht. *Das Schrifttum als geistiger Raum der Nation* ist, dem Titel zum Trotz, als Rede Hofmannsthals 1927 zu einem Losungswort der ›konservativen Revolution‹ geworden. (Der politischen Rede der Zeit entlehnt die Kulturrede das Wort »Revolution«.) Nach 1968, nach dem bislang letzten Auftritt der spontanen, von keiner Institution protegierten Rede, nimmt der politische Anspruch der Schriftsteller ab, ihre Redseligkeit jedoch zu: Sie lesen, wie es seit Klopstock in Deutschland Brauch ist, aus ihren Büchern vor, nun allerdings vor einem anonymen Publikum, geben Interviews, beteiligen sich an Podiumsdiskussionen, halten Poetik-Vorlesungen an Universitäten und Reden bei Preisverleihungen. Gespräche, Reden, Vorlesungen – um noch einmal an die romantische Trias der Mündlichkeit zu erinnern – ziehen heute eine größere Aufmerksamkeit auf sich als die literarischen Werke selbst. Die ehrwürdige Forderung, die Schrift auf die lebendige Rede zu gründen, verwirklicht sich in der Gegenwart als Wechsel der Medien: von der lesbaren Schrift zum hör- und sichtbaren Auftritt des Schriftstellers.

8

Sprechen

»In jeder Periode Nietzsches hallt das tausendjährige Echo der Rhetorenstimmen aus dem römischen Senat.«[1] Adornos oft zitierte Bemerkung ist schlagend, aber nicht treffend. Wer lateinische Perioden studiert, etwa in den mustergültigen Reden Ciceros, wird in diesen weit gespannten Satzbögen, bei denen der Redner Anfang und Ende trotz mannigfacher Zwischenglieder nicht aus den Augen verlieren darf, kein Vorbild für Nietzsches Stil entdecken. An keiner Stelle berücksichtigt die Passage aus dem *Fall Wagner* Empfehlungen, wie sie die Lehrbücher der antiken Rhetorik für den rhythmischen Abschluß einer Periode, die sogenannten Klauseln, geben. Diese regeln in Prosasätzen die Folge der Längen und Kürzen (unter neuzeitlichen Bedingungen: der Hebungen und Senkungen) der letzten Wörter, wie wenn es sich um Verse handelte. Nietzsche gebraucht weder den cursus velox (–∪∪/∪∪–∪) noch den cursus tardus (–∪/∪–∪∪), so daß auch der einzige cursus planus (–∪/∪–∪: »eine *Genesung*«) sich zufällig ergeben haben mag. Mit der klassischen Rhetorik, Periodik und sogar mit der Grammatik – Nietzsche hatte alle drei Disziplinen studiert und gelehrt – liegt die Passage im Streit. Bewußt ist in ihr – doch so, als geschähe es unbewußt – der Zusammenhang eines Satzes zerstört, obgleich sich der Periodenbau angeboten hätte. Der mehrfach schon betrachtete Satz, der mit »Eine tiefe Entfremdung« beginnt und mit »welche ›Selbst-Verleugnung‹!« endet, ist unvollständig, aber auch die Teilsätze darin sind es. Ist es überhaupt ein Satz? Zwischen seinem ersten und seinem letzten Wort gibt es kein Satzzeichen, das eindeutig ein Ende anzeigen würde, weder Punkt noch Frage- oder Ausrufezeichen. Das Gebilde, das ein Satz zu werden verspricht, läßt keine durchgängige Konstruktion erkennen. Weder syntaktisch noch logisch paßt der Anfang »Eine tiefe Entfremdung, Erkältung, Ernüchterung gegen alles Zeitliche« zu den folgenden Teilen. Das Gleiche gilt für die anderen Satzteile, die sich zu Satzfragmenten verselbständigt haben: Wohin gehört »das Auge *Zarathustra's*«? Zu welchem Ziel führt »solches Ziel«? »Welches Opfer« braucht es wozu? Der Versuch, aus diesem Konglomerat eine akzeptable Periode zu bilden, muß mißlingen. Es ist nicht leicht, in der gesamten Passage völlig korrekte Sätze auszumachen. Korrekt ist gewiß: »Mein grösstes Erlebnis war eine *Genesung*.« Doch die meisten Sätze neigen auf verschiedene Weise – man könnte sie als Ellipse, Anakoluth, Aposiopese klassifizieren – zu Inkorrektheit und Unvollständigkeit.

Hier redet kein Redner, hier spricht ein Sprechender – genauer: hier ahmt ein Schriftsteller die Sprechweise eines Sprechenden nach, dem unter dem Gewicht dessen, was er zu sagen hat, zwar nicht gleichgültig ist, wie er es sagt, aber doch gleichgültig, ob er dabei die grammatischen Schulregeln einhält. Die sorgfältig geplante Nachlässigkeit des Satzbaus gibt dem Leser zu verstehen, daß der Gedanke dem Autor wichtiger ist als die syntaktische Ordnung, in die sich die Wörter zu fügen hätten. Nietzsches Kunst der Prosa imitiert die Kunstlosigkeit wirklich gesprochener Sätze, die ja fast alle grammatisch unvollkommen bleiben, und die Freiheit lyrischer Poesie, deren Vollkommenheit nicht in syntaktischer Exaktheit besteht. Wer spricht, kommt meistens mit dem begonnenen Satz schief oder gar nicht zu Ende, läßt sich unterbrechen oder unterbricht sich selbst. Der korrekte Satz ist ein Ideal der geschriebenen Sprache, das von der gesprochenen verfehlt wird, ohne daß Sprecher und Hörer diesen Mangel bemerken. Fehler und Lücken beeinträchtigen bei einer Konversation kaum das Verständnis, weil Sprecher und Hörer im selben Kontext stehen und überdies Nachfragen möglich sind. Erst in der Schrift fallen unvollständige Sätze als Verstoß gegen die Norm auf.

Ist ein Autor über den Verdacht sprachlicher Inkompetenz erhaben, so wird der Leser nach Gründen für das syntaktische Derangement suchen und hinter dem Anschein des Zusammenhanglosen, ja Fehlerhaften eine verdeckte Absicht vermuten. Er wird Lücken zu ergänzen suchen, Verweisen nachspüren (etwa auf *Also sprach Zarathustra*, vor allem das Kapitel »Von der Selbst-Überwindung«) und Andeutungen für Deutungen nutzen. Die Sätze – oder Nicht-Sätze – der Passage sind so angelegt, daß sie eine Geheimlehre zu enthalten scheinen, von der sie lediglich Bruchstücke preisgibt: ›zeitlos‹ zu werden, am tiefsten beschäftigt, Problem, Gründe, Abzeichen des Niedergangs, Aufgabe, alles Kranke, Entfremdung, Wunsch, Selbst-Verleugnung – hinter diesen rätselhaften Eröffnungen in Bruchstücken muß eine ganze Wahrheit stecken, die noch auf ihre Entschleierung wartet. So enthüllt sich das wahre Ausmaß des vorsichtig formulierten Vorbehalts gegen die Moral erst, wenn der Leser die polemischen Parallelen in der ein Jahr zuvor erschienenen »Streitschrift« *Zur Genealogie der Moral* kennt. Hier äußert Nietzsche rücksichtslos seine Verachtung der »immer mehr um sich greifenden Mitleids-Moral« und bekennt stolz: »ich bin ein Gegner der schändlichen modernen Gefühlsverweichlichung.«[2] Der Leser der Passage soll sich, so verlangt es der Autor, um die Vervollständigung seines Wissens über ihn bemühen, um eine Einweihung in Nietzsche.

Kündigt diese Schreibweise einer Sprechweise die Lehre an, daß alles ganz anders ist, als die Zeitgenossen zu denken gewohnt sind, und daß deshalb die verabredete Bedeutung der Wörter, die erlaubte Bauweise von Sätzen außer Kraft gesetzt sind? Die schwerverständliche, erst am Ende verstehbare Lehre übernähme dann die Funktion eines Rahmens für alle andeutenden und undeutlichen Äußerungen, wie ihn in einer mündlichen Unterredung der gegebene Kontext bildet, in dem die Beteiligten stehen. Es handelt sich also, trotz der Publikation als Buch, um eine vertrauliche Mitteilung, wie man sie, zögernd zuerst und zuletzt rückhaltlos, unter Freunden wagt.

Obwohl die Sprachlehrer des 19. Jahrhunderts auf eine Wiederkehr der öffentlichen Rede in Deutschland hofften, wollten sie dennoch nicht den Rückgriff auf die Rhetorik empfehlen. Auch ihnen blieb Kants Urteil Richtschnur: Es sei »verwerflich«, die »Maschinen der Überredung« zum Zweck »einer künstlichen Überlistung« zu gebrauchen; in der Dichtung, die von vornherein ihren Charakter einer bloßen Imagination eingestehe, gehe dagegen »alles ehrlich und aufrichtig« zu.[3] Im Sinne Kants lobt Nietzsche an Schopenhauers Stil, daß er auf den »Betrug von der Rednerbühne herab und mit den künstlichen Mitteln der Rhetorik« verzichtet habe.[4] Die von französischen Philosophen des 20. Jahrhunderts vorgeführte ›Dekonstruktion‹ des metaphysischen Begriffs der Wahrheit berief sich vor allem auf Nietzsche, besonders seinen Aufsatz *Ueber Lüge und Wahrheit im aussermoralischen Sinne*. Sollte es verwehrt sein – so folgerten aus ihm die Interpreten –, mit Hilfe des unzuverlässigen Instruments der Sprache Wahrheit zu fassen, so bestünde der Vorzug der Rhetorik darin, daß sie von vornherein den Anspruch auf Wahrheit durch die Absicht auf Wirkung ersetzt. Die Aufmerksamkeit, die in den letzten Jahrzehnten die Erkenntnistheorie und die Literaturwissenschaft der Rhetorik zugewendet haben, begünstigte die Auffassung, daß Nietzsche die Rhetorik propagiere und daß sein Werk als angewandte Rhetorik zu verstehen sei.[5] Doch das Ziel von Nietzsches Stil, im Medium der Schrift Form und Wirkung der Mündlichkeit nachzubilden, die Schrift also zum Sprechen zu bringen, hat weniger mit der rhetorischen

Tradition zu tun als mit der poetisch-musikalischen Absicht, aus Buchstaben wieder Laute erklingen zu lassen. »Die Kunst, zu schreiben, verlangt vor Allem *Ersatzmittel* für die Ausdrucksarten, welche nur der Redende hat: also für Gebärden, Accente, Töne, Blicke.«[6]

In der Passage bringen Gesten der Mündlichkeit die Architektur der Schrift ins Wanken. Die exzessiv gebrauchten Satzzeichen verlangsamen das Tempo der Lektüre, so daß es dem Tempo des Hörens sich angleicht. Interjektionen wie »Wohlan!« ahmen das Zögern und Fortfahren während des Sprechens nach. Floskeln und Füllsel wie »will sagen«, »das ist in der That«, »man versteht« benötigt ein Sprecher, um während des Redens das Wort zu behalten, auch wenn ihm nicht sogleich der passende nächste Ausdruck einfallen will; in der Schrift, die ja ungestört fortläuft (weil sich alle Störungen nachträglich beheben lassen), sind sie überflüssig. Die zahlreichen Wiederholungen – zum Beispiel: »nur dass ich das begriff, nur dass ich mich dagegen wehre. Der Philosoph in mir wehrte sich dagegen« – wären bei einer mündlichen Äußerung verzeihlich, bei einer schriftlichen sind sie jedoch redundant und bei einem anderen Autor fast unverzeihlich; es hätte eine schlichte Formulierung genügt: ›Aber ich wehre mich.‹ Freilich wird man Nietzsche nicht unterstellen, er habe vergessen, mündlich dahingesagten Sprachabfall beim Übergang zur Schrift und gar zum Druck rechtzeitig zu beseitigen. Bereits die poetischen Eigenschaften, die sich an der Prosa der Passage zeigten, bezeugen die überlegte Komposition dieser scheinbar saloppen Redeweise. Ihr haftet nichts von dem Gestammel, den Mißgriffen, dem Nonsens an, wie sie Tonbandaufzeichnungen wirklicher Gespräche enthüllen. Kunstvoll treibt Nietzsche die Kunstlosigkeit seiner Sätze bis zu dem Punkt, an dem sie den Status grammatischer Sätze verlieren, um hinter der Schrift die Stimme des Autors hörbar zu machen, eines Autors, der spricht, und zwar so, daß seine Sätze sich wie von allein zu wohlgeformten Klängen und Rhythmen fügen. Damit gelangt Nietzsche über zwei Grenzen hinaus: über die Grenze der Schrift, indem er ihr die verlorene Stimme zurückerstattet, und über die Grenze der Rede, indem er deren natürliche Unvollkommenheit in eine vollkommene poetische Musikalität umarbeitet.

Der Vorzug der Schrift, Mitteilungen von heute für eine spätere Zeit festzuhalten, ist mit dem Nachteil erkauft, daß der Leser immer zu spät kommt: Vergangen ist der lebendige Augenblick, da der Autor den Text schrieb, und tot ist meistens der Autor, der den Text verfaßte. Nietzsche nutzt den Vorzug der Schrift, um seine Gedanken an die Nachwelt gelangen zu lassen; und er wirkt dem Nachteil der Schrift entgegen, indem er sie mit dem Gestus des Sprechens versieht, als wäre ihr Autor noch im Moment der Lektüre lebendig gegenwärtig. »Bei uns ist der Leser fast gar kein Hörer mehr«[7] – der Befund, den Nietzsche aus dem Vergleich der modernen mit der antiken Prosa gewann, verrät zugleich den Wunsch, diese Situation zu ändern und zumindest in den eigenen Schriften dem altertümlichen Vorrang des Ohrs vor dem Auge wieder Geltung zu verschaffen.

Nietzsche verheimlicht, obwohl er viele literarische und gelehrte Bücher las, auch von Zeitgenossen, seine Lektüren vor den Lesern (es sei denn, ein Buch wie David Friedrich Strauß' *Der alte und der neue Glaube* eignete sich zum exemplarischen Strafgericht über die Zeit und ihren schlechten Büchergeschmack). Um in der Schrift den Eindruck gerade erlebter Gedanken zu erzeugen, dürfen sich keine anderen Bücher zwischen die Erfahrung des Autors und ihre Weitergabe an die Leser drängen. Nietzsche wollte Bücher schreiben, als schriebe er keine. Was er schrieb, »sprach« Zarathustra, sein Alter Ego. »Mund bin ich worden ganz und gar, und Brausen eines Bachs aus hohen Felsen: hinab will ich meine Rede stürzen in die Thäler.«[8] Metaphorisch verwandelt sich die Schrift zur

»Rede«, die schreibende Hand zum »Mund«, der Schriftsteller zum »hohen Felsen«, die Leser zu »Thälern« (zwischen dem Geist des Autors und dem seiner Leser liegt ein merkliches Gefälle). Aus Literatur ist Natur geworden, allerdings nur ein Naturgemälde.

Als Natur kann Schrift nur erscheinen, wenn sie keine ungewöhnlichen Wörter gebraucht, Wörter, die sogleich ihre Herkunft aus der Schriftsprache verraten und deshalb ›unnatürlich‹ klingen. Der zitierte Satz Zarathustras hält sich daher an das schlichteste Vokabular, wie es jeder verwenden könnte, wenngleich nicht für dieses Thema. Nietzsche beherzigt Schopenhauers Maxime »Man brauche gewöhnliche Worte und sage ungewöhnliche Dinge«[9] und vermeidet Fachausdrücke, unvertraute Fremdwörter, komplizierte Satzperioden. In der Passage aus dem *Fall Wagner* finden sich zwar Fremdwörter wie »Problem«, »Moral«, »décadence«; diese waren aber längst – wie das gehobene »Strauss« statt ›Streit‹ – in die bürgerliche Alltagssprache eingegangen. Zudem gehören sie jenem überwundenen Bereich der »Krankheiten« an, auf den der Gedankengang am Ende der Passage »aus ungeheurer Ferne« zurückblicken kann. Um den Stil des »Leicht-Gesagten«[10] zu forcieren, läßt Nietzsche sogar Ausdrücke der Umgangssprache zu, die ein reputierlicher Schriftsteller zu vermeiden pflegt: »am ersten und letzten«, »Ich bin so gut wie Wagner«, »Was mich am tiefsten beschäftigt hat«, »eingerechnet.« So spricht man, aber so schreibt man nicht. Gerade gewöhnliche, sogar sehr gewöhnliche Wendungen beglaubigen die Aufrichtigkeit dieser Sprache, die Wahrhaftigkeit des Autors.

Während des Schreibens existiert der Leser nur in der Vorstellung des Autors; während des Lesens existiert der Autor nur in der Vorstellung des Lesers. Beide, die der Text zusammenführt, leben in getrennten Welten. Nietzsches sprechender Stil sorgt dafür, daß bei der Lektüre diese Distanz aufgehoben zu sein scheint. Ist die Stimme des Autors in einem

Text anwesend (geisterhaft zwar, aber in der Stimme gehen Körper und Geist ineinander über), so steigert sich dadurch auch die Präsenz des Lesers: Sein Ohr ist angesprochen; ein Teil seines Körpers macht ihm bewußt, daß er mit seinem ganzen Körper als reale Person gegenwärtig ist. Um seine Leser, »meine *unbekannten* Freunde«,[11] an ihre wirkliche Anwesenheit zu erinnern (die sie gewöhnlich vergessen, weil die Lektüre sie in eine andere Welt entführt), redet er sie als »Freunde« an. Freunde leben zur selben Zeit. Der Autor, zum Freund des Lesers geworden, ist auch nach dem Tod nicht tot. Manchmal läßt Nietzsche seine Leser in einem inszenierten Dialog selbst zu Wort kommen, wie wenn sie neben ihm stünden: »Versteht man mich? ... Hat man mich verstanden? ... ›*Schlechterdings nicht! mein Herr!*‹ – Fangen wir also von vorne an.«[12]

Nicht ganz so offensichtlich, doch wirksam genug verleiht auch die Passage dem Part des Lesers eine Stimme. Bereits der erste Satz richtet eine Frage an ihn: »Was verlangt ein Philosoph am ersten und letzten von sich?« Es ist eine Prüfungsaufgabe. Ungewiß ist, ob die folgende Antwort, »Seine Zeit in sich zu überwinden«, der Prüfling gibt oder, nachdem er versagt hat, der Prüfer. Jedenfalls wäre es die Antwort, die der Leser hätte geben sollen und die er nun, nachdem er die richtige Lösung gehört hat, sich zu eigen machen wird: Dann kann er selbst den Satz sprechen und die Wiederholungsprüfung bestehen. – Der nächste Absatz beginnt: »Was mich am tiefsten beschäftigt hat, das ist in der That das Problem der décadence.« Die unscheinbare Floskel der Beteuerung, »in der That«, antwortet einem etwas erstaunten und ungläubigen Gesprächspartner, der gefragt haben mag: ›Was hat Sie denn am tiefsten beschäftigt?‹ und ›Ist es wirklich das Problem der décadence?‹ Nietzsches Satz klingt so sorglos umgangssprachlich, als hätte er die Ausdrucksweise eines schüchternen, aber neugierigen Teilnehmers an der Unterredung aufgegriffen. In dieser erdachten Gestalt ist die Rolle des Lesers vorgezeichnet, der das Echo seiner eigenen Stimme aus dem geschriebenen Satz heraushört. Auch die Fortsetzung, »– ich habe Gründe dazu gehabt«, wird recht verständlich erst, wenn eine wirkliche Person neben dem »Philosophen« steht. Ihr deutet er an, daß er gute Gründe für jene Beschäftigung mit dem Problem der décadence hatte, diese Gründe aber nicht erläutern möchte, solange Verstand und Diskretion dieser Person noch nicht erprobt sind. »Es giebt Fälle, wo uns Niemand in die Augen, noch weniger in unsre ›Gründe‹ sehn darf.«[13] Möchte der zuhörende oder lesende Begleiter dennoch in diese Gründe und Abgründe blicken, so muß er sich sogleich schwierigeren Proben unterziehen, vor allem der Zumutung umstürzlerischer Ansichten über die Moral. Der Leser wird sich mit erhöhter Aufmerksamkeit und intellektueller Tapferkeit bemühen, die Proben zu bestehen, um sich der Ehre würdig zu erweisen, daß ein hoher Geist in solch vertrautem Ton zu ihm spricht. So fächert sich der Monolog des Textes in einen Dialog auf, in dem der Leser nicht nur zu hören, sondern auch zu sprechen glaubt, was er liest.

9
Spruch

Von *Menschliches, Allzumenschliches* an sind Nietzsches Bücher in numerierte Abschnitte gegliedert; die meisten nehmen nur eine halbe Seite ein, manche zwei oder drei Zeilen. Nietzsche nennt diese kurzen Formen zunächst »Sentenzen« oder »Aphorismen«, später mit Vorliebe »Sprüche«. Sie lauten beispielsweise: »Die Erziehung ist eine Fortsetzung der Zeugung und oft eine Art nachträglicher Beschönigung derselben« (aus *Morgenröthe*); »Kein Sieger glaubt an den Zufall«; »Mit einem grossen Ziele ist man sogar der Gerechtigkeit überlegen, nicht nur seinen Thaten und seinen Richtern« (aus der *Fröhlichen Wissenschaft*).[1] *Also sprach Zarathustra* ist, wie schon der Titel ankündigt, fast ausschließlich in Sprüchen geschrieben, die wie uralte Weisheiten klingen sollen: »Der Mann soll zum Kriege erzogen werden und das Weib zur Erholung des Kriegers: alles Andre ist Thorheit«; »Das Glück des Mannes heisst: ich will. Das Glück des Weibes heisst: er will.«[2] Die Passage aus dem Vorwort zum *Fall Wagner* folgt nicht dieser vorherrschenden Anordnung von Nietzsches Schriften, die meist aus selbständigen Einzelteilen zusammengefügt sind; dennoch ist auch hier zu spüren, wie die Sätze zur Spruchform drängen. Die aus Frage und Antwort gebildeten Satzpaare könnten auch als Aphorismus für sich stehen: »Was verlangt ein Philosoph am ersten und letzten von sich? Seine Zeit in sich zu überwinden, ›zeitlos‹ zu werden. Womit also hat er seinen härtesten Strauss zu bestehn? Mit dem, worin gerade er das Kind seiner Zeit ist.« Als

Spruch, der zu einem Sprichwort der Moderne hätte werden können (falls sie noch Sprichwörter brauchen und gar erfinden könnte), ließe sich auch »Moral *verneint* das Leben« herausschälen. Und wie ein knapper Urteilsspruch über das eigene Leben hört sich das Resümee an: »Mein grösstes Erlebniss war eine *Genesung*. Wagner gehört bloss zu meinen Krankheiten.« Einige Sätze der Passage sind auf dem Weg zum Spruch, manche kristallisieren sich zu Aphorismen. (Jene Sätze im Mittelteil der Passage, die sich nicht zur Spruchform, nicht einmal zu Sätzen fügen, nehmen gerade durch diesen Mangel den dramatischen Ausdruck einer bedeutsamen Krise an.)

In Georg Büchmanns Sammlung *Geflügelte Worte*, den klassischen »Zitatenschatz« (dessen erste Auflage 1864 erschien, als Nietzsche noch studierte), sind seit der Jahrhundertwende, als jüngere Bearbeiter die späteren Auflagen modernisierten und erweiterten, auch Prägungen Nietzsches aufgenommen worden. Bereits einige seiner Buchtitel erhielten den Status eines »geflügelten Worts«: »Menschliches-Allzumenschliches«, »jenseits von Gut und Böse«, »der Wille zur Macht«. »Also sprach Zarathustra« wurde zur komischen Redensart und noch dazu von ihrer Parodie »Na also, sprach Zarathustra« übertrumpft. Einzelne Wörter wie »Übermensch«, »blonde Bestie«, »Herren-Moral und Sklaven-Moral« bereicherten auf bedenkliche Weise den deutschen Sprachschatz. So liefen einige Sätze Nietzsches als Sentenzen selbst bei Leuten um, die ihn nie gelesen hatten: »Gelobt sei, was hart macht!«; »Du gehst zu Frauen? Vergiß die Peitsche nicht!« (meistens in der Fassung zitiert: »Wenn du zum Weibe gehst, vergiß die Peitsche nicht!« – sie ist dem Metrum und Satzbau eines Sprichworts angepaßt). Nach 1945 verschwanden in manchen Überarbeitungen von Büchmanns Nachschlagewerk sämtliche Einträge zu Nietzsche, wohl deshalb, weil sie zum Zitatenschatz des Führers und seines Gefolges gehörten. Die Nachwelt, bei der Sprüche Nietzsches sprichwörtlich wurden, erfüllte ihm den Wunsch, den er selbst in Spruchform gefaßt hatte: »Wer in Blut und Sprüchen schreibt, der will nicht gelesen, sondern auswendig gelernt werden«[3] – wobei er unterschlägt, daß jemand seine Sprüche erst lesen mußte, bevor er sie auswendig lernen konnte.

Nietzsches Schreibstil, der das Sprechen zu imitieren sucht, findet seinen Abschluß im Spruch, der bündigsten Form des Sprechens. Im Spruch treffen zwei Vollkommenheiten der Sprache zusammen: die einprägsame Knappheit einer mündlichen Lebensregel und die grammatische Vollständigkeit des schriftlichen Satzes. Nietzsches »Sprüche« vereinen in sich den Vorzug des Sprichworts mit dem des Aphorismus. Zu einer Zeit, da man im Volk noch Sprichwörter kannte und liebte, dienten sie dazu, der ungenauen, stammelnden Rede wenigstens an einer Stelle den sicheren Halt einer vorformulierten Erfahrung zu geben. Um der anspruchsvolleren, literaturkundigen Gesellschaft ein nobleres Gegenstück zum plebejischen Sprichwort zu bieten, waren die Schriftsteller der Neuzeit darum bemüht, einen Satz als Sentenz oder Aphorismus so zu prägen, daß er auch jenseits des Buchs, in der gesprochenen Sprache der Gebildeten, zirkulieren konnte. Die Spruchform verleiht dem Prosasatz eine Prägnanz, wie sie sonst nur die metrische Organisation dem Vers gewährt, und verpflichtet daher den Leser zu wörtlicher Wiedergabe beim mündlichen Gebrauch. Sprüche und Aphorismen sind die einzigen Prosaformen, die sich auf dem langen Weg von ihrem Urheber zu ihrem Benutzer nicht ändern.

Ein Spruch postuliert, für immer zu gelten und zudem die einprägsamste Formulierung seiner Erkenntnis gefunden zu haben. Seine unabänderliche, gleichsam notwendige Wortfolge heischt auch für die Behauptung, die der Spruch aufstellt, den Rang des Endgültigen. Nietzsches Sätze über die Frauen – wie zitiert: »Das Glück des Mannes heißt: ich will.

Das Glück des Weibes heisst: er will« – sind nach Gesinnung und Herkunft patriarchalische Vorurteile, nicht unpassend für den Stammtisch. Aus ihrer sprachlichen Pointierung jedoch, durch Wiederholung und Entgegensetzung, durch das Gleichmaß der metrischen Ordnung ziehen diese Vorurteile den Anschein einer aus der Natur der Sache gewonnenen Lebensweisheit, festgehalten in einem unverrückbaren Urteil. Der gelungene Spruch schließt jegliche weitere Diskussion aus; gegen das Vollkommene läßt sich nur schwer protestieren. Im Spruch demonstriert die Sprache ihre Macht; er überträgt die Stringenz eines Urteilsspruchs vom Gericht auf das Leben – der Spruch ist Ausdruck des »Willens zur Macht.«

Der Titel des Buchs *Also sprach Zarathustra* wiederholt sich am Ende eines jeden Kapitels: »Also sprach Zarathustra.« Daraus soll der Leser schließen, daß die Sprüche, zu denen Zarathustras Sprechen gerinnt, mündliche Äußerungen waren und erst später von einem seiner Jünger aufgezeichnet wurden – ähnlich wie es die Evangelisten mit den Aussprüchen Jesu taten. So wird Zarathustra selbst vor der Peinlichkeit des Schreibens bewahrt – was wäre ein sitzender, über ein Blatt Papier gebeugter Zarathustra? – und dennoch für die Schriftkultur gerettet. In Zarathustra, die fiktive Person, und in *Zarathustra*, das Buch, spaltet sich die Sprache des Autors Nietzsche: in den Spruch, der sie sein möchte, und in die Niederschrift, die sie ist.

Zarathustra trägt den Namen eines persischen Propheten und Religionsstifters (auch Zoroaster genannt), der vor zweieinhalbtausend oder mehr Jahren gelebt haben soll. Er gehört also einer frühen Welt an, in der statt der Schrift die mündliche Rede herrschte. Herder hatte in seinen »rhapsodischen Gedanken« über *Spruch und Bild, insonderheit bei den Morgenländern* die in Sprüche gefaßten Weisheitslehren als eine charakteristische Denk- und Sprachform des alten Orients gedeutet, also jener Kultur, der auch Nietzsches Zarathustra entstammt. »Die Erfinder feiner Sprüche« erhöht Herders Interpretation zu den »*wahren Gesetzgebern und Autonomen des menschlichen Geschlechts*«. Die Spruchform mache den Gedanken eines Einzelnen für alle anderen zwingend, als sei er ein Gesetz, das einem »*schweigenden Imperativ* durch die Form ihres [der Erfinder feiner Sprüche] Ausdrucks gleichsam Sanction« gebe.[4] Nietzsche umging die skeptische Intellektualität des 19. Jahrhunderts (an der auch er partizipierte), indem er seine zukunftsgewissen Direktiven durch die Maske eines morgenländischen Weisheitslehrers und Spruchdichters sanktionierte.

Die Anschauung, daß der Spruch die älteste und elementare Form der Erkenntnis sei, sah Nietzsche durch sein Studium der frühgriechischen Philosophie bestätigt (über die er ein Buch schreiben wollte) sowie durch die 1871 erschienene Abhandlung von Gustav Gerber, *Die Sprache als Kunst*. Die erhaltenen Fragmente der vorsokratischen Philosophen sind knappe, mitunter metrisch geordnete Merksprüche. Besonders die rätselhaftesten und poetischsten unter ihnen, die Sätze Heraklits, haben Nietzsche angezogen. Gerber bestätigte diese Vorliebe für die dichterisch-philosophische Spruchform, indem er in den gedrängten, gedankenreichen Gattungen des Wortspiels, des Rätsels und des Epigramms den Anfang aller Sprache, die »Sprachwurzel«, zu fassen glaubte. »Sprachkunst« sei schon am Ursprung der Sprache wirksam gewesen; zu ihm müsse sie immer wieder zurückfinden: »der Sprachkünstler erfindet Wörter, Satzformationen, Figurationen, Sprüche, giebt das Abbild eines Lebensmoments der Seele.«[5] Im »schweigenden Imperativ« des Spruchs sind Poesie und Prosa noch nicht geschieden.[6] Ungeschieden ist in ihm, was in der Neuzeit in Gegensätze auseinandertreten wird: Dichtung und Philosophie, Erfahrung und Wissen, Kollektiv und Individuum. Wenn es Nietzsche gelingt, im Zeitalter der Wissenschaft und des Romans dennoch Sprüche zu erfinden, so beweist er damit, daß das rebellische Subjekt wieder an Urzeiten anzuknüpfen vermag.

Bücher dürfen weitschweifig sein, weil ihr Material, Papier, haltbar ist; jederzeit kann der Leser nachschlagen, was er überlesen oder vergessen hat. Das Gedächtnis ist in Bücher ausgelagert, in Sprüche ist es eingelagert. Nietzsches Sprüche wären ohne das Buch verlorengegangen; dennoch lehnen sie sich gegen das Buch auf, das sie umschließt. Sie verweisen im Buch auf eine erhabene Region jenseits des Buchs: »Eine Sentenz ist im Nachtheil, wenn sie für sich steht; im Buche dagegen hat sie in der Umgebung ein Sprungbrett, von welchem man sich zu ihr erhebt.«[7] Obwohl er genügend Bücher schrieb und noch mehr zu schreiben plante, bekundete er seine Verachtung der Bücher, vor allem jener, die andere geschrieben hatten: »Ich will keinen Autor mehr lesen, dem man anmerkt, er wollte ein Buch machen: sondern nur jene, deren Gedanken unversehens ein Buch wurden.«[8] Bereits die Länge eines Buchs, die Langwierigkeit seiner Herstellung parodieren die blitzartige Erkenntnis, die an seinem Anfang stand. Die Fragmente aus Nietzsches Nachlaß, fast reicher an Beobachtungen und Ideen als seine Bücher, belegen, daß seine schriftstellerische Arbeit diesem Kriterium genügt: Unentwegt strömen die Gedanken, nicht alle staut das Buch auf. Oft nehmen diese Skizzen den Charakter von Aphorismen an, die auch in einem Buch stehen könnten oder gar ein ganzes Buch entwerfen. Der Spruch, die knappste Sprachgestalt eines Gedankens, steht als Botschafter des Anti-Buchs in Nietzsches Büchern, als Zeuge, daß sie »unversehens ein Buch wurden«. Der Schriftsteller Nietzsche verheimlicht seine Schreibwerkstatt vor seinen Lesern, als wären Bücher, Schreibtisch, Feder und Papier ein Zeichen der Schande, der Unmittelbarkeit des Lebens ausgewichen zu sein.

Der »Spruch«, das Ideal von Nietzsches Sprache, bestimmt sie bis in scheinbar unwichtige Einzelheiten, bis zum Gebrauch der Hilfsverben. »Wer in der deutschen Sprache Sentenzen bildet, hat die Schwierigkeit, daß sie gerade am Ende nicht scharf und streng abgeschliffen werden können, sondern daß Hülfszeitwörter hinterdrein stürzen wie Schutt und Gerümpel einem rollenden Steine.«[9] Auch die Passage kommt nicht ganz ohne Hilfsverben aus: »›zeitlos‹ zu werden«, »dazu gehabt«, doch hält sie sich, am Durchschnitt deutscher Prosasätze gemessen, damit auffällig zurück. (Die Einsparung von Hilfsverben dürfte einer der Gründe für die grammatische Mehrdeutigkeit einiger Sätze in der Passage sein.) Fast immer stehen im gewichtigeren zweiten Absatz der Passage am Ende der Sätze und Teilsätze Substantive: »Problem«, »Müdigkeit«, »Menschlichkeit«, »Selbst-Verleugnung«, »*Genesung*«, »Krankheiten«. Hilfsverben modifizieren und relativieren die Aussage eines Satzes, schwächen sie ab. Daher wird der Sentenzenstil, ein Stil der Stärke und Endgültigkeit, nach dem Vorbild des Sprichworts Hilfsverben meiden und den Satz auf ein Substantiv zulaufen lassen. An der pointierten Schlußstellung des bedeutsamen Worts geben Nietzsches Sätze zu erkennen, daß sie Sprüche werden möchten.

»Spruch« ist ein altehrwürdiger Begriff, den Nietzsche bevorzugt, um seinen schroffen Devisen die Aussicht auf Dauer zu eröffnen. Sie sind jedoch keine Sprüche im hergebrachten Sinn, denn sie wurden nicht wirklich von ihrem Autor Nietzsche gesprochen und werden nur in wenigen Fällen von seinen Lesern gesprochen. Auch laufen sie nicht anonym beim Volk um. Meist sind sie, anders als das Sprichwort, nicht metrisch geformt; vielmehr sind sie zu geschliffener Prosa ausgearbeitet, schriftlich fixiert, durch den Druck verbreitet und unter dem Namen des Autors bekannt – sie sind, mit einem Wort, Aphorismen (weshalb sie in keiner Anthologie deutscher Aphorismen fehlen). Sie folgen den von Nietzsche geschätzten Vorbildern, La Rochefoucaulds *Réflexions ou sentences et maximes morales* und Lichtenbergs *Sudelbüchern*. Was als glücklicher Ausdruck einer spontanen Eingebung erscheint, ist in Wahrheit ein Produkt literarischer Arbeit, die aus einer vorläufigen Notiz durch Änderung, Variation, Kürzung, Glättung erst die endgültige Gestalt hervortreibt. Je stärker die Spannung zwischen dem geringen Umfang des Aphorismus und seiner weitreichenden Erkenntnis, desto mehr Bewunderung zieht er auf sich. Sprichwörter sind (d. h. waren) allen Schichten des Volks vertraut, Aphorismen nur den Gebildeten, die ihre Bildung dadurch zeigen, daß sie beim Zitieren den Namen des Zitierten hinzufügen: ›Wie es bei Lichtenberg heißt ...‹, ›Wie Karl Kraus sagt ...‹

Zum Aphorismus führte Nietzsche nicht allein der Ehrgeiz, einen Prosasatz in die ideale Gestalt einer »Bildsäule« zu bringen. Sprichwörter weichen durch Rhythmus und Reim von der gewöhnlichen Rede ab, nicht jedoch von der gewöhnlichen Erfahrung. Für Aphorismen jedoch gilt das Gegenteil: Sie halten sich an syntaktische Regeln, verlangen aber einen ungewöhnlichen, die Denkgewohnheiten verletzenden Gedanken. Nietzsche war sich dieser Anforderung an den Aphorismus (den er »Sentenz« nennt) bewußt: »Der Glaube in der Form, der Unglaube im Inhalt – das macht den Reiz der Sentenz aus – also eine moralische Paradoxie.«[10] Seine Aphorismen halten sich an dieses Gebot der Form, den Umsturz der moralischen Meinungen zu betreiben: »Der Asket macht aus der Tugend eine Not.« – »Die meisten Menschen sind viel zu sehr mit sich beschäftigt, um boshaft zu sein.« – »Väter haben viel zu tun, um es wieder gutzumachen, daß sie Söhne haben.« – »Überzeugungen sind gefährlichere Feinde der Wahrheit als Lügen.« – »Gar nicht von sich zu reden, ist eine sehr vornehme Heuchelei.« – »Der Verbrecher ist häufig genug seiner Tat nicht gewachsen: er verkleinert und verleumdet sie.« – »Im Lobe ist mehr Zudringlichkeit als im Tadel.«[11]

Nietzsches großes Programm, die »Umwertung aller Werte«, stimmt zum Gattungscharakter des Aphorismus, der seit seinem Begründer La Rochefoucauld ein Feind der idées reçues, der Gemeinplätze, ist. Die Lust an der sprachlichen Antithese wird durch das Vorhaben einer kulturellen Revolution gesteigert. Die schlagende Formulierung nimmt den Triumph des provozierenden Gedankens über den Gemeinplatz vorweg, den Sieg des einsamen Denkers über den denkfaulen Pöbel.

10

Stilkritik

An der Wende vom 18. zum 19. Jahrhundert wurde es zu einem Hauptgeschäft deutscher Philosophie und Wissenschaft, über die Sprache nachzudenken. Hamann, Herder, Wilhelm von Humboldt, August Wilhelm und Friedrich Schlegel, Jacob Grimm und Franz Bopp begriffen die Sprache als hör- und sichtbares Instrument des »Geistes«, zugleich aber auch als dessen Selbstdarstellung, die faßbarer sei als die theologische und metaphysische Spekulation über ihn. »Bis in die letzten Tiefen der Menschheit«[1] führe die Betrachtung der Sprache. Nicht wenige unter ihren enthusiastisch gestimmten Interpreten schrieben ihr einen absoluten, geradezu sakralen Wert zu – eine Überschätzung, die jedoch dem Aufstieg der deutschen Literatur und der deutschen Philologie in dieser Epoche zugute kam. Bei Dichtern wie Gelehrten liegt seither eine bis dahin unbekannte Verantwortung für die Sprache, dringen sie doch durch sie »in die letzten Tiefen der Menschheit« vor. Keine andere Substanz, so behaupten die Metaphysiker der Sprache, gewähre irdische Unsterblichkeit: »Was vom Stoff lebt, stirbt vor dem Stoffe. Was in der Sprache lebt, lebt mit der Sprache.«[2]

Die Sprachphilosophen des 18. Jahrhunderts interessierten sich für die universelle Sprachfähigkeit des Menschen, die Sprachwissenschaftler des 19. Jahrhunderts, pragmatischer geworden, für die Verwandtschaft und Differenzierung der Nationalsprachen. Die Sprache des Einzelnen konnte kein Gegenstand dieser neuen Disziplinen sein. Aber sie schärften immerhin die Aufmerksamkeit und das moralische Bewußtsein dafür, welch förderliche oder verderbliche Wirkung Sprechen und Schreiben herausgehobener Individuen oder einflußreicher Gruppen (der Journalisten, Bürokraten, Politiker) auf die Sprache und auf die Kultur eines Volkes ausüben. Mit dieser Sorge beginnt am Ende des 19. Jahrhunderts die neue Stilkritik. Niemand hat deren moralische Zuständigkeit so weit ausgedehnt, niemand das Amt des Sprachwächters entschiedener für sich gefordert als Karl Kraus: Die »Gewähr eines moralischen Gewinns liegt in einer geistigen Disziplin, die gegenüber dem einzigen, was ungestraft verletzt werden kann, der Sprache, das höchste Maß einer Verantwortung festsetzt und wie keine andere geeignet ist, den Respekt vor jeglichem andern Lebensgut zu lehren.« Verantwortungsbewußtsein gegenüber der Sprache steht am Anfang, Bereitschaft zur Unterordnung unter ihre Normen am Ziel jeder Stilkritik: »Welch ein Stil des Lebens möchte sich entwickeln, wenn der Deutsche keiner andern Ordonnanz gehorsamte als der der Sprache!«[3] Für die moralische Erziehung durch Literatur, für die Entlarvung und »Abstrafung des Lasters«, waren bis ins 18. Jahrhundert Komödie und Satire zuständig (die sich manchmal auch, wie in Plautus' *Miles gloriosus* und Molières *Les Précieuses ridicules*, über prätentiöse oder ungeschliffene Redeweisen einzelner Figuren lustig machten). Ihr Erbe hat im 19. und 20. Jahrhundert die Stilkritik übernommen.

Die Gleichsetzung von sprachlicher Richtigkeit und moralischer Rechtschaffenheit hat eine lange Tradition. Nicht erst Buffon, dessen Formel »le style est l'homme même« berühmt wurde, schon Platon und Isokrates schlossen aus dem Sprachstil eines Menschen auf seinen Charakter. Zum Topos wurde die Gesundheitslehre des Stils durch Cicero und Seneca: Wenn die Seele »gesund und bei Kräften ist, ist auch die Redeweise kräftig, tapfer, mannhaft: wenn sie erlegen ist, folgt auch das übrige in den Zusammenbruch.«[4] Bis ins 18. Jahrhundert begnügten sich die meisten Bemerkungen zur Sprache einzelner Autoren mit solcher metaphorischer Kennzeichnung. Die Verfasser von Poetiken und Kritiken sahen ihre Aufgabe vor allem darin, die Zulässigkeit bestimmter Wörter für den dichterischen und rhetorischen Gebrauch, je nach Gattung und Anlaß, festzulegen und am Einzelfall zu überprüfen.

Nachdem sich die Frage, welches Vokabular welcher literarischen Gattung angemessen sei, im 19. Jahrhundert erledigt hatte (weil die Verletzung der Vorschriften mehr Genuß bereitete als ihre Befolgung), konnte Schopenhauer fordern, Stilkritik zur Zeitdiagnose zu nutzen. Die zahlreichen Sprachfehler in Zeitungen und Büchern, aus Gedankenlosigkeit entstanden, seien Indizien für die moralische und intellektuelle Verkommenheit der Gegenwart. Sein Aufsatz von 1851 *Ueber Schriftstellerei und Stil* häufte abschreckende Beispiele und erging sich in Verdammungsurteilen. Doch erst zwanzig Jahre später erschien mit Nietzsches »Unzeitgemäßer Betrachtung« über *David Strauss,* d.h. über dessen letztes Buch *Der alte und der neue Glaube*, die intensive und extensive Stilkritik einer einzelnen, gerade wegen ihres Erfolgs bei den Zeitgenossen für die Zeit symptomatischen Schrift. Bereits Nietzsches Tätigkeit als Philologe erforderte Aufmerksamkeit für die Korrektheit oder Fehlerhaftigkeit eines überlieferten Textes bis zu seinen geringsten Einzelheiten, bis zu den Buchstaben. Die Entscheidung, ob der Wortlaut eines Textes echt oder verderbt sei – dies heißt ursprünglich ›Kritik‹ –, gehört zu den ältesten Aufgaben der Philologie. Von ihr hat die Stilkritik den Sinn für die Nuance gelernt, aber auch die maßlose Erregung über Kleinigkeiten, die wenig für das Verständnis des Textes und noch weniger für den Gang der Welt bedeuten.

In Nietzsches Polemik gegen Strauß, »den Bekenner und den Schriftsteller«, nimmt die Kritik an dessen Stil mehr als zwanzig Seiten ein. Sie geht ins Detail, um dem Buch *Der alte und der neue Glaube*, dessen »klassische Prosa« viel gerühmt worden war, »unklares Denken und Mangel an Sprachgefühl« nachzuweisen. Drei Beispiele sollen Ton und Argumentation von Nietzsches Einwänden verdeutlichen:

(S. 18): »*und die Tage, obwohl von dem Erzähler unmissverstehbar zwischen Abend und Morgen eingerahmt*« u. s. w. Ich beschwöre Sie, das in's Lateinische zu übersetzen, um zu erkennen, welchen schamlosen Missbrauch Sie mit der Sprache treiben. Tage, die eingerahmt werden! Von einem Erzähler! Unmissverstehbar! Und eingerahmt zwischen etwas!

(S. 137): »*im täglichen Treiben des mittelalterlichen Christen kam das religiöse Element viel häufiger und ununterbrochener zur Ansprache.*« »Viel ununterbrochener«, ein musterhafter Comparativ, wenn nämlich Strauss ein prosaischer Musterschreiber ist: freilich gebrauchte er auch das unmögliche »*vollkommener*« (S. 223 und 214). Aber »*zur Ansprache kommen*!« Woher in aller Welt stammt dies, Sie verwegener Sprachkünstler? denn hier vermag ich mir gar nicht zu helfen, keine Analogie fällt mir ein, die Gebrüder Grimm bleiben, auf diese Art von »Ansprache« angesprochen, stumm wie das Grab. Sie meinen doch wohl nur dies: »das religiöse Element spricht sich häufiger aus«, das heisst, Sie verwechseln wieder einmal aus haarsträubender Ignoranz die Präpositionen; aussprechen mit ansprechen zu verwechseln, trägt den Stempel der Gemeinheit an sich, wenn es Sie gleich nicht ansprechen sollte, dass ich das öffentlich ausspreche.

(S. 320): »*das Innere eines zart- und reichbesaiteten Dichtergemüths, dem bei seiner weitausgreifenden Thätigkeit auf den Gebieten der Poesie und Naturforschung, der Geselligkeit und Staatsgeschäfte, die Rückkehr zu dem milden Herdfeuer einer edlen Liebe stetiges Bedürfniss blieb.*« Ich bemühe mich, ein Gemüth zu imaginiren, das harfenartig mit Saiten bezogen ist, und welches sodann eine »weitausgreifende Thätigkeit« hat, das heisst ein galoppirendes Gemüth, welches wie ein Rappe weitausgreift, und das endlich wieder zum stillen Herdfeuer zurückkehrt. Habe ich nicht Recht, wenn ich diese galoppirende und zum Herdfeuer zurückkehrende, überhaupt auch mit Politik sich abgebende Gemüthsharfe recht originell finde, so wenig originell, so abgebraucht, ja so unerlaubt »das zartbesaitete Dichtergemüth« selbst ist? An solchen geistreichen Neubildungen des Gemeinen oder Absurden erkennt man den »klassischen Prosaschreiber«.[5]

Auch heute noch wird man Nietzsches Anstreichungen beistimmen und sich wundern, wie damals die Leser über die inkriminierten Stellen – Nietzsche führt dutzende an – hinweglesen konnten. Ironisch verkleidet er seinen Tadel mit Lobsprüchen; sie persiflieren jene begeisterten Urteile, die über Strauß' Prosa im Umlauf waren. Nietzsche hält Strauß Verstöße gegen die Logik, gegen die Stimmigkeit von Bildern und gegen die Regeln der deutschen Sprache vor. Da Nietzsches Argumente in der Sache stichhaltig sind, gestattet er sich den Übermut, sie spöttisch oder triumphierend vorzutragen. Er gibt der alten Devise, daß sich im Stil der moralische Wert eines Autors offenbare, eine aggressive Wendung: Er redet Strauß persönlich an und zieht ihn für seine blumigen und schlampigen Sätze zur Verantwortung. Seine Sprache verrate intellektuelle und moralische Defekte, »Ignoranz« und »Gemeinheit«. Es gehört bis in die Gegenwart zur sadistischen Lust der Stilkritik, durch die Bloßstellung der fehlerhaften Sprache den Autor zu verletzen, zu verachten, zu vernichten. Stilkritik ist nie höflich. Meinungen lassen sich bestreiten und verteidigen, Sprachfehler müssen sich ohne Widerrede verurteilen lassen.

Stilkritik macht, gerade weil sie sich selbst der Sprache bedienen muß, Sprache zum Kampfplatz. Den Leser solcher auf eine Person zielenden Sprachglossen stößt die destruktive Energie nicht ab, da er sich sogleich auf die richtige Seite stellt, auf die des strafenden Richters; dazu kommt, daß das rabiate Urteil nicht auf komische Effekte verzichtet. Wenn Nietzsche die von Strauß wahllos über den Satz verstreuten Epitheta »reichbesaitet« und »weitausgreifend« mit der Redensart vom »milden Herdfeuer« zusammenfügt, so entsteht daraus die Chimäre einer »Gemüthsharfe«, die als galoppierender Rappe zum Herdfeuer zurückkehrt. Wer bei einer ernsthaften Kritik noch Zeit für Wortspiele findet, ist wahrhaft souverän. Bereits das Zitieren ist ein Mittel der Karikatur, denn es macht den Kontrast zwischen der beweglichen Sprache des Kritikers und der unbeholfenen Sprache des Kritisierten sichtbar. Dieser steht, seines angemaßten Ranges als Schriftsteller entkleidet, als komische Figur auf der Bühne vor einem Publikum, das diese unfreiwilligen Scherze mit wachem Verstand und heiterem Ingrimm genießt.

Stilkritik teilt die eine Sprache in zwei Sprachen auf, in die richtige und in die falsche. Was richtig ist, was falsch ist, entscheidet der Kritiker unter Berufung auf Grammatik, »Sprachgefühl« und klassische Vorbilder. Weitere Oppositionen bereichern und verschärfen den Gegensatz von richtig und falsch: Tradition gegen Mode, Dauer gegen Zeit, Wahrheit gegen Betrug, Besonnenheit gegen Oberflächlichkeit, Kultur gegen Konsum, Bildung gegen Halbbildung. Diese Erweiterungen steigern die Stilkritik zur Kulturkritik, die sich um die Zukunft des Geistes, der Nation oder der Welt sorgt. Viele stilkritische Bücher kündigen bereits im Titel ihr ehrgeiziges Programm an, den heroischen Kampf gegen Dummheit, Barbarei und den Niedergang der Kultur aufnehmen zu wollen: *Allerhand Sprachdummheiten* (Gustav Wustmann, 1881), *Untergang der Welt durch schwarze Magie*, soll heißen: durch die

Presse (Karl Kraus, 1922), *Aus dem Wörterbuch des Unmenschen* (Dolf Sternberger u. a., 1957), *Sprache in der verwalteten Welt* (Karl Korn, 1958), *Dagegen hab' ich was. Sprachstolpereien* (W. E. Süskind, 1969), *Dummdeutsch* (Eckhard Henscheid, 1985), *Plastikwörter. Die Sprache einer internationalen Diktatur* (Uwe Pörksen, 1988).

Wenn »unsre gesammte gelehrte und journalistische Öffentlichkeit das Zeichen dieser Entartung an sich trägt,«[6] dann erhält die Kritik der falschen Sprache und, im Gegenzug, die Verteidigung der richtigen eine herausragende Bedeutung für den künftigen Gang der Kultur. Dieser Bedeutung war sich Nietzsche durchaus bewußt. Seine Sprache wollte mehr als Mitteilung sein; sie wollte den Stil der Zukunft prägen. Fritz Mauthners boshafte Bemerkung über Nietzsche – »Sein Mißtrauen gegen die Sprache ist unbegrenzt; aber nur solange es nicht *seine* Sprache ist«[7] – übersieht die kulturpädagogische Absicht jeder Stilkritik: Sie möchte eine Zeitenwende herbeiführen (was auch für Mauthners *Beiträge zu einer Kritik der Sprache* gilt). Stilkritik hat ihre eigene Utopie. In der Poesie und Musik von Nietzsches Prosa zeichnet sich die Idee einer Sprache ab, die mehr als Sprache zu sein sucht. Die Kampfansage an andere Autoren bereitet die Approbation des eigenen Stils vor. In einer späteren Selbstkritik macht Nietzsche seinem ersten Buch, der *Geburt der Tragödie*, den Vorwurf, er habe darin noch nicht zu »einer *eignen Sprache*« gefunden und operiere »mühselig mit Schopenhauerischen und Kantischen Formeln.«[8] Der Vorwurf ist nicht ganz berechtigt (wie sonst hätte die ersten Leser gerade die Sprache dieses Buchs verblüfft und entsetzt?), doch gibt er den Ehrgeiz Nietzsches zu erkennen, eine andere, eine unerhörte Sprache zu schreiben.

Nietzsches neue Sprache geht aus einem längeren Prozeß der Selbsterziehung hervor, den Einträge in den Notizbüchern festgehalten haben. »Es ist die *rechte Zeit*, mit der deutschen Sprache sich endlich artistisch zu befassen,« setzte sich der Zweiunddreißigjährige 1876 vor; »Es muß ein Handwerk entstehen, damit daraus einmal eine Kunst werde.«⁹ In solch handwerklicher Gesinnung erteilte er sich selbst Ratschläge, wie grammatische Zweifelsfragen und stilistische Kleinigkeiten zu behandeln seien, um bei wahrer Stilkunst anzukommen:

1. Wir müssen streben, das *Hülfszeitwortwesen* zu beschränken!
2. Die *Einschachtelung* der *Präpositionen* zu meiden!
3. Man nehme sich mit »müssen« »dürfen wollen sollen mögen können« in Acht!
4. Auch die *Bildung mit »daß«* ist übermäßig geworden.
5. *Herstellung der Conjunctive und der Imperfecte!*
6. *Der Genetiv der Sache zu conserviren*, statt der überwuchernden Präpositionen z. B. den Helden seiner Thaten preisen, den Fremden seiner Herkunft fragen, den Kranken seiner Wunden heilen.[10]

Buffons Formel, der Stil sei der Mensch selbst, versagt bei Nietzsche. Zu absichtsvoll, zu sehr einstudiert ist sein Stil, als daß daraus ein wahrheitsgetreues Porträt seines Autors zu gewinnen wäre – es sei denn, man wollte gerade in der Stilisierung den bestimmenden Zug dieses Charakters erkennen. Nicht Ausdruck, sondern Gegenbild des privaten Ich ist Nietzsches Stil. Er entwirft sich in der Sprache eine zweite Existenz, deren Sinn die Zukunft begreifen werde. Erst wenn Nietzsche tot ist, lebt Nietzsche in der Welt wieder auf, die er sich erschrieben hat. Allein die Vollkommenheit seiner Sprache versicherte ihm, daß er nicht umsonst geschrieben hatte: »Vollkommnes lehrt hoffen.«[11]

11

Gegensätze

Musik läßt sich in Notenschrift darstellen, so daß die Töne, vertreten durch ihre Zeichen, nebeneinander stehen und sich unabhängig von der Zeitfolge, der sie bei einer Aufführung unterworfen sind, betrachten lassen. Was Musik wirklich ist, wird erst im Nacheinander der Töne beim Hören erfahren. Ähnlich ließe sich von der Schrift sagen, daß sie auf einer Fläche erscheint, aber in der Zeit – als Sprache – sich realisiert, doch mit dem Unterschied, daß die Buchstaben nur dann Sinn ergeben, wenn man sie in einer Richtung, von links nach rechts, liest. Noten hingegen klingen auch bei ihrer Umkehr, im Krebs. Deshalb wird das Verhältnis von zeitenthobener Struktur und zeitgebundenem Ausdruck, das Fortschreiten in Gegensätzen, bei der schriftlichen Aufzeichnung weniger bewußt als bei einer Notation. Nietzsche jedoch bedachte die »Gesetze« des »Nacheinander« bei der Komposition und bei der Wahrnehmung eines Kunstwerks, des musikalischen, des malerischen und des literarischen. Lebendig werde das Kunstwerk erst durch das Nacheinander gegensätzlicher sinnlicher und emotionaler Qualitäten, »in den Farben, die sich gegenseitig herausfordern, in den Dissonanzen, die eine Auflösung verlangen, in der Folge von Gemüthsströmungen.«[1] Ästhetische Erfahrung hat demnach den Charakter eines Prozesses. Sie ereignet sich, durch Kontraste erregt und gegliedert, in der Zeit, wenngleich das Werk selbst als Partitur, Gemälde oder Text unveränderlich bleibt und sich in dieser beruhigten Gestalt leichter beschreiben läßt.

Philosophisch interessierte Interpreten Nietzsches behandeln die Gesamtheit seiner Schriften wie ein Nebeneinander, um daraus einen halbwegs plausiblen Zusammenhang von Ideen zu konstruieren; manche stellen resigniert fest, daß er fehle. Widersprüche, Lücken, Sprünge und Gegensätze, wie sie sich in Nietzsches Äußerungen auf kleinstem Raum drängen, stehen als ärgerliche Hindernisse dem Versuch einer systematischen Übersicht oder auch nur eines kohärenten Referats im Weg. Wer jedoch weniger Nietzsches philosophische Tiefe ergründen als seine stilistische Oberfläche betrachten will, wird noch im Zusammenhanglosen und Chaotischen immerhin »Gesetze« des »Nacheinander« entdecken. Zur Wahrnehmung im Nacheinander gehört, daß man Früheres verschwommen erinnert oder gar vergißt, Kommendes vage erwartet und nur vom gegenwärtigen Augenblick einen deutlichen Eindruck hat. Widersprüche, die sich im Gedächtnis (d. h. im Zettelkasten) des gelehrten Interpreten festgesetzt haben, stören den Lesenden gewöhnlich wenig: Ihm genügt es, von dem, was er gerade liest, gefesselt zu sein. Nietzsches aphoristische Schreibweise rechnet mit Lesern, die einem Text von einer halben Seite mit intensiver Aufmerksamkeit folgen. »Das Nacheinander drückt den Willen aus, das Nebeneinander das Beruhen im Anschauen.«[2] Nietzsches Prosasätze sind Akte des Willens – oder spielen Aktionen des Willens vor, um sich durch den Eindruck, den sie auf den Leser machen werden, zu vergewissern, daß dieser Wille wirksam, demnach vorhanden ist.

Schlichte Antithesen kennt auch die Alltagssprache, etwa »Gut und Böse«. Darauf geht Nietzsche lediglich ein, um eine Antithese zu diesen Antithesen zu bilden: »Jenseits von Gut und Böse.« Erwartbare Urteile stellen sich nur ein, um als Vorurteile abgetan und in einer unerwarteten Wendung durch ihr Gegenteil ersetzt zu werden. Unerwartet ist in der Passage aus dem *Fall Wagner* die Antwort auf die Frage, was ein Philosoph von sich verlange; unerwartet der Übergang von der Bestimmung des Philosophen zum Bekenntnis des Autors, daß er selbst ein décadent gewesen sei; unerwartet die Verachtung der Moral; doppelt unerwartet dann das Renommieren mit solch moralischen Werten wie Selbstdisziplin, Opfer und Selbstverleugnung; unvorstellbar die Überwindung alles Menschlichen; unbegreiflich am Ende die Genesung als Resultat all dieser Volten und Saltos von Sprache und Sinn. Derart entgegengesetzte »Gemüthsströmungen« stoßen in dem kurzen Abschnitt aufeinander, daß nichts als das Nacheinander sie verträglich und erträglich macht. »Aus einem Ungewohnten in's andere Ungewohnte: wie ein Alpensteiger«[3] hat Nietzsche, sofern wir seinem Bekenntnis Glauben schenken, die vielbegangenen Straßen des gewohnten Denkens – d. h. der gewöhnlichen Gedankenlosigkeit – verlassen und den einsamen Weg über die Gipfel und Abgründe seiner Gedanken genommen. Darum mußte er auch den gewohnten Satzbau verlassen.

Sätze, die der klassischen Periodenform folgen, sind in sich mehrfach, aber immer überschaubar gegliedert und halten zum vorangehenden wie zum nachfolgenden Satz eine syntaktische Verbindung, die den gedanklichen Fortgang deutlich macht. Der junge Nietzsche hielt sich noch an dieses Vorbild, das ihm an der Lateinschule gelehrt worden war. In der »Unzeitgemäßen Betrachtung« über *Schopenhauer als Erzieher* ist die These, die im ersten Absatz der Passage steht, bereits vollständig entwickelt, aber im traditionellen, an Cicero orientierten Stil lateinisch-deutscher Gelehrsamkeit geschrieben: »Deshalb muss der Philosoph seine Zeit in ihrem Unterschiede gegen andre wohl abschätzen und, indem er für sich die Gegenwart überwindet, auch in seinem Bilde, das er vom Leben giebt, die Gegenwart überwinden.« Liest man eine Seite weiter, so kehrt derselbe Gedanke noch einmal wieder, ebenfalls mit Prägungen, die in der späteren Passage aufgegriffen werden: »Wenn jeder grosse Mensch auch am liebsten gerade als das ächte Kind seiner Zeit angesehn wird [...], so ist der Kampf eines solchen Grossen *gegen* seine Zeit scheinbar nur ein unsinniger und zerstörender Kampf gegen sich selbst.«[4] (Hier blickt Nietzsche verehrungsvoll zu Schopenhauer auf und spricht ihm eine Leistung zu, die er in der Passage für sich selbst reklamiert; deshalb muß Schopenhauers Bedeutung nun herabgestuft werden.) Der hypotaktische Bau der frühen Schrift, mit Über- und Unterordnung der Satzglieder, mit zahlreichen Konjunktionen, einer komplizierten Aufspaltung durch Konditional- und Relativsätze, mit der akademischen Umständlichkeit von Voraussetzungen, Bedingungen und Folgerungen ist in der Passage zur Parataxe, zur unverbundenen Reihung selbständiger, kurzer Sätze vereinfacht: »Was verlangt ein Philosoph am ersten und letzten von sich? Seine Zeit in sich zu überwinden, ›zeitlos‹ zu werden. Womit hat er seinen härtesten Strauss zu bestehn? Mit dem, worin gerade er das Kind seiner Zeit ist.« Der Gegensatz zwischen Philosoph und Zeit wird so auch sprachlich in schroffen Gegensätzen vernehmbar: zwischen Frage und Antwort, zwischen dem Wissenden und dem Unwissenden, zwischen der Stimme des Fragenden und der Stummheit des Befragten, dem der Fragende die Antwort souffliert.

Nietzsches späterer Stil befreit sich vom Muster der Periode. Seine Sätze sind entweder, wie im ersten und dritten Absatz der Passage, von lakonischer Kürze oder, wie im mittleren Absatz, so aufgewühlt und unabgeschlossen, daß sie das Periodenmaß ruhiger Bewegung verfehlen. Mit jedem Satz, mit jedem Satzteil sogar beginnt ein neuer Gedanke. Bereits die vehementen Satzzeichen (! ? : – ...) erzwingen Pausen bei der Lektüre und isolieren die Sätze oder Teilsätze voneinander. Es fehlen am Satzanfang Konjunktionen, die den Zusammenhang unter den Sätzen klären, und ausdrückliche Verweise auf den früheren Satz. Gibt es einmal einen solchen Verweis, so vergrößert er nur die Verwirrung. Die zurückgreifende Einleitung des Satzes, »Zu einer solchen Aufgabe«, wäre dem Leser hilfreich, wenn er nur wüßte, um welche Aufgabe es sich dabei handeln soll. Der tragische und dennoch hoffnungsvolle Heroismus einer unbestimmten, jedenfalls aber gewaltigen Aufgabe scheint sich um die Gestalt des Satzes, in dem er sich seiner geleisteten und noch zu leistenden Taten inne wird, nicht zu kümmern. Auch die Vorstellung von Ziel und Opfer, die in der Passage am Ende des zweiten Absatzes auftaucht, ist bereits in *Schopenhauer als Erzieher* zu finden, zum Teil in wörtlicher Übereinstimmung, doch in traditionell und korrekt gebauten Sätzen: Der heroische Mensch »selbst ist sich das erste Opfer, das er bringt. Der heroische Mensch verachtet sein Wohl- oder Schlecht-Ergehen, seine Tugenden und Laster […] Seine Kraft liegt in seinem Sich-selbst-Vergessen; und gedenkt er seiner, so misst er von seinem hohen Ziele bis zu sich hin, und ihm ist, als ob er einen unansehnlichen Schlakkenhügel hinter und unter sich sehe.«[5] Die Passage aus dem *Fall Wagner* erweckt den Eindruck, als ob Nietzsche sich zu einer ihm selbst neuen Erkenntnis vortaste, die ihm erst während des Schreibens dämmerte. Dieser Eindruck beruht auf einer bewußten Täuschung, hervorgerufen durch den Stil der Darstellung.

Erst wenn eine ruhige Fortdauer oder ein stetiger Fortgang gestört werden, läßt sich das Gesetz des Nacheinander erfahren. Am wirksamsten ist die Störung, sobald eine Antithese zum Bestehenden und Vorhersehbaren ausgesprochen wird. In der Passage treten solche Gegensätze wie kämpfende Paare in dichter Reihenfolge auf: Zeit und Philosoph, décadence und Gegenwehr, Moral und Leben, Müdigkeit und Selbstdisziplin, Wagner und Nietzsche, Ernüchterung und höchster Wunsch, Mensch und Übermensch, Krankheit und Genesung. Gegensätze bilden sich auch durch den Wechsel der Darstellungsweise: zu Beginn der Passage von den akademischen Prüfungsfragen in der dritten Person (»ein Philosoph«) zum überraschenden Geständnis der eigenen Schwäche in der ersten Person (»Ich bin […] ein *décadent*«); von diesen knappen, klaren Feststellungen im ersten Absatz zur verworrenen Syntax dunkler Andeutungen im zweiten; vom begrifflichen Vokabular in dessen erstem Teil (»Problem«, »Gründe«, »Moral«, »Werthformeln«) zur bildlichen Sprache im zweiten (»Wunsch«, »Auge«, »Ferne«, »Opfer«), als geriete man aus dem Hörsaal eines Philosophen in die Höhle eines Mystagogen; von solcher raunenden, entrückenden Einweihung zum schnöden Ton umgangssprachlicher Beiläufigkeit im dritten Absatz (»Wagner gehört bloss zu meinen Krankheiten«). Jäh wechseln die gegensätzlich gebauten Sätze zwischen Nüchternheit und Erregung, zwischen Erregtheit und Ernüchterung.

Diese Gegensätze sind nicht das stilistische Ergebnis eines spontanen Stimmungswechsels. Vielmehr sind die nüchternen, geordneten Sätze und die zwischen ihnen liegenden rauschhaften Wortfolgen, deren Satzstruktur unklar bleibt, aufeinander abgestimmt: Jene befestigen eine Glaubwürdigkeit, die diesen nicht so leicht zukäme. Die kargen Sätze der Feststellung, der Einschränkung, der Kritik und Selbstkritik dämpfen mögliche Bedenken eines Lesers gegen die dann plötzlich folgende Ankündigung einer höheren Wahrheit. Er muß sich sagen: wer so besonnen schlichte Wahrheiten mitteilt, wird auch bei schwierigen und geheimnisvollen Dingen, die dem normalen Verstand verborgen sind, nicht irren.

Auch das Vokabular der Passage ist so angeordnet, daß es den ›Gesetzen des Nacheinander‹ gehorcht und von einem niederen zu einem hohen Niveau führt. Am Anfang stehen Wörter aus der halb distinguierten, halb nachlässigen Umgangssprache der Gebildeten: »Strauss«, »décadent«, »Kind seiner Zeit«; dann folgen, als Zitate gekennzeichnet, die Begriffe populärer Ethik: »Gut und Böse«, »Moral«, »Menschlichkeit«; ihnen treten die bedächtigeren Begriffe eines Philosophen gegenüber: »Problem«, »Gründe«, »Werthformeln«, »Entfremdung«; am Ende ist die höchste, religiös gefärbte Sprachschicht erreicht: »Leben«, »Ziel«, »Opfer«, »Genesung«. Ein kurzer, steiler Anstieg, vollbracht durch die »*Magie des Extrems*,«[6] hat den Höhenunterschied zwischen der gewöhnlichen und der erhabenen Rede bewältigt.

In der ersten Hälfte der Passage überwiegen einfache Wiederholungen: »Was verlangt« – »Womit also«, »nur dass ich« – »nur dass ich«, »dagegen wehrte« – »wehrte sich dagegen«, »so versteht man« – »man versteht.« In der zweiten Hälfte jedoch herrschen dreigliedrige Gruppen vor: »das *verarmte* Leben, der Wille zum Ende, die grosse Müdigkeit«, »eingerechnet Wagner, eingerechnet Schopenhauer, eingerechnet die ganze moderne ›Menschlichkeit‹«, »Entfremdung, Erkältung, Ernüchterung«, »welches Opfer […] welche ›Selbst-Überwindung‹! welche ›Selbst-Verleugnung‹!« Diese Dreiergruppen sind Zeichen einer Steigerung und Mittel der Beschleunigung, da der Leser, noch an das vorangehende gemäßigte Tempo gewöhnt, an der Stelle anspruchsloser Verben aus zwei Gliedern nun anspruchsvolle Substantivgruppen aus drei Gliedern unterbringen soll. Dadurch kommt er, noch im Lesen das Sprechen nachahmend, außer Atem und muß, wozu ihm die Pausenzeichen der Interpunktion Gelegenheit geben, »wie ein Alpensteiger« Atem schöpfen. Er ist offensichtlich in eine höhere Region des Geistes gelangt.

Der Weg dorthin ist anstrengend. Seinen Schwierigkeitsgrad zeigen die vielen Unterbrechungen und Verzögerungen an. Mancher Schritt wird tastend versucht, ehe er einen sicheren Stand findet: »Ich bin so gut wie Wagner das Kind dieser Zeit, will sagen ein *décadent*.« Das vorsichtigere »Kind dieser Zeit« geht dem entschiedenen »*décadent*« voran; die umständliche Erläuterung »will sagen« bezeichnet den zögernden Übergang vom ersten zum zweiten Ausdruck. Statt der 33 Wörter, die Nietzsche von »Wohlan« bis »dagegen« benötigt, hätten 9 genügt: ›Ich war wie Wagner décadent, wehrte mich aber dagegen.‹ Ebenso ließe sich der grammatisch verbogene Satz »Einem solchen Ziele – welches Opfer wäre ihm nicht gemäss?« leicht korrigieren, umstellen und verkürzen: ›Dieses Ziel erfordert Opfer.‹ Die Ungenauigkeit und Weitschweifigkeit quasi-mündlicher Improvisation wäre dann gegen eine eindeutige schriftliche Form ausgetauscht. Aber durch solche Korrekturen und Glättungen verschwänden die – beim Sprechen sichtbaren – Gebärden der Anstrengung, an denen sich die Größe der Aufgabe ablesen läßt, und der heroische Entschluß dessen, der sie lösen wird. In den Sätzen der Passage wechseln Dehnungen mit Verkürzungen, etwa »übersieht – *unter* sich sieht … Einem solchen Ziele«: Das erste Glied in dieser Reihe wiederholt sich, umständlicher formuliert, im zweiten; vor dem dritten fehlt ein Verbindungsglied. Beide, Verlängerung wie Verknappung, treten an unerwarteter Stelle auf und reißen den Leser aus seinem Durchschnittstempo beim Aufnehmen und Mitdenken. Wechselnde Tempi braucht es, um den Widerstand der Gewohnheit zu brechen und die Bereitschaft zu Bewunderung und Nachfolge zu wecken.

An den absichtlich gestörten Sätzen erweist sich, daß ihr Verfasser höheren Regeln folgt als denen der korrekten Syntax. Ihm kommt das Pathos dessen zu, der eine Grenze überschritten und die Möglichkeit eines anderen Daseins erfahren hat. Er hat sich von der »Gläubigkeit an die Grammatik«[7] wie von jedem anderen Glauben befreit. »Dynamit des Geistes«[8] hat die Regeln der hergebrachten, gutbürgerlichen Satzbildung gesprengt. »*Wilde* Kräfte und Energien« steigern die Gegensätze, bis ihre »kräftigste *Spannung* im Chaos« endet.[9] Ordnung löst sich in Bewegung auf. Die Dynamik von Nietzsches Satzkonstruktion – oder Satzdestruktion – verhindert auch, daß eine anschauliche Bildwelt entsteht, die über die

Lücken der Syntax hinweghelfen könnte. Bildhafte Ausdrücke, verstreute Andeutungen von Bildern – »Strauss«, »Kind«, »verarmt«, »Müdigkeit«, »Auge«, »Ferne« – fügen sich zu keinem deutlichen Bild. Die neue Welt, die aus dem Chaos von Fragmenten hervorgehen soll, erfordert eine neue Sprache und eine neue Imagination.

12

Sein Kampf

Alle Bedeutung tragenden Wörter in der Passage aus dem *Fall Wagner* ordnen sich zwei feindlichen Lagern zu oder stehen mitten im Kampffeld zwischen ihnen. Zum Lager des Schlechten (das nicht das »Böse« ist) gehören: Zeit, décadence, Niedergang, Moral, verarmt, Ende, Müdigkeit, verneint, die ganze moderne ›Menschlichkeit‹. Zum Lager des Guten (das jenseits von »Gut und Böse« ist) gehören: Philosoph, zeitlos, Leben, Wunsch, das Auge Zarathustra's, übersehen, Genesung. Vom Kampf berichten: überwinden, Strauss, sich dagegen wehren, Problem, Aufgabe, Selbstdisciplin, Entfremdung, unter sich sehen, Opfer, Selbst-Überwindung, Selbst-Verleugnung. Jeder Kampf strebt danach, den gegenwärtigen Zustand zu verändern, ist also selbst ein Vorgang in der Zeit und hat eine neue Zeit im Blick. Die Zeitgenossen halten, so belehrt sie Nietzsche, das Schlechte für das Gute; erst die Nachwelt werde das Gute als das Bessere erkennen, für das »der Philosoph« als einziger jetzt schon kämpft. – Viele Texte Nietzsches erzählen von diesem siegreich beendeten und immer aufs Neue begonnenen Kampf: »Wäre ich schon *frei*, so würde ich das ganze Ringen nicht nöthig haben.«[1] Nur die *Lieder des Prinzen Vogelfrei* und die letzten Briefe aus Turin, kurz vor dem Zusammenbruch, haben es nicht mehr nötig.

Seit Nietzsche wird im deutschen ›Geistesleben‹ (ein von den Romantikern erfundener Ausdruck) ›gerungen‹. Der Geist beweist sich als Geist, indem er ringt – mit den Geistlosen, mit der Zeit, mit sich selbst, mit allem um alles. Mit Recht spottete Adorno über den »Ringverein«, in dem sich zu Beginn des 20. Jahrhunderts die kleinen Geister versammelten, um sich zu großen auszubilden.² Rudolf Pannwitz, der sich zum Schüler Nietzsches erklärte, hielt es für das sichere Zeichen eines großen Geistes, daß er »dies Leben nicht so hinnehmen wollen, sondern mit ihm gerungen, wer Sieger und Meister sei. Der Geist darf sich ja nicht ergeben, sonst entartet er und das Leben.«³ Leicht ist hier der heroische Lebenslauf aus Nietzsches Passage wiederzuerkennen. Auch »jener Freund, der mir Nietzsche und George gebracht, stand in inneren Kämpfen und einer erotischen und metaphysischen Krise.«⁴ ›Mein Kampf‹ könnten zahlreiche Selbstdarstellungen in der imitatio Nietzsches heißen. Es braucht eine »Krise«, damit gerungen werde und damit der Ringer, nun zum »Geist« geadelt, als Sieger aus dem Kampf hervorgehe. Doch eine Niederlage adelt den Kämpfer nicht weniger, über dessen Wert »die Höhe und der Grad einer gewissen sittlichen Erhabenheit, der Instinkt zum Heroismus, zur Aufopferung«⁵ entscheiden. Solche Vorzüge zeichnen den tragischen, zum Untergang bereiten Helden aus, besonders den von Nietzsche am höchsten bewunderten Prometheus des Äschylos.

›Kämpfen‹, ›Ringen‹ sind in Angelegenheiten des Denkens und Fühlens freilich nicht wörtlich gemeint. Wirkliche Kämpfe – idealerweise zwischen zwei Männern – gab es früher in Kriegen oder vor dem Wirtshaus, spielerisch gibt es sie noch im Sport. In den homerischen Epen wie noch in Jorge Luis Borges' Erzählungen werden die Teilnehmer an solchen Kämpfen zu Helden verklärt, auch wenn es nur Seeräuber und Messerhelden waren. Christliche Theologen nutzten das heidnische Bild des Kampfes, um dem Widerstand gegen den Teufel und die Sünde die Gloriole einer heldenhaften Leistung zu verleihen. Bereits in der *Psychomachia* des Prudentius, aus dem 4. Jahrhundert, kämpfen Tugenden und Laster, als allegorische Gestalten verkleidet, um die Seele des Gläubigen. (Vielleicht als Gegenstück dazu skizzierte Nietzsche eine »Kriegsschule der Seele. den Tapfern, den Frohgemuthen, den Enthaltsamen geweiht.«[6]) Im 18. und 19. Jahrhundert trat die Rede vom inneren Kampf aus dem geistlichen in den geistigen Bereich über.[7] Im heroisierenden Rückblick auf die nationale Vergangenheit avancierten Lebensläufe von Schriftstellern, Philosophen und Künstlern zu »Geisteskämpfen«, ihre Werke zu »Geistestaten« und sie selbst zu »Geisteshelden«. Schließlich ermöglichte es das darwinistische Schlagwort vom »Kampf ums Dasein«, die alte Allegorie durch das Ansehen der modernen Biologie zu verjüngen.

Lebens- und Denkweise eines Intellektuellen lassen sich als ›Kampf‹ schwerlich angemessen beschreiben. Die falsche, aber eingängige Vorstellung beruht allein auf einer Redefloskel, die auf die Erbschaft halb mythischer, halb historischer Erzählungen zurückgreift, um durch die Metapher des Kampfes gänzlich unheroische Vorgänge, wie Nachdenken und Schreiben es sind, mit dem Glanz des Archaischen zu umgeben. Heute ist das Bild vom Kampf als geistigem Erlebnis verblaßt. Psychologie und Sozialgeschichte der Kunst haben die Erklärung von Kreativität versachlicht; sie kennen keine Helden mehr. An die Stelle der Mythologie des außerordentlichen Geistes ist dessen Pathologie getreten.

Wer die Metapher vom Kampf des Geistes gebrauchte, wollte damit die Leistung anderer auszeichnen, jedoch nicht sich selbst mit dem Titel eines Helden schmücken. Nietzsche hingegen eignet sich die Metapher an, um sein Selbstporträt zu entwerfen. Er selbst rühmt sich als Sieger im Geisteskampf, als wäre er Homer und Achill in einer Person. Die Vorstellung, ein Schriftsteller sei ein Held, entbehrt nicht der Komik, da Lesen und Schreiben nur geringe körperliche Fähigkeiten erfordern. Auseinandersetzungen mit anderen Schriftstellern mögen sich in gedruckten Kritiken, Repliken und Dupliken lange hinziehen, führen aber nicht zu einem wirklichen Kampf, der die beiden Gegner im Augenblick der Entscheidung persönlich miteinander konfrontiert. Was ist ein Kampf, an dem der Körper nicht beteiligt ist? Nietzsche war zeitlebens leichter oder schwerer krank. Selbst das Amt eines Professors der Philologie strengte ihn so an, daß er es bald wieder aufgab. In den Briefen der achtziger Jahre klagt er immer wieder über Augenschmerzen und den Verlust seiner Sehkraft. Die Passage ist auch die Gesundheitsphantasie eines Kranken. Sie erzählt von einer Genesung, die eingetreten sei, obwohl der Patient sie nur wünschen und kaum noch erhoffen konnte. Dreimal wird das »Auge« genannt, »das Auge *Zarathustra's*« eigens beschworen, das der halbblinde Autor sich gleichsam ausleiht. Um die Lücke zwischen dem heroischen Anspruch und der kränklichen Existenz zu verdecken, suchte Nietzsche für den ausbleibenden Kampf Ersatz. Er folgte dabei unbewußt dem christlichen Vorbild und focht den Kampf mit sich selbst aus. Davon berichtet die Passage: er habe, als einziger in seiner Zeit, die innere Neigung zur décadence schließlich überwunden. Noch ein zweites Surrogat für den Männerkampf bietet die Passage: den Kampf mit der Höhe.

Eine Linderung seiner körperlichen Leiden glaubte Nietzsche im Hochgebirge zu verspüren, das er zum idealen Hintergrund seiner intellektuellen Existenz stilisierte. (Von seinen zahlreichen und längeren Aufenthalten am Mittelmeer finden sich in den Schriften kaum Spuren; ein Spaziergang auf der Promenade von Nizza schickt sich nicht für einen Höhenbewohner im Stil Zarathustras.) Der »*Ewige-Wiederkunfts-Gedanke*« sei ihm im August 1881 in der Nähe von Sils-Maria gekommen, »6000 Fuss jenseits von Mensch und Zeit.«[8] Wer eine solche Höhe erreicht hat, gelangt auch über seine Zeit und ihre Menschen hinaus, wird »zeitlos«, wird »Übermensch«. *Aus hohen Bergen* ist nicht nur das Gedicht gesprochen, das diese Überschrift trägt. (Es enthält – wie Nietzsches Lyrik oft im Unterschied zu seiner Prosa – eine melancholische Variante zum heldenhaften Ringen: »Ein Andrer ward ich? Und mir selber fremd? / Mir selbst entsprungen? / Ein Ringer, der zu oft sich selbst bezwungen? / Zu oft sich gegen eigne Kraft gestemmt, / Durch eignen Sieg verwundet und gehemmt?«[9]) Solange es höher hinaufgeht, hat der Aufstieg noch ein Ziel vor sich. Wenn man aber wie Zarathustra bereits auf dem höchsten Punkt angekommen ist, endet die Steigerung in Verstiegenheit: »Ich schliesse Kreise um mich und heilige Grenzen; immer Wenigere steigen mit mir auf immer höhere Berge, – ich baue ein Gebirge aus immer heiligeren Bergen.«[10] Solches vermöchte allenfalls ein Gott – oder ein Dichter.

Vom klassischen Griechenland konnte Nietzsche sagen: »erst ein mit Mythen umstellter Horizont schliesst eine ganze Culturbewegung zur Einheit ab.« Der Mythos »theilt eine Vorstellung von der Welt mit, aber in der Abfolge von Vorgängen, Handlungen und Leiden.«[11] Die Darstellungsweise der Passage ahmt dieses Verfahren des Mythos nach. Sie erzählt von der Welt in der Abfolge von Vorgängen wie Niedergang und Heilung, von Handlungen wie Kampf und Opfer, von Leiden wie Müdigkeit und Krankheit. Der Horizont der Passage ist »mit Mythen umstellt«: vom Mythos der Krise, die zu einem neuen Aufstieg führt; vom Mythos des Wegs, der sich – wie bei Herakles am Scheidewege – teilt und eine Entscheidung zwischen der bequemen Straße der Dekadenz und dem steinigen Pfad zum Gipfel fordert; vom Mythos der Krankheit, die nur durch ein Opfer geheilt werden kann; vom Mythos des Kindes (»seiner Zeit«), das seinen Vätern (Schopenhauer, Wagner) entläuft und in »ungeheurer Ferne« zum Helden reift; vom Mythos des Retters, der gegen den Dämon kämpft (gegen die personifizierte »Moral«, die wie eine Plage das Leben »verarmt« und »verneint«); vom Mythos des ewigen Abstands zwischen menschlichem Flachland und olympischer Höhe; vom Mythos des übermenschlichen Helfers

Zarathustra, dessen »Auge« bereits das »Ziel« erblickt, und des einsamen Wanderers, der es noch sucht. Wie es der mythischen Denkweise entspricht, werden begriffliche Gegensätze verbunden und überwunden, indem sie sich zueinander wie lebendige Figuren verhalten, die sich lieben oder bekriegen: Das Neue ringt mit dem Alten, das Höhere mit dem Niederen, das Gesunde mit dem Kranken. Jeder Gedanke wird sinnlich belebt, damit er so erscheint, als sei er wirklich erlebt.

Aus den mythisierenden Tendenzen der Passage entsteht dennoch kein echter Mythos. Nietzsche gelangt nur zu einer vom Stilwillen erzwungenen und aus gelehrten Kenntnissen konstruierten Mythenimitation. Sie ist mit zeitgemäßen, sogar mit saloppen Redensarten ironisch durchsetzt: einen »Strauss bestehn«, »décadent«, »eingerechnet«, »modern«, »Selbstdisciplin«, »Partei zu nehmen«, »Thatsache Mensch«. Sie verschleiern den mythischen Hintergrund wieder, so daß der Leser ihn nicht bemerkt und desto williger, ohne die Wachsamkeit des Zweifels, akzeptiert. Was an der Passage Mythos ist, nimmt der gutmütige Leser als biographisch bezogte Diagnose der Zeitgeschichte und als philosophisch begründete Prognose der kommenden Kultur.

Das späte 19. Jahrhundert litt unter der Zwangsvorstellung individueller und kollektiver Nervenschwäche.[12] Dekadenz war gleichermaßen ein biologisches wie ein soziales Phänomen der Zeit. Deshalb hielt man eine Heilung der historischen Krise durch körperliche Ertüchtigung für notwendig, vor allem durch Wandern und Bergsteigen. Man erhoffte Heilung von allen Übeln der Zivilisation an einem Ort, der außerhalb der Geschichte liegt, in der ›unberührten Natur‹ der höchsten Berge. Sie gehören insofern zur Welt des Mythos, als er Geschichte wieder in Natur zu verwandeln trachtet; das unsichtbare Ziel in der Zeit steht bereits als sichtbares Symbol im Raum vor uns, als Gipfel. Das Wort »Übermensch« ist auch räumlich zu verstehen: Er hält sich in einer Region oberhalb der Menschenwelt auf, wo er »die ganze Thatsache Mensch [...] *unter* sich sieht.« Früh schon war es Nietzsches Traum einer philosophischen Lebensform gewesen, »so hoch zu steigen, wie je ein Denker stieg, in die reine Alpen- und Eisluft hinein, dorthin wo es kein Vernebeln und Verschleiern mehr giebt.«[13] Zarathustra, der auf dem besten Weg ist, ein Übermensch zu werden, spricht: »Ich bin ein Wanderer und ein Bergsteiger.«[14] Das kurze Kapitel »Vom Lesen und Schreiben« in *Zarathustra* enthält Aphorismen, die scheinbar nichts mit Lesen und Schreiben zu tun haben, sondern mit Kampf und Aufstieg: »Muthig, unbekümmert, spöttisch, gewaltthätig – so will uns die Weisheit: sie ist ein Weib und liebt immer nur einen Kriegsmann.« Und am Ende: »Jetzt bin ich leicht, jetzt fliege ich, jetzt sehe ich mich unter mir, jetzt tanzt ein Gott durch mich.«[15] Dennoch ist es nicht falsch, daß solche Sprüche unter dieser Überschrift stehen; denn sie sprechen von angelesenen Kämpfen und von erschriebenen Erhebungen. »Jetzt fliege ich«, d. h. die Feder fliegt über das Papier.

Am Ende seiner Rede *Der steile Aufstieg*, im Kriegsjahr 1942 gehalten, faßte Joseph Goebbels die mythischen, moralischen und politischen Bedeutungen zusammen, die Nietzsche selbst, aber auch von seinem Geist beflügelte Urlauber und die Mitglieder des Wandervogels dem Erklimmen hoher Berge zuerkannten: »Vor uns liegt noch ein steiler Aufstieg. Aber wir glauben, daß er eher von einem Volk bezwungen werden kann, das durch jahrelange harte Übung in den Strapazen des Bergsteigens geschult ist, als durch ein Volk, das das Bergsteigen nur in der Ebene gelernt hat.«[16] Der Führer dieses Bergsteigervolks residierte am liebsten auf dem Obersalzberg.

Philosophische Fragen und kulturelle Bedürfnisse, die doch den friedlicheren Teil des gesellschaftlichen Lebens ausmachen, verschärft die Passage Nietzsches zu Parteinahme und Kampf. »Die Weisheit«, behauptet Zarathustra gegen alle gewohnte Vorstellung, liebe den »Kriegsmann«. Solche Lust an kriegerischen Vergleichen verbindet Nietzsche immer noch mit Schopenhauer und Wagner, die den Spott des romantischen Künstlers über den prosaischen Philister zum Programm eines erbitterten Kulturkampfs ausgeweitet hatten. Im Dienst Wagners mußte der junge Nietzsche Kampfparolen für das neue Musikdrama und sein Festspielhaus ausgeben, als stünde eine große Schlacht bevor: »Für uns bedeutet Bayreuth die Morgen-Weihe am Tage des Kampfes.« Der militärische Wortschatz überwiegt bei dieser Proklamation von Wagners Zielen: erobern, siegen, Machthaber, Kampf, Feinde, Verlust.[17] Dies ließe sich alles als rhetorische Übertreibung abtun, wenn nicht Nietzsches spätere Schriften die Metapher des Kampfes mit dem Ernst einer politischen Absicht auflüden. Um glaubwürdig zu bleiben, mußte selbst seine poetische und mythisierende Sprache so tun, als sei sie mehr als Poesie und Mythos, nämlich das Konzept einer künftigen Wirklichkeit. Unter der Devise »Der Wille zur Macht« sollte der Kampf gegen biologisch und geistig minderwertige Rassen, Völker, Klassen und Individuen in Angriff genommen werden: »Die Schwachen und Mißrathenen sollen zu Grunde gehn: erster Satz der Gesellschaft. Und man soll ihnen dazu noch helfen.«[18]

Verblüfft stellte Werner Sombart 1915 fest: »Wenn Ausländer über den gegenwärtigen Krieg philosophieren, so kommen sie seltsamerweise immer auf den *einen* Gedanken zurück: der Krieg von 1914 ist der Krieg *Nietzsches*.«[19] Doch Sombart selbst zitiert Nietzsche ausgiebig, um die Gründe und Ziele Deutschlands im Ersten Weltkrieg zu rechtfertigen. Das Pamphlet *Händler und Helden* stellt, dem Schema nietzscheanischer Oppositionen folgend, den englischen »Händlern« deutsche »Helden« gegenüber, d.h. deutsche Dichter und Denker: dem Geld die Idee, der Zahl das Wort. Im Krieg wird die so oft gebrauchte und ersehnte Metapher des Kampfes endlich Wirklichkeit – obgleich die Materialschlachten der modernen Kriegsführung ein Hohn auf die heroische Poesie des Kampfes sind. Schriften, die diesen Krieg fordern und fördern, überhöhen ihn zu einem »Kampf der Geister«. Sombart stellt seinen »patriotischen Besinnungen« eine Widmung voran: »Euch jungen Helden draußen vor dem Feinde widme ich diese Schrift, die auch teilnehmen möchte an dem Kampfe, den Ihr jetzt kämpft und der sich im Frieden fortsetzen muß, wenn Ihr heimgekehrt seid. Nur daß es dann ein Kampf der Geister sein wird.« Es wurde nach 1918 ein »Kampf der Geister« daraus, bis 1939 wieder ein Krieg der »jungen Helden« daraus wurde.

Wenn der Krieg der Soldaten den »Kampf der Geister« verkörpert, tauschen Kämpfer, also Soldaten, und Geister, also Schriftsteller, ihre Eigenschaften aus. *Der Kampf als inneres Erlebnis*, wie Ernst Jüngers Buch von 1922 heißt, ist eine Männerphantasie von Schriftstellern. Exemplarisch hat Ernst Jünger sie vorgelebt und nachgeschrieben, exemplarisch hat Klaus Theweleit sie nacherzählt und analysiert. Nietzsches Entwurf eines intellektuellen Heroismus steht am Anfang dieser Männerphantasie: »*Wehr-* und *Waffentüchtigkeit*, auch im Geistigsten – die Kraft zu commandiren.«[20]

13
Ich

Es ist nicht unüblich, im Vorwort zu einem Buch »ich« zu sagen, auch wenn es im übrigen ohne dieses Pronomen auskommt. Doch ausschweifend regiert die 1. Person Singular in Nietzsches letzten Schriften die Sätze, besonders in *Ecce homo*. Wie Nietzsche in der Passage aus dem *Fall Wagner* »ich« gebraucht, geht über die konventionelle Lizenz eines Vorworts hinaus. Dieses Ich bedeutet mehr als das schreibende Subjekt, wie es bei jeder Schrift vorauszusetzen ist; es beansprucht das Gewicht einer Person, deren Existenz und Gedanken Folgen für den Gang der Kultur haben.

Viermal steht »ich« im Nominativ, siebenmal ist es als »mein«, »mir« und »mich« dekliniert. Es verbirgt sich zudem in einem anderen Wort: im »Philosophen«, da er als »Philosoph in mir« einen Teil des offensichtlich umfangreicheren Ich ausmacht. Es weitet sich in dem Satz »Hat man sich …« zum »man« aus, doch ohne andere Personen einzuschließen, da niemand außer dem Autor ein Auge für die »Abzeichen des Niedergangs« besitzt und auch niemand außer ihm erkennt, was sich unter den »Werthformeln« der Moral »versteckt«. Das Ich ist in die drei mit »Selbst-« gebildeten Komposita eingegangen und hier zu einer durch Reflexion und Aktivität gesteigerten Gestalt geworden. Schließlich tritt es in Nietzsches monumentaler Ich-Rolle auf, in Zarathustra. Die schlichteren Formen des Ich stehen am Anfang der Passage; durch eine Art von Selbsterziehung arbeitet es sich danach zur höheren und höchsten Form empor. »Ich« ist zufällig

Friedrich Nietzsche, »man« könnten alle sein, »Philosoph« nur wenige, »Zarathustra« ein einziger. Auf andere Menschen wird beiläufig und abschätzig verwiesen: namentlich auf Wagner und Schopenhauer, anonym auf jene Kinder der Zeit, die nichts als Kinder der Zeit sind, im kalten Ton der Wissenschaft auf die »Thatsache Mensch«, womit der idealistische Begriff der Menschheit auf ein historisches Relikt und ein biologisches Faktum reduziert wird. Die Menschen, für die dieser Bericht des Ich über sich bestimmt ist, scheinen noch gar nicht zu existieren – jeder Leser, der Nietzsches Botschaft zu verstehen glaubt, darf sich daher für den ersten neuen Menschen halten.

Im Mittelpunkt der Passage steht also das Ich, Nietzsches persönliches und zugleich überpersönliches Ich. Es teilt, ohne ins Detail zu gehen, seine Erlebnisse und Wünsche, seine Vergangenheit, Gegenwart und sogar seine Zukunft mit. Man könnte diese Selbstdarstellung ein Bekenntnis, vielleicht, trotz der Kürze, eine Autobiographie nennen. Nietzsche schreibt, um seinen Ausdruck zu übernehmen, als »Erlebter«, nicht als »Gelehrter«; er schreibt über Gegenstände des Erkennens, als wären es Gehalte seines Erlebens. Gibt jemand seiner Meinung oder seinem Programm die Form eines Erlebnisberichts, so beglaubigt er seine strittigen Behauptungen immerhin durch sein eigenes Ich. Sie sind dann weniger Einwänden ausgesetzt als die Thesen eines Gelehrten, gegen die Fakten, Argumente und Beweise sprechen können.

Gewöhnlich sind Autobiographien in der Zeitform des Erzählens geschrieben, im Präteritum. Dieses Tempus regiert jedoch nur in einigen kurzen Sätzen der Passage; ihr größerer Teil steht im Präsens oder in einem präsentisch wirkenden Perfekt (»Was mich am tiefsten beschäftigt hat«: ist dies vorbei oder dauert es noch an?). In dem Satz »Eine tiefe Entfremdung …« fehlt das Verb, weshalb er unbestimmt zwischen Vergangenheit, Gegenwart und Zukunft schwankt. Das autobiographische Tempus der Vergangenheit wird immer wieder vom philosophischen Bewußtsein durchbrochen, das an keine Zeit gebunden, das »zeitlos« sein möchte. Die Passage beginnt mit einem doppelten Subjekt, dem »Philosophen«, der sich dem Zeitlosen verschrieben hat, und dem »Ich«, das sich und seine Zeit beschreibt. Dieser doppelte Anfang wirkt in der uneinheitlichen, undeutlichen Zeitstruktur der Passage weiter, einer philosophisch bearbeiteten, in Begriffe gefaßten Autobiographie. Handelt sie von Nietzsches Zeit oder von der Zeit schlechthin, von Nietzsches Leben oder vom Leben an sich? Der Philosoph, so lehrt der erste Satz der Passage, verlange von sich, die Zeit zu überwinden, seine Zeit und alle Zeit. Daher ist keines der grammatischen Tempora ihm angemessen. Er lebt in einer anderen, einer zeitlosen Zeit, die mit dem verblosen Satz »Eine tiefe Entfremdung ...« schon begonnen hat. Das – fehlende – Tempus dieses Satzes stellt eine grammatische Entsprechung zu seinem Thema dar, der räumlichen und intellektuellen Erhebung in eine höhere Region. Sie liegt außerhalb der Zeit und oberhalb der Welt.

Nicht über Fakten, doch über psychische Motive des Lebens unterrichtet die Passage: Rückblick und Ausblick, Kämpfe mit der Umgebung, Zustände der Müdigkeit, Ernüchterung und Genesung. Teile des Ich liegen mit anderen Teilen im Streit: der »Philosoph in mir« mit dem »Kind seiner Zeit«, das gesunde Ich mit »allem Kranken an mir«, das einstige Ich mit dem heutigen und künftigen. Möchte sich der Leser aber ein deutlicheres Bild von Nietzsches Leben machen, so fehlen ihm Anhaltspunkte. Es wird nicht erzählt und läßt sich deshalb auch nicht weitererzählen. Nietzsche nennt und rühmt die Operationen, die das Leben als zufälliges, widersprüchliches und buntes Ereignis zum Verschwinden bringen: »Selbstdisciplin«, »Selbst-Überwindung«, »Selbst-Verleugnung«. Das reale Ich negiert sich also selbst – ein Opfer, das es für die Geburt eines höheren Ich erbringt. Fast mit denselben Worten wie in der Passage bekundet Nietzsche bereits in *Menschliches, Allzumenschliches* seinen heroischen Masochismus der Selbsterziehung: Er habe »Partei *gegen* mich und *für* Alles, was gerade *mir* wehe that und hart fiel«, genommen.[1] Auch wenn Nietzsche in Briefen an Freunde seine Biographie deutet, stellen sich die vertrauten Formeln ein: »Meine Selbst-Überwindung ist im Grunde meine stärkste Kraft: ich dachte neulich einmal über mein Leben nach und fand, daß ich gar *nichts* weiter bisher gethan habe.«[2] Worin die Selbstüberwindung denn bestanden habe, verrät er auch dem Freund nicht. Die »lange schwere Askese des Geistes«[3] soll das Ich aus allen weltlichen, zeitlichen Bedingungen seines Daseins lösen und als autonomes Zentrum befestigen. Bei »scheinbar zerstreuten und zufälligen Existenzen«, so forderte schon die »Unzeitgemäße Betrachtung« über Schopenhauer, müsse der »Übergang in eine höhere Art« beginnen, damit »jene grossen erlösenden Menschen entstehen können.«[4] Die Ausbildung des Ich, das sich von allen anderen abkehrt, erfüllt einen kulturellen Auftrag, dient also allen anderen. Um den »Grossen Menschen«, wie Nietzsche sagt, zu erzeugen, den »Neuen Menschen«, wie die ästhetischen und politischen Avantgarden des 20. Jahrhunderts sagen werden, ist Disziplinierung, Zurechtweisung und Bestrafung des alten Ich unumgänglich.

Solche »Selbst-Überwindung« macht das Ich frei, aber leer, macht es erhaben, aber abstrakt. Führt diese Ich-Steigerung durch Selbst-Verleugnung zum Erfolg, und sei es auch nur in der Illusion, so sind keine Nachrichten über das äußere Leben mehr zu erwarten; denn eben dieses Leben mit eindringlichen Erinnerungen, unvorhersehbaren Geschehnissen und Folgen ist durch die negierende Energie der Askese nichtig geworden. Jünger Nietzsches erkennt man daran, daß sie ihre Autobiographie mit ebenso bedeutsamen und unanschaulichen Begriffen verstellen wie er. Rudolf Pannwitz versucht zu beschreiben, welche Wendung sein Leben nahm, nachdem er Nietzsche gelesen hatte: »Die innerlichsten Vorgänge, die von da ab durch mein ganzes Leben anhielten und periodisch sich verstärkten, waren das Beispiel einer echten Initiation in neue Mysterien und eines stufenweisen Vorschreitens in ihnen.«[5] Worum ging es? Was geschehen ist und was für ein Leben Pannwitz davor und danach geführt hat, kann man sich nicht vorstellen. Gewiß ist nur, daß er Nietzsches Stil der abstrakten, quasiphilosophischen Autobiographie imitiert. Wörter wie »innerliche Vorgänge«, »neue Mysterien«, »stufenweises Vorschreiten« sollen beweisen, daß der Geist über alle Banalitäten des Lebens triumphiert hat und sich ihrer gar nicht mehr erinnert. Kommen sie nicht zur Sprache, so hat es sie nie gegeben. Wenn nicht Vergeistigung, so hat doch Stilisierung das Leben besiegt. Pannwitz hält sich an Nietzsches Vorschrift, daß der Autor, das schreibende Ich, Asket sein müsse, damit »ein Werk« entstehe, »das gleichsam von den Spuren des Subjekts gereinigt und über das Wechselspiel der Zeiten hinausgetragen sein soll.«[6] Die zahlreichen Memoiren aus dem George-Kreis leiden alle darunter, daß man in ihnen weder genaue Angaben noch anschauliche Details über die Lebensgeschichte und Lebensweise des Meisters und seiner Jünger findet. Wie ein Nebel zieht sich die Suggestion höchster geistiger Bedeutsamkeit durch diese Bücher, die den Boden der Wirklichkeit verloren haben.

Ein Ich, das sich selbst zu seiner »Wunsch«-Gestalt umzuschaffen vermöchte, wäre von der Gunst der Umstände und von der Mithilfe anderer Menschen unabhängig. Nietzsche hält noch in seinen letzten Notizen an dieser Selbstmodellierung fest, erweitert sie nun aber über die eigene Person hinaus auf »eine stärkere Art«, auf die zur Herrschaft berufene Elite: »Sich durch jede Art von Askese eine Übermacht und Gewißheit in Hinsicht auf seine Willensstärke verschaffen.«[7] Bislang sei der »höherwertigere Typus« zwar »oft genug schon dagewesen: aber als ein Glücksfall, als eine Ausnahme, – niemals als *gewollt*.« Nun stelle sich das neue Problem, »welchen Typus Mensch man *züchten* soll, *wollen* soll, als den höherwertigen, lebenswürdigeren, zukunftsgewisseren.«[8] Wie Selbstdisziplin das einzelne Ich zum »höherwerthigeren Typus« umformt, so Züchtung eine ganze Rasse. Beide erfordern nichts als die Anstrengung, es zu wollen. Durch Askese, Erziehung und Züchtung wird das Geschöpf zu seinem eigenen Schöpfer.

In diesen Monaten, an der Jahreswende von 1887/88, las Nietzsche Dostojewskijs Roman *Die Dämonen*; er exzerpierte und glossierte ihn ausgiebig. Obwohl Nietzsche alle revolutionären Bewegungen des 19. Jahrhunderts ablehnte, erkannte er im Programm der russischen Verschwörer und Revolutionäre, vor deren Charakter und Absichten Dostojewskij warnt, eine Parallele zu seinem eigenen Theorem, dem »Willen zur Macht.« Nietzsche führte die atheistischen, nihilistischen, anarchistischen Parolen dieser Geheimgesellschaft in den *Dämonen* auf uneingestandene theologische Voraussetzungen zurück: »es giebt keine höhere Instanz über uns: so weit Gott sein könne, sind wir selbst jetzt Gott ... Wir müssen uns die Attribute zuschreiben, die wir Gott zuschrieben ...« Die »*Logik des Atheismus*« stellt Ansprüche an das revolutionäre Subjekt, fordert ein neues, mächtigeres Ich: »Wenn Gott existirt, hängt Alles von seinem Willen ab und ich bin nichts außer seinem Willen. Wenn er *nicht* existirt, so hängt Alles von mir ab, und ich muß meine Unabhängigkeit beweisen.«[9]

Wenn Gott tot ist, muß das Ich Gott werden. Selbstdisziplin, Selbstüberwindung, Selbstverleugnung sind asketische Vorübungen zur Selbstermächtigung. Die Passage hat dieses »Ziel« im Auge, spricht es aber noch nicht aus. Sobald das mächtigere Ich über die Bedingungen seiner eigenen Existenz verfügt, hat es die Bedingtheit menschlicher Existenz hinter sich gelassen; es schaut auf »die ganze Thatsache Mensch aus ungeheurer Ferne« zurück und hinab. Die Stufen, die das Ich in der Passage hinaufsteigt, bringen es seiner Vergöttlichung näher, das Wort »Gott« aber ist ausgespart. Allein die rätselhafter werdende Sprache kündigt seine Nähe an (d. h. die Nähe des Ortes, an dem einst Gott war). Erst einige Monate später, als Nietzsche dem Wahnsinn verfiel, durfte er den nach dem Tod Gottes freigewordenen Titel »Gott« selber tragen. Seine »letzte Erwägung« lautet: »nachdem der alte Gott abgeschafft ist, bin ich bereit, *die Welt zu regieren* ...«[10] In seinem letzten Brief, an seinen ehemaligen Basler Kollegen Jacob Burckhardt gerichtet, ist er endlich Gott geworden, aber scharfsinnig genug geblieben, um diese außergewöhnliche Gunst burlesk zu ironisieren: »Lieber Herr Professor, zuletzt wäre ich sehr viel lieber Basler Professor als Gott; aber ich habe es nicht gewagt, meinen Privat-Egoismus so weit zu treiben, um seinetwegen die Schaffung der Welt zu unterlassen. Sie sehen, man muß Opfer bringen, wie und wo man lebt.«[11]

Züge des Wahnsinns verraten sich bereits in der Passage: Nietzsches Ich möchte anders sein und denken als alle Menschen seiner Zeit, als die gesamte bisherige Menschheit. Einem Psychiater möchte auch das Eingeständnis einer »tiefen Entfremdung« bedenklich erscheinen. Der Satz, in dem dies ausgesprochen wird, verliert die Contenance und geht in ein – wenngleich artifizielles – Gestammel über. Verstörend wirkt der Einfall, sich das Auge Zarathustras auszuleihen. Malt Nietzsche sich ein vergrößertes Ich in Gestalt und in den Sprüchen Zarathustras aus, so könnte man sich damit beruhigen, daß er einem verbreiteten Wunsch der Dichter und ihres Publikums folge, ein bedeutenderes Leben jenseits der Grenzen der Wirklichkeit zu führen. Sobald jedoch in dieser poetischen Fiktion eines zweiten Ich das Bewußtsein der Fiktion schwindet, nähert sie sich dem Wahnsinn. In der Passage, die sich ja nicht als Dichtung ankündigt, tritt Zarathustra auf, als wäre er eine reale Person wie Schopenhauer und Wagner. Bis zur Spaltung und Verdoppelung des Bewußtseins ist es nicht mehr weit. Das Gedicht *Aus hohen Bergen* endet mit der Ankunft Zarathustras bei dem Ich, das auf ihn gewartet hat: »Um Mittag war's, da wurde Eins zu Zwei [...] Freund *Zarathustra* kam, der Gast der Gäste!«[12] Nietzsche ist Nietzsche und Zarathustra zugleich. Noch während der Arbeit an *Zarathustra* faßt Nietzsche den »*Entschluß*: Ich will reden, und nicht mehr Zarathustra.«[13] In der Passage aber reden beide. In der höheren Region übernimmt Zarathustras Auge die Führung, und sein Sprachstil prägt die Rede. Im Wahnsinn wird Eins zu Zwei und Zwei zu Eins; aus dem »Basler Professor« Nietzsche wird, wie er Burckhardt wissen läßt, der italienische König Vittorio Emanuele und der griechische Gott Dionysos. Der Wahnsinn gehorcht dem Willen zur Macht.

Solange es Nietzsche noch nicht zum König und Gott gebracht hat, ist er ein Philosoph, der innerhalb der Grenzen der Normalität die Möglichkeit besitzt, wie ein König oder Gott über die Geister zu richten und zu herrschen. »Ich mache mir aus einem Philosophen gerade so viel als er im Stande ist ein Beispiel zu geben. Dass er durch das Beispiel ganze Völker nach sich ziehen kann, ist kein Zweifel.«[14] Um ein solches Beispiel zu geben, erzählt und deutet der Philosoph (oder Über-Philosoph) der Passage die exemplarischen Stufen und Wendungen seiner Lebensgeschichte. Als »freier Geist« ist er für sich, als »Führer« zugleich für andere zuständig. »Indem er seinen Fall verallgemeinert«, lebt er anderen, d. h. seinen Lesern, ein Exempel vor: »Wie es mir ergieng, sagt er sich, muss es Jedem ergehn.«[15] Schrift und Druck sind die geeigneten Medien zur Verallgemeinerung des Falls, denn die Zeiten sind vorbei, da ein Sokrates durch Gespräche wirken konnte. Erst durch die Veröffentlichung repräsentiert der Philosoph in Nietzsche das »verallgemeinerte« Ich: nicht das durchschnittliche Ich der Zeitgenossen, sondern das kommende Ich, das er als erster erdacht und gelebt haben will. Nietzsches Stil hat die Aufgabe, für spätere Leser den Ausnahmefall, der dann vergangen sein wird, so dauerhaft gegenwärtig zu halten, daß er seine Zukunft noch vor sich hat.

14
Führer Nietzsche

Nietzsche bezeichnet sich in der Passage aus dem *Fall Wagner* als »einen Philosophen«; zumindest ist der Philosoph ein Teil seines Ich: »der Philosoph in mir.« Was stellt Nietzsche sich unter einem Philosophen vor? »Ein Philosoph: das ist ein Mensch, der beständig ausserordentliche Dinge erlebt, sieht, hört, argwöhnt, hofft, träumt; der von seinen eignen Gedanken wie von Aussen her, wie von Oben und Unten her, als von *seiner* Art Ereignissen und Blitzschlägen getroffen wird; der selbst vielleicht ein Gewitter ist, welches mit neuen Blitzen schwanger geht; ein verhängnissvoller Mensch, um den herum es immer grollt und brummt und klafft und unheimlich zugeht.«[1] Weisheit scheint nicht die wesentliche Eigenschaft eines solchen Philosophen zu sein. In der Passage kämpft er gegen die Zeit, heilt sich von Krankheiten, bereitet eine kulturelle Wende vor, strebt über die Grenzen der Menschheit hinaus. Er verbindet also die Tätigkeit des Politikers, Arztes, Künstlers und Religionsstifters mit der des Philosophen und opfert damit den Inbegriff der philosophischen Existenz, die vita contemplativa, einer forcierten vita activa. Um den »neuen Philosophen« von seinen Vorgängern zu unterscheiden, verleiht Nietzsche diesem den Titel eines »Befehlshabers« und »Führers.«[2] Als Aufenthaltsort ist ihm einzig die »Höhe« angemessen, die ihm »Überblick, Umblick, *Niederblick*« gewährt.[3] Eben dort ist auch der Philosoph der Passage angelangt. Er zählt die Leiden, Kämpfe, Taten und Erwartungen auf, die er erduldet hat, um diesen bevorzugten Standpunkt zu erreichen. Nietzsche selbst darf den Titel, wenigstens die Anwartschaft auf den Titel eines Befehlshabers und Führers für sich reklamieren.

Der Autor der Passage hat keinen anderen Zeugen als sich selbst, keine andere Instanz als sich, um die Rechtmäßigkeit seiner außergewöhnlichen Stellung zu erweisen. In *Also sprach Zarathustra* fingiert Nietzsche Jünger und Verehrer, die dieser Herrschergestalt folgen und sie als höchste Autorität anerkennen. Ein solcher, wenngleich erdichteter Beweis fehlt in der Passage, da sie sich halbwegs an die Regeln autobiographischer Zuverlässigkeit halten muß; zu Nietzsche kamen keine Jünger. Der Text allein muß beweisen, daß sich sein Verfasser zum Führer eigne: Seine Schreibweise bezeugt dies, die Schreibweise eines »neuen Philosophen«, der das bislang Unerkannte erkennt, das Undenkbare denkt, das Verbotene erlaubt oder sogar gebietet. Ein Sprachstil, der so viel beweisen will, wird viel vorweisen müssen. Nietzsche legt Wert darauf, mehr als nur Autor zu sein, mehr als ein Bücherschreiber, der in der Masse der Bücherschreiber verschwindet. Deshalb nennt er sich einen Philosophen, nimmt also den Vorrang des »grossen Denkers« vor dem ephemeren Schreiber für sich in Anspruch. Aber selbst unter den Philosophen möchte er sich als derjenige auszeichnen, den nicht mehr die Beschränktheit bisheriger Philosophie, eingerechnet der Schopenhauers, fesselt. Vielmehr entdeckt er »einen neuen Weg, welchen Niemand kennt: so entstehen die Genies.«[4] Auf noch nie begangenen Wegen braucht man Führer; auf Wegen, die sogar den Führern noch unbekannt sind, braucht es den genialen Führer.

Zwischen dem Autor, der immer höher steigt und auf alles Menschliche herniederblickt, und dem Leser, der ein Mensch bleibt, vergrößert sich der Abstand. Der Autor kennt auch die Sphäre des Lesers, da er, solange er ein »décadent« gewesen war, selbst in ihr lebte, der Leser kennt jedoch nicht die Sphäre des Autors, in die noch niemand sonst gelangt ist. Damit wird eine Regel literarischer Kritik umgekehrt: Hier urteilt der Autor über den Leser und nicht mehr der Leser über den Autor. Über diesen Abgrund zwischen einem genialen und einem durchschnittlichen intellektuellem Vermögen hilft nur der Glaube an die Wahrheit des Geschriebenen hinweg; dafür muß der Leser seine gewohnten moralischen und humanen Sicherheiten opfern. Rückhaltlos vertraut er der Führung durch den Autor und tritt in sein Gefolge ein in der Hoffnung, so der unerreichbaren Höhe um einige Stufen näherzukommen. Nietzsche verspricht seinen Lesern eine Rangerhöhung je nach dem Maß ihres Verständnisses und Einverständnisses: *Zarathustra* sei »ein Buch so tief, so fremd, daß sechs Sätze daraus verstanden, das heißt *erlebt* haben, in eine höhere Ordnung der Sterblichen erhebt.«[5] Gerade durch die Distanzierung vom gewöhnlichen Publikum stellt das einsame und dennoch mitteilsame Ich des Autors seine Berufung, die wahren Anhänger zu erkennen und zu führen, unter Beweis.

Die Passage versucht, bei ihren Lesern das Bedürfnis nach einem Führer zu wecken. Geheimnisvolle Andeutungen von Problemen, Gründen, Abzeichen, Verstecktem lassen auf jemanden hoffen, der Erklärung und Lösung kennt. Die »heiligsten Namen und Werthformeln« sind fragwürdig geworden; die Hüter der Tradition und die Prediger der Werte wissen keinen Ausweg aus der Krise mehr. Auch der fragmentarische Satz »Eine tiefe Entfremdung …« verweist auf einen Verfasser, der mehr weiß, als er sagen will. Es gibt ein »Ziel«, das nur er zu kennen scheint, das aber jeder Leser kennen, wenn nicht erstreben und erreichen möchte. Der Weg dorthin führt in die Ferne und Höhe, wohin man sich nicht ohne einen erprobten Bergführer wagen sollte. Ein solcher ersehnter Führer steht in der Gestalt Nietzsches bereit, der sich, nach Auskunft des Textes, aus seiner abhängigen Stellung als »Kind seiner Zeit« befreit und eine einzigartige Unabhängigkeit erkämpft hat. Er besitzt die Souveränität, die eigene Vergangenheit zu durchschauen und die Gegenwart, in der alle anderen befangen sind, zu beurteilen. Demnach wird man ihm auch das Wissen darüber zutrauen, welcher Weg in die Zukunft der richtige ist. Hier spricht ein Geistesverwandter Zarathustras, an dessen Größe nur zu bedauern war, daß sie eine dichterische Erfindung ist. Seinen Bruder Friedrich Nietzsche aber gibt es wirklich; in der Passage gibt er das Maskenspiel auf und sich selbst zu erkennen.

Weder in der Passage noch in ihrer unmittelbaren Umgebung erscheint ein Begriff, der den Erlöser aus der Krise bezeichnen würde. Bescheidenheit verbietet es dem Verfasser hier noch, sich selbst eine so hohe Auszeichnung zuzulegen (in *Ecce homo* wird sich das ändern). Doch aus anderen Schriften Nietzsches ließen sich »freier Geist«, »grosser Mensch«, »Übermensch«, »Genius«, »Genie«, »Held« und »Führer« aufrufen und in die Lücke der Passage einsetzen. Am häufigsten gebraucht der junge Nietzsche für die entscheidende Rolle bei jeder Wende der Kultur das Wort »Genius« (abwechselnd und bedeutungsgleich mit »Genie«); durch *Zarathustra* wurde »Übermensch« populär; das 20. Jahrhundert wird sich auf »Führer« einigen. Dieser ebenfalls von Nietzsche häufig gebrauchte Begriff faßt am besten die Eigenschaften zusammen, die das Ich in der Passage hervorkehrt. Der Führer Nietzsche übernimmt das Erbe der Führer Schopenhauer und Wagner, deren Rang er früher gerühmt hatte, nun aber übertreffen möchte. Einen ähnlichen Weg, wie ihn Nietzsche in der Passage wählt, war schon einmal Schopenhauer gegangen, »der Führer nämlich, welcher aus der Höhle des skeptischen Unmuths oder der kritisirenden Entsagung hinauf zur Höhe der tragischen Betrachtung leitet, den nächtlichen Himmel mit seinen Sternen endlos über uns, und der sich selbst, als der erste, diesen Weg geführt hat.«[6] (Die Ähnlichkeit des metaphorisch verkleideten Gedankens ›Weg zur Höhe‹ mit seiner Fassung in der Passage bestätigt, daß in sie das Wort »Führer« rechtens als Lösung des Rätsels eingesetzt werden darf.) Führer kann nur sein, wer »sich selbst, als der erste«, den neuen Weg führt. Die Bildidee der Passage wiederholt zwar jene frühere Apotheose Schopenhauers, muß aber gerade Schopenhauer ausdrücklich daraus entfernen, damit Nietzsche »als der erste« den bisher unbegangenen Weg zu noch höherer »Höhe« finden und seine Amtsübernahme als Führer bekanntgeben kann.

Von Hause aus ist der Führer, wie am Wortgebrauch des Mittelalters und der frühen Neuzeit abzulesen, für untergeordnete Tätigkeiten engagiert, als Führer eines Pferdes, eines Fuhrwerks, einer Braut, einer Truppe. Zwar weiß ein solcher Führer über die spezielle Aufgabe besser Bescheid, er bleibt jedoch wie ein Lohndiener vom Auftraggeber abhängig, der das Verhältnis jederzeit kündigen kann. – Durch metaphorische Verwendung des Worts wurde die Veredelung des Führers eingeleitet. Während der griechische paidagogos, wörtlich: der Knabenführer, nur ein Sklave war, der die Knaben zur Schule und wieder nach Hause brachte,[7] kommt dem neuzeitlichen Pädagogen ein höherer Rang zu. Das Bild, das in dem Wort steckt, erhält einen neuen Ernst: Der Lehrer führt den Schüler den richtigen Weg, zum sicheren Wissen, doch auch zum richtigen Leben. In diesem Sinne wies auch Nietzsche dem Gymnasiallehrer als »Führer zur Bildung«[8] eine vornehmere Rolle zu, als sie je einem Führer bei praktischen Aufgaben zuteil geworden war. Immerhin behält auch in dieser gehobenen Stellung der Führer die Verpflichtung, dem zu dienen, den er führt. Dies gilt noch für den politischen Führer im 20. Jahrhundert, der für alles und alle verantwortlich sein will: Er ist kein Tyrann oder Monarch, sondern steht im Dienst der Geführten. Sie folgen der intuitiven Entscheidung des charismatischen Führers, weil sie davon überzeugt sind, daß sie zu ihrem allgemeinen Besten getroffen wurde.

Den »Führern zur Bildung«, den Gymnasialprofessoren, stellte Nietzsche höherrangige Führer voran: Winckelmann, Lessing, Goethe, Schiller seien »die vorbereitenden Führer und Mystagogen der klassischen Bildung, an deren Hand allein der richtige Weg, der zum Alterthum führt, gefunden werden kann.«[9] Damals sah Nietzsche – und nicht nur er – in der Antike die höchste Verwirklichung menschlicher Vollkommenheit, so daß es nicht wenig bedeutete, Führer in diese vorbildliche Vergangenheit zu sein; als »Mystagoge« war er in tiefere Geheimnisse eingeweiht, wovon er den Neophyten, den Schülern, das ihnen Bekömmliche mitteilte. Schriftsteller aus dem klassischen Zeitalter der deutschen Literatur werden zu Führern umbenannt. Obwohl sie allein für ein pädagogisch umschriebenes Gebiet, die Aneignung der Antike, zuständig sein sollen, sorgt ihr Rang als Dichter und Gelehrte dafür, daß sie auch als Führer in allen Sphären der Kultur und des Lebens geeignet sind. Max Kommerells Buch *Der Dichter als Führer in der deutschen Klassik* nimmt diese Idee auf, um Literaturgeschichte dem Führerprinzip zu unterstellen. Die Hoffnung auf einen künftigen Führer, die sich auf die Geister der deutschen Vergangenheit beruft, vereinigt die Bestimmung eines Lehrers für die ganze Nation mit der Vorstellung vom Originalgenie. Der Führer ist der einzige, der keinen Führer braucht; er also muß ein Genie sein. »Der große Genius, der Führer für alle Zeiten, der Erlöser vom Augenblick«[10] – indem die Begriffe austauschbar werden, reichern sie sich gegenseitig mit ihren spezifischen Bedeutungen an. Zu Zarathustra pilgern die Könige, um ihre Herrschaft, die sie der Konvention und nicht dem Genie verdanken, dem wahren König, dem Genie, zu übergeben: »Der höchste Mensch nämlich soll auf Erden auch der höchste Herr sein.«[11] Der philosophisch-poetische »Genius«, der sich in Zarathustras Sprachgewalt zeigt, befähigt und berechtigt ihn zum politischen »Führer«, macht ihn sogar zum religiösen »Erlöser«.

Darin blieb Nietzsche doch ein »Kind seiner Zeit«, des 19. Jahrhunderts, daß er die Zukunft für planbar hielt und sogar den Führer in diese Zukunft für formbar. »Da liegen meine Hoffnungen: Züchtung der bedeutenden Menschen.«[12] Bislang hatte sich der Kult des Genies damit zufriedengegeben, das außergewöhnliche Talent eines Menschen dem Zufall der Natur oder der Gunst glücklicher Umstände anheimzustellen. Niemand hatte Programme ersonnen, um Homere, Michelangelos oder Beethovens hervorzubringen. Nietzsche dagegen hielt eine »Arbeit für die Erzeugung des Genius«[13] nicht für verfehlt. »*Rettet euren Genius!* soll den Leuten zugerufen werden, befreit ihn! Thut alles, um ihn zu entfesseln!«[14] Steckt in jedem ein Genie, dann kommt es nur auf die richtige Methode an, es ans Tageslicht zu fördern. Wie eine solche Entfesselung vor sich geht, möchte die Passage am selbsterlebten Exempel erzählen. Nietzsche stellt hier seine »Arbeit« an der Höherentwicklung seines Ich so dar, als hätten extreme Anforderungen eine »Erzeugung des Genius« notwendig zur Folge: Held muß sein, wer Genie werden will. Es gibt kein anderes Rezept für die »Züchtung der bedeutenden Menschen« als Selbstzucht: Gewaltsamkeit gegen das Ich, Kampf mit sich selbst. Wie das Beispiel Cäsars lehre, seien die »Erhaltungsbedingungen des Genies« vor allem »Strapatzen«.[15] Das Genie ist kein Geschenk der Natur, sondern das Resultat einer geradezu militärischen Selbstdisziplin. Dabei gewinnt das Genie genügend Robustheit, um sich zum Führer zu qualifizieren, der auch keine Scheu vor Gewalttätigkeit gegen andere haben darf: »Atrocitäten aushalten – Atrocitäten thun.«[16]

Auf den Schlachtfeldern der Befreiungskriege habe der Student gelernt, »was er am wenigsten in der Sphäre der ›akademischen Freiheit‹ lernen konnte: daß man große Führer braucht, und daß alle Bildung mit dem Gehorsam beginnt.«[17] Was denkbar weit auseinander liegt, militärischer Befehl und humanistische Bildung, zwingt Nietzsche zusammen, um das

Bild des Führers mit dem doppelten Vorzug geistiger Überlegenheit und praktischer Macht auszustatten. Nietzsches Machtphantasie ersinnt eine Kultur, in der Gedanken und Worte des Philosophen unmittelbar als Befehle wirken würden: »*Die eigentlichen Philosophen aber sind Befehlende und Gesetzgeber*: sie sagen ›so *soll* es sein!‹ [...] Ihr ›Erkennen‹ ist *Schaffen*, ihr Schaffen ist eine Gesetzgebung, ihr Wille zur Wahrheit ist – *Wille zur Macht*.«[18] Wer sind diese »eigentlichen Philosophen«, von denen die Philosophiegeschichte nichts weiß? Sie sind eine Wunschvorstellung Nietzsches. Die Mitwelt gestand ihm so wenig wie allen Philosophen vor ihm das Amt eines Gesetzgebers und Befehlshabers zu. Die Imperative seiner Sätze wurden außerhalb des Buches nicht vernommen. Was er hier vom Philosophen verlangt, hat er an anderer Stelle vom »großen Stil« erhofft: »Der große Stil [...] verschmäht es, zu gefallen, er vergißt es, zu überreden. Er befiehlt. Er *will*.«[19] Der »eigentliche Philosoph« ist vorerst also nur eine Personifikation des »großen Stils«, den Nietzsche schreibt. Dieser Stil vertritt den Führer, der noch fehlt oder dem noch die Befehlsgewalt fehlt. Sollte dereinst ein wirklicher Führer auf die Bühne der Geschichte treten, so wird man ihn am großen Stil erkennen. Der Führer wird den Platz einnehmen, den der Stil für ihn vorgesehen hatte.

Ein Genie ist nur dann ein Führer, wenn es eine Gefolgschaft hat. Aus dem historischen Rückblick wußte Nietzsche, daß alle Genies zu ihrer Zeit ohne Gefolgschaft, daher ohne Folgen waren und daß selbst der Nachruhm nicht solche Nachwirkungen zeitigte. »Die Dienstbarkeit der Masse, ihren unterwürfigen Gehorsam, ihren Instinkt der Treue unter dem Scepter des Genius«[20] – solche Verehrung war noch keinem Philosophen zuteil geworden. Die Wirkung des Genies, des »posthumen Menschen«, ist aber für die Zukunft denkbar. Das Verhältnis des potentiellen Führers zur »Masse« bleibt vorläufig gespalten. Er verachtet sie, so wie sie jetzt ist, will sie jedoch zu dem formen, was sie sein soll. Damit der Befehl »So *soll* es sein!« Gehör und Gehorsam finde, muß das zum Führer berufene Genie auf eine Krise hoffen. Dann erst werden seine Prophezeiungen als Prognosen erkannt. »Ich kenne mein Loos. Es wird sich einmal an meinen Namen die Erinnerung an etwas Ungeheures anknüpfen, – an eine Krisis, wie es keine auf Erden gab.«[21] Anhänger Nietzsches harrten hoffnungsvoll verzweifelt auf den Eintritt dieser Krise. Friedrich Wolters, Mitglied des George-Kreises, konnte es kaum erwarten, daß es den Menschen merklich schlechter gehe: »an das gewölbe der not hallt dann lauter der schrei nach neuer Herrschaft, und wenn sie kommt, erfahren die verzweifelten geister wieder das wunder des unmöglich-gedachten.« Dann werde das »führerlose volk« einen Führer verlangen.[22] Wolters schloß von seiner eigenen Fasziniertheit auf andere und glaubte, daß dies der Dichter Stefan George sein werde. Ernst Jünger hatte 1925 Krieg und Niederlage bereits hinter sich, schöpfte aber gerade aus der fortdauernden Krise von Staat und Gesellschaft das Zutrauen zu noch größeren Heldentaten, indem er einen sprichwörtlich gewordenen Satz Nietzsches mit nietzscheanischen Begriffen erweiterte: »Wer daran nicht zugrunde geht, der beweist, daß er zur Herrschaft und zur Macht geboren ist.«[23] Diesen Beweis, so folgerte der Frontoffizier und Freikorpskämpfer Jünger aus seinen Erfahrungen, hatten er und das deutsche Volk erbracht. In Jüngers Buch, das über den Grabenkrieg von 1918 an der Westfront berichtet, kehren Nietzsches Kennwörter Kampf, Herrschaft, Wille zur Macht, Führer (im militärischen wie im weiteren Sinn) wieder. Aus dem Philosophen des 19. Jahrhunderts, der gern kriegerische Metaphern gebrauchte, ist im 20. Jahrhundert ein wirklicher Krieger geworden, der seine militärische Funktion zum Weltprinzip verallgemeinerte.

Das deutsche 20. Jahrhundert wird genügend Krisen hervorbringen, um den vergessenen Worten des toten Genies

Nietzsche wieder Gegenwart zu verschaffen. Er hatte sich als der Führer aus der Krise angeboten, die außer ihm niemand sah, vielleicht deshalb nicht, weil es sie zu seiner Zeit tatsächlich nicht gab. Im 20. Jahrhundert ließen sich Kriege, Aufstände, Inflation, Verstädterung, Technisierung, Arbeitslosigkeit, Rückgang des Kirchenbesuchs, Zunahme der Scheidungen als Anzeichen und Teil jener großen Krise deuten, die Nietzsche, der »verhängnissvolle Mensch«, vorhergesagt oder durch seine Prophezeiung überhaupt erst erzeugt hatte. Man hätte diese Phänomene, wie an den angelsächsischen Ländern zu sehen, auch anders deuten und bewältigen können. Verstand man sie jedoch als die große Krise, so konnte aus ihr nur ein Führer herausführen, der Nietzsches Forderungen entsprach.

15

Im Jahrhundert der Führer

Ernst Gundolf, der wie sein Bruder Friedrich zum Kreis um Stefan George gehörte, bemerkte 1923 in Deutschland eine Inflation von Führern, genauer von Führer-Aspiranten: »aus jeder Ecke« erhöben sich Stimmen »mit dem Anspruch auf Führerschaft in Leben oder Lehre, so daß nun schon die Prophetenwürde ungefähr das Geringste ist, dessen sich einer beruft, um überhaupt noch vernommen zu werden. […] Es ist aber nicht schwer, zu sehen, daß all diese neuen Führer wissentlich oder unwissentlich, eingestandener- oder uneingestandenermaßen den Mut, die Mittel und meist auch den Inhalt ihres Lehrens von *einem* Mann entnehmen, und dies ist Nietzsche.«[1] Gundolfs Meister, Stefan George, hatte Nietzsche bereits in einem Gedicht auf seinen Tod als »führer« apostrophiert, der »strahlend vor den zeiten« stehe.[2] (Weitere Gedichte richtete George an *Einen jungen Führer im ersten Weltkrieg* und an *Die Führer.*) Friedrich Gundolf charakterisierte den »führer« mit wörtlichen Anleihen bei Nietzsche, meinte aber zugleich seinen Meister, George: »Über seine zwecke wie über seine unabwendbare einsamkeit hinaus ist er ein verhängnis.«[3] Ein zeitgemäßes Buch, *Friedrich Nietzsche und die deutsche Zukunft* (1935), zitiert in dem Kapitel »Führer und Geführte« aus Adolf Hitlers *Mein Kampf*: »Die Vereinigung aber von Theoretiker, Organisator und Führer in einer Person ist das Seltenste, was man auf dieser Erde finden kann; diese Vereinigung schafft den großen Mann« und fügt hinzu: »Ungefähr so sagt es Nietzsche auch.«[4]

Wer als Führer anerkannt werden wollte, mußte dem Führer Nietzsche gleichen. Nietzsches Traum vom Führer hatte sich auf eine Weise erfüllt, die alle Erwartung übertraf: Ihn selbst verehrte nun die Welt als Führer, sogar als Führer von Führern. Sein Vorbild brachte Philosophen wie Oswald Spengler, Alfred Rosenberg, Carl Schmitt und Martin Heidegger auf die Idee, daß sie, die Philosophen, Führer ihres Führers werden könnten. Die Idee scheiterte. Der Führer ließ Nietzsche gelten – eine Photographie zeigt, wie Hitler im Weimarer Nietzsche-Haus beim Blick auf Nietzsches Büste deren Ausdruck heroischer Verdrossenheit nachzuahmen versucht.[5] Unter den Lebenden wollte er jedoch der einzige Führer sein. Ein Führer, der Berater braucht, hat diesen Namen nicht verdient; wer ein richtiger Führer sein will, braucht nur Gefolgsleute. Intellektuelle Selbständigkeit ist ein Kennzeichen des Führers; soweit nötig, muß er selbst Philosoph sein.

Alle, die im 20. Jahrhundert Führer sein und heißen wollten, beriefen sich auf Nietzsche, weil er als erster von dieser Idee ein Bild entworfen hatte. Von der Vision Nietzsches lebte die fragile Institution des Führers, um deren Legitimation es schlecht bestellt war. Um die Herrschaft eines Monarchen zu begründen, waren seit dem Mittelalter viele Argumente verbreitet: seine Geburt als Sohn eines Monarchen, die Herkunft seines Geschlechts aus Urzeiten, seine Abstammung von Helden und Göttern, seine Einsetzung von Gottes Gnaden. Sogar eine temporäre Diktatur verteidigten die Staatslehren der Antike: Der Diktator soll, um einen bestimmten Erfolg mit unpopulären Mitteln herbeizuführen, die Massen bändigen.[6] Bekanntlich lassen sich auch viele Vorzüge der Demokratie aufzählen. Für die Herrschaft des Proletariats und seiner Partei wurden Gründe genug vorgebracht. Für den Führerstaat sprachen allein die Vorwürfe gegen die Monarchie, die im Krieg, und gegen die Demokratie, die nach dem Krieg versagt habe. Staatstheoretische Begründungen des deutschen Führerstaats, eines Ausnahmezustands auf Dauer, wurden ad hoc nachgereicht, als er schon etabliert war. Mussolini hatte seinen Plan des faschistischen Umsturzes auf Georges Sorels Buch *Über die Gewalt* gestützt (dessen Programm eines politischen Generalstreiks allerdings den Sieg des Proletariats erzwingen sollte), die Idee des Führers jedoch, des Duce, verdankte er Nietzsche, als dessen Schüler Mussolini sich bekannte. Als er Nietzsches »Übermenschen« zu seinem Ideal erklärte, siedelte er es in jener anspielungsreichen Hochgebirgslandschaft an, die auch *Zarathustra* und die Passage aus dem *Fall Wagner* als geeignete Umgebung für die Selbsterziehung künftiger Führer empfohlen hatten: Dorthin werde »eine neue Art von freien Geistern kommen, gestählt im Krieg, in der Einsamkeit, in der großen Gefahr; Geister, die den Wind kennen werden, die Firne, die Gletscher der hohen Berge und die mit heiterem Auge die ganze Tiefe der Abgründe ermessen werden.«[7] Einer traditionslosen und illegalen Einrichtung wie der des Führers im faschistischen Staat lieferte der Verweis auf Nietzsche eine Art von Tradition und Legalität. Seine heroisierte Gestalt, seine zur kohärenten Theorie kompilierten Aphorismen verschafften den kommenden Führern den notwendigen Ursprungsmythos.

Aus Nietzsches Vorarbeiten zu dem geplanten Buch »Der Wille zur Macht« läßt sich kein klares politisches Programm herauslesen. Sollte der Träger dieses »Willens« Kulturrevolutionär sein, Staatsmann, Lebensreformer, Züchter einer neuen Rasse, Pädagoge, Religionsstifter, Weiser oder Dichter? Gerade weil dieser Entwurf eines (oder mehrerer?) Machthaber zwischen ästhetischen, philosophischen und politischen Aspekten schwankte und wie ein Mythos vieldeutig blieb, konnten die Ideologen verschiedenster Richtungen davon ihren »Anspruch auf Führerschaft in Leben oder Lehre« herleiten. Glaubte sich jemand zum Führer berufen, so durfte er, eben wegen der umfassenden und unklaren Bedeutung des

Worts, über das Gebiet, wofür er tatsächlich zuständig gewesen wäre, weit hinausgreifen. Ein Lyriker wie George umgab sich mit Jüngern, deren Lebensweise er rigid regelte, und nannte diesen Zirkel junger Männer seinen »Staat«. War dieser politische Begriff nur eine hochtrabende Metapher für eine aus homoerotischer Neigung zusammengestellte Literatenclique oder eine Devise, unter der man die Übernahme der politischen Macht durch das »geheime Deutschland« plante? (Die Brüder Stauffenberg, die am 20. Juli 1944 das Attentat auf Hitler unternahmen, waren im Kreis um George aufgewachsen. Er hatte für sie – vielleicht, weil ihr Name ihn an das Reich der Staufer erinnerte – die Rolle von Herrschern in seinem »Neuen Reich« vorgesehen. Schuldeten sie den Anschlag auf den falschen Führer der Treue zu ihrem Meister, der sie zu wahren Führern bestimmt hatte?) Und schließlich Hitler selbst: War er nicht auch Künstler, Kunstliebhaber, Kunsttheoretiker, und bewegte ihn nicht die Leidenschaft, den eroberten Staat zu einem überdimensionierten Kunstwerk aus Monumentalarchitektur und Massenchoreographie umzuformen?

Der Führer ist weder eine natürliche Person noch ein verliehenes Amt; er ist eine selbstgewählte Rolle. Gewöhnlich sind an der Spitze von Staaten Könige oder Präsidenten vorgesehen, die nach einem geregelten Verfahren die ihnen zustehende Macht übernehmen und ausüben. Intelligenz und Tüchtigkeit sind für diese Aufgabe nützlich, aber nicht unerläßlich. Anders beim Führer: in seinem Machtbereich müssen seine Fähigkeiten die jedes anderen Menschen übertreffen; denn sonst stünde es diesem zu, Führer zu sein. Es genügt nicht einmal, daß die Fähigkeiten des Führers meßbar größer sind als bei den von ihm Geführten; sie müssen vielmehr prinzipiell, uneinholbar, unbegreiflich überlegen sein. Max Weber hat diese Voraussetzung unhinterfragbarer Herrschaft »charismatisch« genannt: »die Autorität der außeralltäglichen persönlichen *Gnadengabe* (Charisma), die ganz persönliche Hingabe und das persönliche Vertrauen zu Offenbarungen, Heldentum oder anderen Führereigenschaften eines einzelnen.«[8] Der Führer muß, zumindest in den Augen seiner Gefolgschaft, ein Übermensch sein – was freilich kein Mensch ist. Damit die Rolle als höhere Wirklichkeit anerkannt wird und dahinter die unzulängliche, hinfällige Person verschwindet, drängen Führer den Gebrauch ihres bürgerlichen Namens zurück und lassen sich als »der Führer« oder »der Meister« ansprechen. Friedrich Wolters' *Herrschaft und Dienst*, die Gründungsurkunde des Kults um Stefan George, handelt ausschließlich von Werk und Bedeutung dieses Dichters, nennt aber nie seinen Namen; durchgängig heißt er »der Herrscher«. Wollte Nietzsche sich selbst den Sonderstatus eines Führers zusprechen, so verkleidete er sich in die Rolle Zarathustras oder »des letzten Jüngers und Eingeweihten des Gottes Dionysos«.[9] Durch diese Masken hindurch gesprochen tönten die Worte lauter und erhabener.

Um die Lücke zwischen der Rolle des Führers und dem wirklichen Menschen, der sie spielt, zu schließen, sind Maßnahmen von beiden Seiten nötig, vom Führer wie von den Geführten. Der Führer muß durch Stilisierung ein einprägsames, haltbares Bild seiner Führerrolle erzeugen; die Geführten müssen ihn ausschließlich durch dieses Bild wahrnehmen. Edgar Salin, ein Jünger Georges, glaubt sich zu erinnern, wie der Meister auf ihn wirkte, als er ihn zum ersten Mal auf einer Straße in Heidelberg erblickte:

> federnden Ganges, leichten Schrittes kam ein Einzelner des Weges, – alle wichen zur Seite, auf daß nichts seinen Gang hemme, und wie schwebend, wie beflügelt bog er um die Ecke, zum Wredeplatz hin.
> Der Betrachter stand erstarrt, auf den Fleck gebannt. Ein Hauch einer höheren Welt hatte ihn gestreift. Er wußte nicht mehr, was geschehen war, kaum wo er sich befand.

War es ein Mensch gewesen, der durch die Menge schritt? Aber er unterschied sich von allen Menschen, die er durchwanderte, durch eine ungewußte Hoheit und durch eine spielende Kraft, so daß neben ihm alle Gänger wie blasse Larven, wie seellose Schemen wirkten. War er ein Gott, der das Gewühl zerteilt hatte und leichtfüßig zu andern Gestaden enteilt war?

Kommt hier nicht Zarathustra gegangen? Ohne die Lektüre Nietzsches hätte Salin in dem dandyhaften Spaziergänger mit »dünner gelber Seidenjacke« und »großem Hut« nicht den gottgleichen Übermenschen erkannt, der dem hingerissenen Betrachter zum künftigen Führer bestimmt war. »In der Hand wirbelte ein kleiner, dünner Stock, – wars der Stab des Götterboten, wars eine menschliche Gerte?«[10] – nicht einmal modische Accessoires widerstehen der Verwandlung in mythologische Attribute. Trotz größter Nähe wirkt bei dieser Begegnung auf der Straße die Aura größter Ferne.

Um diese Aura zu bewahren, ist der Führer verpflichtet, in jedem Augenblick, da er beobachtet werden könnte, Führer zu sein. Dabei kann er nicht auf überlieferte Rituale zurückgreifen, wie sie einem König die Aufgabe der Repräsentation erleichtern. Der Führer hat keinen Vorgänger und keinen Nachfolger. Aufstieg und Untergang des von ihm geführten politischen oder geistigen Reichs sind einzig an ihn geknüpft. Von allen Traditionen befreit, von keiner gestützt, muß er sich, d. h. seine Darstellung als Führer, stets neu erfinden. Er wird zum Führerkünstler, der seine Auftritte eigenwillig und sorgfältig inszeniert, damit seine Erscheinung dem ihm und seinem Gefolge vorschwebenden, aber noch unbestimmten Bild entspricht und ihm Kontur gibt. Dieser Inszenierung kommen die neuen Medien Photographie, Film, Rundfunk und Massenveranstaltung entgegen.[11] Im visuellen und akustischen Umriß des Führers verbinden sich, wie Nietzsche es erträumte, Heldentum und Sprachgewalt. Der Medienfigur fällt es leichter als einem lebendigen Menschen, den alten Gegensatz von Rhetor und Heros durch Stilisierung zu überspielen. Sobald das wirksamste Bild gefunden ist, vereinfacht sich die Selbstdarstellung: Nun braucht nur dieses eine erwünschte und erwartete Bild wiederholt zu werden. Beschränkung prägt den »großen Stil«, der dem Führer angemessen ist. Stil, die verläßliche Wiederkehr eines erfolgreichen Musters, mindert den Zwang zu ständiger Demonstration von Genialität. – Auch das Gefolge, und sei es ein ganzes Volk, hat am Glanz des Führers teil. George zeichnete in seinem »Staat« die Getreuesten aus, indem er ihnen ein eigenes »Herzogtum« einräumte. Noch der Fähnleinführer der Hitler-Jugend besaß ein kleines Reich im großen Reich des Führers. Keiner war mehr ganz allein und ganz bei sich.

Wem keine Tradition zur Seite steht, der ist auf den Ruhm, genial zu sein, angewiesen. Ein Genie läßt etwas aus dem Nichts entstehen; eben dies ist auch die Kunst des Führers. Das Genie wird zum Führer, der Führer zum Genie: Die obersten Ränge der ästhetischen und politischen Sphäre tauschen ihre Merkmale aus.[12] Eine soziologische Studie von 1926 sieht es als gegeben an, daß »Shakespeare und Goethe, Beethoven und Wagner, Newton und Darwin, Rembrandt und Dürer, Kant und Nietzsche Führer« gewesen seien.[13] Fünfzig Jahre davor hätte man noch von ›Genies‹ gesprochen. Vielleicht ist es kein Zufall, daß der Titel »Führer« unmittelbar hinter »Nietzsche« steht, von dem sich die Führer-Konzeptionen des 20. Jahrhunderts herschreiben. Wenn Rudolf Borchardt die Leistungen der »militärischen und technischen Führer« Deutschlands im Ersten Weltkrieg rühmt, so verwendet er Ausdrücke, die früher für den genialen Einfall eines Dichters reserviert waren, »den Funken des Führerblitzes in der begnadeten Seele, der begnadeten Phantasie der Gestaltung in unerrechenbaren Aushilfen.«[14] (Selbst die militärische Logistik der deutschen Heerführung wäre demnach, um deutsche Art zu bewahren, ohne Berechnung, ohne das kulturwidrige Gespenst der Zahl ausgekommen.) Friedrich Wolters wiederum nennt den Dichter »den Herrscher, dessen stoff die sprache, dessen werk die dichtung ist.«[15] Dichterisches Genie und politischer Führer sind darin einander verwandt, daß sie eine außerordentliche Begabung für die Sprache besitzen, sei es in Versen (wie George), sei es in der Prosa (wie Nietzsche), sei es in der Rede (wie Mussolini und Hitler).

In Joseph Goebbels' Roman *Michael* notiert der Held in sein Tagebuch: »Ich war in Frankfurt und habe dem jungen Goethe meine Reverenz gemacht. Auch heute noch Führer im Streit der Geister. Vorkämpfer jedes jungen Willens.«[16] Zur Charakterisierung Goethes sollen Begriffe Nietzsches taugen: Kampf, Wille, Führer. Goethe als Führer – dieses überraschende Attribut konnte Goebbels in dem ein Jahr zuvor erschienenen Buch Max Kommerells finden. Beide hatten in Heidelberg bei Friedrich Gundolf, berühmt durch sein monumentales und monumentalisierendes Buch über Goethe, Germanistik studiert. Vor allem im Kreis und Umkreis Georges war es üblich, die Idee des Führers, die erst Nietzsche proklamiert hatte, in die Vergangenheit zu verlängern. So sollte ein aktuelles Bedürfnis mit der Würde einer verborgenen Tradition bekleidet werden: Die höchsten Geister, die Genies, seien immer schon Führer gewesen, auch wenn ihre Zeitgenossen diesen wahren Rang selten erkannt hatten, also von den Führern gar nicht geführt worden waren.

Der Titel von Kommerells Buch, *Der Dichter als Führer in der deutschen Klassik*, steht im Widerspruch zu seinem Untertitel: »Klopstock, Herder, Goethe, Schiller, Jean Paul, Hölderlin«. Der Begriff »Führer« – wie es dem Sachgehalt des Wortes zukommt, in der Einzahl – vereinigt hier eine Vielzahl von Namen unter sich. Konnten sechs Dichter, die zur selben Zeit lebten, aber in ihren Charakteren und in ihren Werken divergierten, oft auch in Opposition zueinander standen – konnten sie alle gleichzeitig Führer gewesen sein? An diesem grammatischen und logischen Widerspruch wird sichtbar, wie wenig der Begriff des Führers für die Protagonisten der Kultur passen will. Künstler und Kunstwerke treten stets im Plural auf. Sie bleiben zu Lebzeiten wie bei der Nachwelt dem schwankenden Urteil des Geschmacks und der Kritik unterworfen. Dieses kann niemandem aufgezwungen werden, zumal es jedermann freisteht, ein grundsätzliches Desinteresse an Literatur und Kunst zu bekunden. Ein Führer hingegen ist nur dann ein Führer, wenn er Einwände mißachten und Widerstand mit Gewalt brechen kann. Will Kommerell das Modell der strikten Unterordnung, das im militärischen und legislativen Bereich sinnvoll ist, auf die Kultur übertragen, so wird seine Sprache ungenau. Ein Kapitel trägt die Überschrift »Gesetzgebung«, obwohl es lediglich von Goethes und Schillers Versuch handelt, einige Momente der antiken Kunst für die moderne zu retten. Kommerell behauptet, die beiden Kunsttheoretiker hätten dabei eine »beinah staatsmännische Strenge« gezeigt, ja mehr als dies: »Der Härte der Führer nach außen entsprach eine nicht mindere Härte nach innen.« Ihr Ziel sei die »Umformung an Volk und Staat« gewesen.[17] So herrschaftlich und diszipliniert geht es in der Geschichte der Literatur glücklicherweise nicht zu. Goethe und Schiller hielten sich, von wenigen Ausnahmen abgesehen, selbst nicht an ihre angebliche »Gesetzgebung« und schrieben weiterhin in verschiedenen Stilen. Andere Schriftsteller wie Jean Paul, Kleist, die Romantiker betrachteten jene klassizistischen Postulate als ästhetischen Irrweg. Dem Volk, dem Staat waren sie vollends gleichgültig. »Der Dichter als Führer« ist eine verfehlte Metapher. Sie trägt aber dazu bei, die Heraufkunft des politischen Führers zu poetisieren, ihn mit der Aura des künstlerischen Genies auszustatten und dadurch dem Urteil der politischen Vernunft zu entziehen.

16
Wort und Tat

Faust sitzt in seinem Studierzimmer und übersetzt das Evangelium des Johannes: »im Anfang war das *Wort*!« Doch er stockt – »Ich kann das Wort so hoch unmöglich schätzen« – und versucht, es durch stärkere Ausdrücke zu ersetzen, zunächst durch »*Sinn*«, dann durch »*Kraft*«; aber erst »die *Tat*« stellt ihn zufrieden. Um vom »Wort« zur »Tat« zu gelangen, benötigt Faust nichts als Papier, Feder und 14 Zeilen (V. 1224 – 1237), vielleicht auch noch die Gegenwart Mephistos in Gestalt des Pudels, der die Übersetzung mit Gejaule und Gebell begleitet. Fausts »Tat« ist auch nur ein Wort, doch verrät es den Wunsch des Stubengelehrten, der Wortwelt zu entkommen. Und dies wird ihm gelingen: Mit Hilfe des Teufels vollbringt er eine Serie verheißungsvoller Taten, die sich als verhängnisvolle Untaten entpuppen.

Goethe betrachtete Fausts Weg vom Wort zur Tat mit Skepsis und Sorge. Hölderlin, Zögling des Revolutionszeitalters, teilte solche Vorbehalte nicht. Vielmehr lautete sein Vorwurf *An die Deutschen*, sie seien »thatenarm und gedankenvoll«. Das könne sich blitzartig ändern: »Aber komt, wie der Stral aus dem Gewölke komt, / Aus Gedanken vieleicht, geistig und reif die That? / Folgt die Frucht, wie des Haines / Dunklem Blatte, der stillen Schrift?«[1] In Hölderlins *Hyperion*, dem Lieblingsbuch des jungen Nietzsche, schließen der Dichter Hyperion und der Heerführer Alabanda Freundschaft: Der »stillen Schrift« folgt »reif die That«. Was der Roman erzählt, fordert das Gedicht von der Zukunft. Es ist »den

Thaten der Welt jezt / Ein Feuer angezündet in Seelen der Dichter.«[2] Hölderlin wurde zum Dichter des 20. Jahrhunderts, da das Feuer der Taten in den Seelen der deutschen Dichter nicht mehr auszulöschen war. Ungehört hingegen blieb Jean Pauls Einspruch: »Aus Thaten werden in dem Dichter Worte, nicht umgekehrt – er hat alles durchgefühlt und läßt es nachfühlen.«[3]

In diesen dichterischen Ausblicken auf eine durch Dichtung veränderte Wirklichkeit bedeutet »Tat« Schöpfung einer neuen Welt, politische Revolution, kriegerische Aktion. Im gewöhnlichen Leben funktioniert der Übergang vom Wort zur Tat problemlos: Sprachliche Hinweise (»Zweite Türe rechts!«) und Bitten (»Mir eine Tasse Kaffee!«) finden bei den Angesprochenen Verständnis und lösen meist erfolgreich die gewünschte Handlung aus. »Taten« möchte man diese pragmatischen Resultate allerdings nicht nennen. »Tat« ist ein pathetisches, über den Alltag und die Umgangssprache hinausgehobenes Wort, dem man auch heute noch seine Herkunft aus der Sprache der Dichter und Philosophen anmerkt. Taten sind exzeptionelle und folgenreiche Handlungen von Helden.

Im heroischen Zeitalter der deutschen Literatur und Philosophie war das Ansehen der Wortwelt so gestiegen, daß von ihr eine Einwirkung auf die reale Welt – und nicht nur auf die Bildung des einzelnen – erhofft wurde. Dichter wie Theodor Körner oder Georg Herwegh griffen mit »Leier und Schwert«, d. h. mit Gedichten und Schußwaffen, in Befreiungskriege und Revolutionen ein. Der Philosoph Karl Marx verlor die Geduld mit den Philosophen: »Die Philosophen haben die Welt nur verschieden *interpretiert,* es kömmt drauf an, sie zu *verändern.*«[4] Wann sollte diese Veränderung eintreten? Wer würde sie herbeiführen? Die Weltgeschichte, das Proletariat, dessen Partei, deren Führer, vielleicht Marx selbst? In der alltäglichen Kommunikation hat das Wort des einen, das die Handlung eines anderen bezweckt, in einem abschätzbaren Zeitraum vorhersehbare Folgen. (Zur pragmatischen Erwartung gehört auch, daß die verlangte Handlung verweigert oder vergessen werden kann.) Die Zeitdifferenz zwischen Wort und Handlung, dieser kleinere oder größere Aufschub, dehnt sich in philosophischen und literarischen Texten; er wird grundsätzlich ungewiß: Haben die Worte der Dichter und Philosophen überhaupt eine Bedeutung und Wirkung im Leben, für die Zukunft? Kommt »vielleicht«, fragt Hölderlin, aus Gedanken die Tat? Sollte sie wirklich kommen, so müßte sie unerhört sein, radikal verschieden von allen Handlungen, die bislang geschehen sind. Nicht weniger als eine Revolution stünde dann an, nicht allein eine politische, sondern auch eine Revolution des Bewußtseins und der Lebensformen, mit einem Wort: eine »Umwertung aller Werte«. Nietzsches Stunde wäre gekommen. Vorbereitet ist eine solche Umkehrung in seinen Paradoxen, die einen allgemein anerkannten Wert witzig relativieren, psychologisch zerlegen und den ihm entgegengesetzten, bislang verachteten ›Unwert‹ zu Ehren bringen: Torheit sei edler als Klugheit, »Bewusstheit« die Quelle aller Irrtümer, Wissenschaft verursache Schmerzen, »Selbstlosigkeit« lobe man aus Berechnung, Liebe lebe nur vom Eigennutz, »Wehethun« diene ebenso wie »Wohlthun« dem »Machtgefühl«.[5] Solche aphoristischen Umwertungen im Kleinen stimmen auf eine fundamentale Umwertung im Großen ein.

Im 19. Jahrhundert schwand die melancholische Nachsicht mit dem Versprechen einer Tat, zu der es nicht kam. Die Lebensentwürfe, die Fourier, Marx, Bakunin veröffentlichten, wollten die Autoren und viele ihrer Leser prompt verwirklicht sehen. Aufstände, Attentate, Reformkolonien sollten beweisen, wie Worte zu Taten werden können. Auch Nietzsche, der selbst nur schreibend tätig war, teilte die intellektuelle Ungeduld seiner Epoche: »ich erachte jedes Wort für unnütz geschrieben, hinter dem nicht eine solche Aufforderung zur That steht.«[6] (Deshalb peinigte ihn der Verdacht, er sei vielleicht doch »nur Narr, nur Dichter«, produziere also folgenlose Wörter.) Der »Wille zur Macht« lehnt sich dagegen auf, daß sich Worte mit dem Status von Wörtern begnügen: »›wollen‹ ist *nicht* ›begehren‹, streben, verlangen: davon hebt es sich ab durch den *Affekt des Commando's*.«[7] »Commando« ist jenes mächtige, bewaffnete Wort, das auf der Stelle, ohne Aufschub, Tat wird. Im 20. Jahrhundert gaben Zeitschriften wie *Die Aktion, Der Sturm, Die Tat* bereits mit ihrem Titel zu verstehen, daß ihre Worte wie Kommandos wirken sollten. *Die Tat*, die sich immer wieder auf Nietzsche berief, nennt sich, solange Eugen Diederichs sie leitete, im Untertitel »Monatsschrift für die Zukunft deutscher Kultur«; danach, 1929, änderte der neue Redakteur Hans Zehrer den Untertitel in »Monatsschrift zur Gestaltung neuer Wirklichkeit«. Die vage »Zukunft deutscher Kultur« sollte endlich, wie man es von einer »Tat« erwarten durfte, in einer »neuen Wirklichkeit« Gestalt annehmen. Die aktionistischen Intellektuellen um Hans Zehrer versuchten, in der *Tat* die Tat herbeizuschreiben. Am Ende eines Aufsatzes stehen Anweisungen an die Leser: »Man möchte an den Schluß dieser Betrachtung das Programm dessen setzen, was nun eigentlich zu geschehen hat. Man kann es sogar; es ist primitiv und einfach, aber es gibt keinen anderen Weg: horcht in die Zeit, tauscht Adressen aus, schließt euch an irgendeine bestehende Gemeinschaft an, gleich wofür ihr euch entschieden habt, für links oder für rechts! Für das andere aber arbeitet die Zeit!«[8] Sie benötigte noch vier Jahre Arbeit.

Noch kürzer als beim Kommando wäre der Abstand zwischen Wort und Tat, wenn das Wort selbst schon Tat heißen dürfte. Nietzsche behauptete, eben dies habe seine Sprache in *Also sprach Zarathustra* geleistet: »es ist vielleicht überhaupt nie Etwas aus einem gleichen Überfluss von Kraft heraus gethan worden. Mein Begriff ›dionysisch‹ wurde hier *höchste That*; an ihr gemessen erscheint der ganze Rest von menschlichem Thun als arm und bedingt.«⁹ Mit solcher Inbrunst wünschte Nietzsche seinem Wort heroische Größe, daß er die Äußerung des Wunsches nach einer Tat bereits für die Tat selbst nahm. »Ein Überwältigen-Wollen, ein Niederwerfen-Wollen, ein Herrwerden-Wollen, ein Durst nach Feinden und Widerständen und Triumphen«¹⁰ – dieser Traum vom Heldenleben geht nur im Duktus von Nietzsches Sprache in Erfüllung. Ist sein Versuch, Text und Tat gleichzusetzen, als purer ästhetischer Akt zu verstehen, als Anzeichen eines Deliriums oder als kühne Metapher für seinen Stil? Mehrfach gebraucht Nietzsche das ungewöhnliche Bild des »Hammers« für seine Denk- und Schreibweise. Eine Reihe von Sprüchen stellt er unter das Motto: »Der Hammer redet.«¹¹ Ein Werkzeug, dessen Gebrauch derbe Körperkraft verlangt, dient zur Charakteristik des Umgangs mit zierlichen Schreibgeräten, mit körperlosen Wörtern und gibt sie als Gewalttat aus. – Trotz allen gegenteiligen Beteuerungen Nietzsches bleibt die Lücke zwischen Wollen und Tun, Wort und Tat bestehen. Erst seine Schüler im folgenden Jahrhundert werden die Lücke schließen, indem sie, von Nietzsches unerfüllten Worten angespornt, Gelegenheit zu Taten suchen und, mangels Gelegenheit, den Ausweg in Untaten finden. Auch diesem Ausweg fehlte nicht der Zuspruch Nietzsches, hatte er doch im »Barbaren«, im »Verbrecher«, in der »Bestie« die Steigerung des Helden gefeiert: »wo sind die *Barbaren* des 20. Jahrhunderts [...], die der *größten Härte gegen sich selber* fähig sind und den *längsten Willen* garantiren können ...«¹² Die Blasphemie des entfesselten Worts berauscht sich an der Verletzung von Tabus.

Nietzsches Suggestion, seine Schrift sei Tat, bestätigten die Schriftsteller am Anfang des 20. Jahrhunderts und nahmen sie in ihre Manifeste auf. Literatur, dieses leichte Gespinst aus Traum und Sprache, wird nun mit martialischem Vokabular zu einer Art von Feldzug heroisiert. Bereits vor Beginn der expressionistischen Bewegung erkannte Stefan Zweig die Wirkung Nietzsches auf die junge Generation der Dichter: »dieses neue Pathos, das ›ja sagende Pathos par excellence‹ im Sinne Nietzsches, ist vor allem Lust, Kraft und Wille, Ekstase zu erzeugen. [...] *Das neue Pathos muß den Willen nicht zu einer seelischen Vibration, zu einem feinen ästhetischen Wohlgefühl enthalten, sondern zu einer Tat.*« Deshalb erfordere es Dichter, die »Kampfnaturen« sind.[13] Die »Tat« ist eine Ekstase des Worts. Ein Rückblick auf die deutsche Lyrik der frühen Moderne bestätigte Zweigs Urteil; die »Orgien des Wortes« seien Zeichen für den »geistigen Sieg Nietzsches« und den »Glauben an die Superiorität des Tat- und Kraftmenschen über das Leben.«[14]

Es bedarf, solange sichtbare Taten fehlen, der immer neuen Bekräftigung durch herrische Worte, um den Dichter als »Tat- und Kraftmenschen« zu porträtieren. Ein Buch Georges heißt *Tage und Taten*; es enthält Prosagedichte, die Aufenthalte in der Landschaft zum Thema haben, sowie Lobreden auf andere Dichter und Künstler. Sind dies Taten? Georges Jünger beteuerten, sie hätten sie beobachtet, verspürt oder zumindest geahnt. Solche Ahnung überkommt Edgar Salin, als er Georges Kopf mit einer Büste Cäsars auf dem Schreibtisch Friedrich Gundolfs vergleicht: »Nie hatten wir bis dahin geahnt, wie stark auch im Dichter die Kraft des Täters lag.«[15] Die »Kraft des Täters« im Dichter ist leichter zu vermuten als zu erweisen; und die Kraft zur Tat wäre noch keine Tat. Ludwig Thormaehlen rühmt an George, er habe es verstanden, um jeden seiner Jünger »einen Ring von Schutz und Weihe, von schirmender Magie mit den Mitteln der Dichtung und des Dichterischen zu ziehen, ihn in seine, des Dichters Welt von Traum und Tat, in die eigentliche und klarste Wirklichkeit zu hüllen.«[16] Thormaehlen erschleicht die »Tat«, indem er »Magie«, »Dichtung«, vernebelt ins »Dichterische«, und – mit der Überzeugungskraft einer Alliteration – »Traum und Tat« zur »klarsten Wirklichkeit« rechnet. So recht klar ist sie offensichtlich nicht, da erst die »eigentliche« Wirklichkeit aus der banalen Wirklichkeit herausgefunden werden muß. Eine halbpoetische Reihe von Wörtern bringt zustande, was sich der Beobachtung und dem Verstand entzieht.

Der Ruf nach der Tat kam in der ersten Hälfte des 20. Jahrhundert aus verschiedenen Richtungen und wurde zur Losung der Epoche. Einer Überlebenden der vormodernen Gesellschaft, Helene von Nostitz, fiel auf, wie befremdlich um 1900 die zuerst von Künstlern vorgetragene Forderung nach Entschiedenheit und Tatkraft in der Salonkonversation der Aristokratie wirkte: »Eine Schärfe kam selten in ein solches Gespräch, das meistens eben nur ein Gespräch blieb und nicht in dem Maße die Tat verlangte wie heutzutage, wo jede Lauheit, jeder Mangel an Konsequenz eine Katastrophe bedeutet, kein Versuch mehr möglich ist, alles auf die Entscheidung drängt.«[17] Alfred Rosenberg, dessen *Mythus des 20. Jahrhunderts* zum Grundbuch des Nationalsozialismus wurde, erklärte im Kapitel »Mystik und Tat« Meister Eckhart zum Prototyp des »germanischen Menschen«: »Er faßte das Tun der Völker *als Tat auf, d. h. als geformte seelische Kraft,* als Ausdruck eines eigenartigen Innern.«[18] Wollte Hofmannsthal dem Bewahren das Wort reden, so scheute auch er nicht das Bündnis von »Gewalt und Geist«.[19] Ernst Bloch klagte über das Ausbleiben der Tat, gab aber bekanntlich die Hoffnung nicht auf: »Wir haben Sehnsucht und kurzes Wissen, aber wenig Tat und, was deren Fehlen mit erklärt, keine Weite, keine Aussicht, keine Enden.«[20] Ludwig Reiners' *Stilkunst*, 1943 erschienen, möchte »Zeitwort«, den deutschen Terminus für das Verb, durch »Tatwort« ersetzen, weil es einem Tatmenschen besser anstehe: »Entschlossene Charaktere, die den Mut zu unwiderruflichen Erklärungen haben, bevorzugen unbewußt das Tatwort. Schwankende Naturen halten sich mit Hauptwörtern ein Hintertürchen offen.«[21]

Je dringlicher die Tat beschworen wurde, desto fühlbarer und ärgerlicher war der Abstand zwischen dem Wort und dem, was seiner Bedeutung entsprochen hätte. Alles, was der Ausführung der Tat entgegensteht und durch die Tat überwunden werden muß, steigert ihren heroischen Charakter: die Bequemlichkeit des Gewohnten, die Anhänglichkeit ans Leben, die Schwierigkeit einer Änderung, der Mangel an Erfahrung, das Ausmaß von Verlusten, das Risiko des Untergangs. Das Ergebnis einer Tätigkeit läßt sich absehen, das einer Tat nicht, da sie die Grenze des Möglichen gegen das Unmögliche auszudehnen sucht. Held kann nur sein, wer zum tragischen Scheitern bereit ist. Dieses »Opfer« hatte Nietzsche gefordert; bereits sein erstes Buch gewann aus der Interpretation der griechischen Tragödie eine tragische Interpretation des Lebens. Gefahren gehören zum Heldenleben. Auch die Passage aus dem *Fall Wagner* verbreitet eine Stimmung der Gefahr: Der Dekadenz kaum entronnen, habe er, so berichtet Nietzsche, den Kampf gegen Moral und Menschlichkeit aufgenommen, Opfer gebracht und sich in die Einsamkeit unwirtlicher Fernen und Höhen gewagt. Bereits in der *Fröhlichen Wissenschaft* hatte er ein Programm des gefährlichen Lebens aufgestellt: »das Geheimniss, um die grösste Fruchtbarkeit und den grössten Genuss vom Dasein einzuernten, heisst: *gefährlich leben!* Baut eure Städte an den Vesuv! Schickt eure Schiffe in unerforschte Meere! Lebt im Kriege mit Euresgleichen und mit euch selber! Seid Räuber und Eroberer, so lange ihr nicht Herrscher und Besitzer sein könnt, ihr Erkennenden!«[22]

Am frühesten und ausführlichsten haben die italienischen Futuristen und Faschisten Nietzsches Devise »vivere pericolosamente!« ästhetisch, militärisch, politisch interpretiert und angewandt. In Marinettis *Manifest des Futurismus* von 1909 ist die Idee des avantgardistischen Kunstwerks Teil einer Ermunterung zu schrankenloser Aggressivität. »Wir wollen die

Liebe zur Gefahr besingen, die Vertrautheit mit Energie und Verwegenheit. [...] Schönheit gibt es nur noch im Kampf. Ein Werk ohne aggressiven Charakter kann kein Meisterwerk sein. [...] Wir wollen den Krieg verherrlichen – diese einzige Hygiene der Welt –, den Militarismus, den Patriotismus, die Vernichtungstat der Anarchisten, die schönen Ideen, für die man stirbt, und die Verachtung des Weibes.«[23] Der Krieg – nun auf dem höchsten technischen Niveau geführt, mit Maschinengewehren, Panzern und Flugzeugen – ergebe das größte Kunstwerk. Als endlich der ersehnte Krieg gekommen war, verfaßte der Dichter Gabriele D'Annunzio, jetzt im Rang eines Hauptmanns, 1917 eine Denkschrift für den General Cadorna, in der er, im Ton Nietzsches und Marinettis, den künftigen Einsatz von Bombengeschwadern durch die Schönheit rechtfertigt, wie sie aus unbekannten Gefahren hervorgehe: »›Es ist nie zu spät, das Unbekannte herauszufordern‹, lehrte der alte venezianische Schiffer. Beim erprobten Wagemut, bei der erwiesenen Ausdauer unserer Flieger können wir heute sagen, daß es nie zu spät ist, ›das Unwagbare zu wagen‹.«[24] Guido Keller, futuristischer Dichter und Mitstreiter D'Annunzios bei der Eroberung Fiumes, führte Adler und Schlange mit sich, die gefährlichen Tiere Zarathustras. Nicht nur sie sind aus Nietzsches Schrift in die Wirklichkeit übergetreten.

Der Krieg ist gewalttätig genug, um als Einlösung von Nietzsches Verlangen nach der großen Tat anerkannt zu werden. Im »Jubel der Freiwilligen« von 1914 entdeckte Ernst Jünger die nietzscheanischen Motive, »die Erlösung von Herzen, denen sich über Nacht ein neues, gefährlicheres Leben offenbart. Es verbirgt sich in ihm zugleich der revolutionäre Protest gegen die alten Wertungen, deren Gültigkeit unwiderruflich abgelaufen ist. Von hier ab fließt eine neue, elementare Färbung in den Strom der Gedanken, Gefühle und Tatsachen ein. Es ist unnötig geworden, sich noch mit einer Umwertung der Werte zu beschäftigen, – es genügt, das Neue zu sehen und sich zu beteiligen.«[25] Viele Dichter meldeten sich freiwillig an die Front, wo nicht wenige umkamen. Zieht der Schriftsteller in den Krieg, so hat endlich das Wort die Tat eingeholt. Doch der Erste Weltkrieg hielt nicht, was er den Enthusiasten versprochen hatte. Das Warten im Schützengraben, das Gemetzel der Materialschlacht waren keine Taten, und eine schmähliche Niederlage war kein tragischer Untergang. Wer weiterhin an Nietzsches Worte glauben wollte, mußte nach neuen Möglichkeiten für Taten Ausschau halten. Unter dem Eindruck der Geschwindigkeit von maschinellen Abläufen beschleunigten sich im 20. Jahrhundert auch politische Pläne und Handlungen. Das Machbare sollte sogleich gemacht werden. Die »Entscheidung«, ein Leitwort der Philosophie und Staatstheorie in dieser Epoche, duldete keinen Aufschub. Staatsstreich und Blitzkrieg waren Ereignisse in einer zum krisenhaften Jetzt zugespitzten Zeit, die durch solche Taten das Wort erfüllte und erübrigte.

17

Unzeitgemäß

Eine Tat braucht es nur, wenn der gegenwärtige Zustand unerträglich ist. Eine große Tat muß so groß sein, daß sie das Bestehende nicht läßt, wie es war. Das »Zeitgemässe«, wovon die Passage aus dem *Fall Wagner* spricht, ist der Feind aller Heroen, die sich Nietzsche erwählt hat. Prometheus, Schopenhauer, Wagner, »Zarathustra« und schließlich er selbst stehen in fundamentaler Opposition zu ihrer Zeit, in »wüthender Entschlossenheit gegen Alles, was ›jetzt‹ ist.« Diesen »Grundbass von Zorn und Vernichtungslust« hörte Nietzsche beim Wiederlesen der *Geburt der Tragödie*, seines ersten Buches, heraus.[1] Bereits vor der Konzeption dieser Schrift hatte er seinem damaligen Idol Wagner attestiert, er stehe »da, festgewurzelt durch eigne Kraft, mit seinem Blick immer drüber hinweg über alles Ephemere, und unzeitgemäß im schönsten Sinne.«[2] Wagner steht in diesem Brief von 1869 so da, wie sich dann Nietzsche in der Passage von 1888 entwerfen wollte; die Person des Helden hat gewechselt, seine Situation nicht.

Den Titel *Unzeitgemässe Betrachtungen* könnte das Gesamtwerk Nietzsches tragen. Die Diagnose der Passage lautet: die Gegenwart ist im Niedergang begriffen. Das »Problem« der Passage lautet: wie ist der Sprung – denn allmählicher Wandel, Prozeß, Übergang reichen für diese »Aufgabe« nicht aus – aus der Gegenwart in eine ganz andere Zukunft möglich? Die schroffe Negation des »Zeitgemässen« braucht außer dem Willen zur Macht auch noch die Tat. Schon der siebzehnjährige Nietzsche dachte sich dieses Konzept aus. »Sobald es aber möglich wäre«, schrieb er 1862 in einem Aufsatz über *Fatum und Geschichte*, »durch einen starken Willen die ganze Weltvergangenheit umzustürzen, sofort träten wir in die Reihe unabhängiger Götter.«[3] Dieser ausgreifende Gedanke steht hier, schüchterner noch als in den späteren Schriften, im Konjunktiv: wenn es »möglich wäre« (obwohl die Konjunktion »sobald« eine solche Möglichkeit für die Zukunft offenhält). Freimütig jedoch nennt der Satz das Ziel des ersehnten Umsturzes: unabhängig und göttlich zu werden. An diesem verwegenen Ziel gemessen, sind Genius, Held, Übermensch, Führer nur Kompromisse. Im Wunsch, unter die Götter aufgenommen zu werden – was griechische Mythen manchen Helden gewährten –, tritt ein Motiv zutage, das Nietzsche lange vorsichtig andeutete, bis er es endlich beim Übertritt in den Wahnsinn aussprach. In den letzten Briefen und Notizen gab er sich die Namen »Dionysos« und »der Gekreuzigte«. Götter sind ewig, »zeitlos« und daher immer »unzeitgemäss«. Sie waren am Anfang der Welt da und werden an ihrem Ende wiederkehren. Gerade an Dionysos und Christus heftet sich der Glaube an die Parusie, an das Wiedererscheinen des Erlösers. »Unzeitgemäße Betrachtungen« blicken auf die Welt aus der Perspektive eines zeitenthobenen Gottes.

Als Nietzsche den Aufsatz über *Fatum und Geschichte* verfaßte, war er Schüler im klösterlich abgeschirmten Schulpforta, das für den Unterricht in den alten Sprachen berühmt war. Als Student und Professor der Klassischen Philologie blieb Nietzsche seiner Herkunft treu. Was man ihn gelehrt hatte, was er lehrte, war mehr als eine akademische Disziplin unter anderen. Das Studium der alten Sprachen und Literaturen, zumal der griechischen, führte zur Kenntnis einer älteren Welt, die einen scharfen Kontrast zur Gegenwart bildete. Nietzsche war sich bewußt, daß der Gegensatz zwischen dem Zeitalter, in dem er lebte, und dem Zeitalter, das er liebte, die *Unzeitgemässen Betrachtungen* inspiriert hatte. Seinen Lesern gesteht er, »dass ich nur sofern ich Zögling älterer Zeiten, zumal der griechischen bin, über mich als ein Kind dieser jetzigen Zeit zu so unzeitgemässen Erfahrungen komme. [...] ich wüsste nicht, was die classische Philologie in unserer Zeit für einen Sinn hätte, wenn nicht den, in ihr unzeitgemäss – das heisst gegen die Zeit und dadurch auf die Zeit und hoffentlich zu Gunsten einer kommenden Zeit – zu wirken.«[4] Wenn Nietzsche in der Passage sich dagegen wehrt, ein »Kind dieser Zeit« zu sein (wozu ihn der Zufall der Geburt gemacht hat), so tut er dies als »Zögling älterer Zeiten« (wozu ihn das Programm der humanistischen Bildung gemacht hat).

Nietzsche deckte einen Widerspruch auf, den die Idee der humanistischen Bildung zu beschönigen suchte, den Widerspruch zwischen der Verehrung der antiken Welt und der Lebensform der modernen Welt, in der diese Verehrung stattfindet. Man bewunderte Statuen von Göttern, an die niemand glaubte; man rühmte Epen, deren Helden vor dem Gericht der christlichen Moral Sünder und Verbrecher wären; man spielte Dramen, deren tragische Mythen einem aufgeklärten Bewußtsein als Märchen erscheinen mußten; man pries Gymnastik und Wettkämpfe nackter Jünglinge, während man selbst vom Hut bis zu den Stiefeln bedeckt ging; man wußte, daß die gefeierte griechische Kultur ihr emotionales Fundament in der Homoerotik hatte, die in der Gegenwart unter Strafe stand; liberale und fortschrittlich gesonnene Bürger träumten von einem Land, in dem die wenigen ›Freien‹ eine Vielzahl von Sklaven für sich arbeiten ließen. Gewiß spürten die Pädagogen und Gebildeten im 19. Jahrhundert die Unvereinbarkeit von heidnisch-aristokratischer Antike und christlich-bürgerlicher Moderne; insgeheim war wohl dieser Gegensatz das treibende Motiv ihrer Studien.[5] Dennoch wurde, mit Rücksicht auf die bestehende Norm, die intensive Beschäftigung mit der griechisch-römischen Kultur als antiquarisches Interesse, als ästhetisches Spiel, als humane Bereicherung ausgegeben. Einige unter denen, die sich leidenschaftlich der Antike zugewandt hatten – Marsilio Ficino und Pico della Mirandola in der italienischen Renaissance, Winckelmann, Goethe und Hölderlin im deutschen Idealismus –, durchschauten die Lüge, die in jenen Harmonisierungsversuchen steckte; sie erwogen im Ernst, welchen Gewinn die Rückkehr zu antiken Lebensformen bringen könnte. Die im Gedächtnis bewahrte Antike rebellierte in mehreren Renaissancen gegen das nachantike Zeitalter. Wenn die westliche Kultur als einzige kritisch und selbstkritisch ist, so verdankt sie diesen Vorzug nicht zuletzt der intellektuellen Schizophrenie, ein vergangenes Leben im Sinn zu haben, das nicht gelebt werden kann, ohne die religiösen und moralischen Grundlagen der eigenen Kultur zu untergraben.

Nietzsche kündigte den Kompromiß auf, den Schule, Universität, Festansprachen und das allgemeine Bildungsbewußtsein bei der Beschäftigung mit der Antike eingegangen waren. »Fluch auf das Christentum« heißt im Untertitel eine der letzten Schriften, *Der Antichrist.* Der konsequente Philhellene muß Antichrist werden. Ohne das Christentum explizit anzugreifen, muteten bereits Nietzsches Basler Vorträge dem bürgerlichen Publikum die Provokation zu, daß das »Gefühl für das Hellenische, *wenn* es einmal erwacht ist, sofort aggressiv wird und in einem unausgesetzten Kampfe gegen die angebliche Kultur der Gegenwart sich ausdrücken muß.«[6] Kaum war er Professor geworden, weihte Nietzsche seinen Freund und Kollegen Erwin Rohde in den Plan ein, die »Universitätsexistenz« bald wieder aufzugeben, da »ein ganz radikales *Wahrheits*wesen hier nicht *möglich*« sei. Statt dessen »bilden wir eine neue *griechische* Akademie.«[7] Obwohl sie sich der Antike widme, verfehle die jetzige Philologie den Sinn ihres Gegenstands: »›Aufklärung‹ und alexandrinische Bildung ist es – besten Falls! –, was Philologen wollen. Nicht Hellenenthum.« Um diese trotz aller äußerlichen Annäherung innere Fremdheit zwischen moderner Philologie und antikem Leben zu überwinden, schlägt Nietzsche den entgegengesetzten Weg ein: »Man versuche alterthümlich zu leben – man kommt sofort hundert Meilen den Alten näher als mit aller Gelehrsamkeit.«[8] Doch wie soll das gehen: altertümlich leben?[9]

Um das Unmögliche denkbar und so vielleicht doch möglich zu machen, befestigte Nietzsche seine Idee einer Wiederkehr Griechenlands durch ein Modell, eine Erfahrung, eine Tradition, ein Theorem und durch einen Entwurf. – Das *Modell* einer Wiederkehr lieferte ihm sein am heftigsten bekämpfter Feind, die christliche Religion. Der Opfertod Christi wiederholt sich in der Niederschrift und Lektüre des Neuen Testaments, im Gedenken und Gebet der Gläubigen, in den Festtagen des Kirchenjahrs, in der gemalten oder gesungenen Passion, im Vertrauen auf die Wiederkunft des Erlösers, in der Auferstehung am Jüngsten Tag, in der Aussicht auf das himmlische Reich. Den Jahrhunderten, die nach Christi Geburt und Tod vergingen, hatte die christliche Lehre nicht die Würde historischer Solidität zuerkannt; sie galten nur als Provisorium, an dessen Ende sich erfüllen werde, was am Anfang versprochen war. Der Pfarrersohn und Gräzist Nietzsche entdeckte in der griechischen Poesie ein anderes Testament, älter und reicher als das christliche. Er öffnete es und verkündete als Evangelist und Prophet, als einer der »grossen Kämpfer *gegen die Geschichte*«,[10] gegen »alles Zeitliche, Zeitgemässe« die Wiederkehr des Uralten in naher oder ferner Zukunft.

Die *Erfahrung*, daß die Antike wiederzukehren vermöge, ist ästhetisch begründet. Einem philologisch gebildeten Leser werden die Werke der griechischen Dichter in Wortlaut, Klang und Sinn so gegenwärtig, als wären sie heute geschrieben. Die Unmittelbarkeit der ästhetischen Empfindung hebt, nicht anders als beim Anblick der Tempel und Statuen, die historische Distanz auf. – Die Sehnsucht nach Griechenland ist ein leidenschaftliches Motiv der deutschen Dichtung um 1800 und seitdem eine deutsche *Tradition*. Daran durfte Nietzsche schon in seiner Jugend anknüpfen, ohne um seine Originalität besorgt zu sein; denn nach seiner Überzeugung reichen die freien, genialen Geister – und nur sie – einander die großen Aufgaben der Kultur durch die Jahrhunderte zu. In Hölderlins Gedicht *Der Archipelagus* konnte er die Verse lesen: »Dann, dann, o ihr Freuden Athens! ihr Thaten in Sparta! / Köstliche Frühlingszeit im Griechenlande! wenn unser / Herbst kömmt, wenn ihr gereift, ihr Geister alle der Vorwelt! / Wiederkehret und siehe! des Jahrs Vollendung ist nahe!« (V. 271 – 274). Lyrische Dichtung spricht im Präsens und macht so das Verlorene gegenwärtig, als wäre es wiedergewonnen. Die poetische Sprache überzeugt dort, wo der Verstand zweifeln müßte. Was die Verssprache in der Ungewißheit eines Traums beläßt, verfestigt Nietzsches Prosa, so viel sie auch vom Rhythmus und Ton der Lyrik geborgt hat, zum Ernst einer Zeitdiagnose. – Das *Theorem* der Wiederkehr leitete Nietzsche aus seinem »ahnungsvollen Verständniss« des »dionysisch-apollinischen Genius« her, der den Gegensatz von »Rausch« und »Traum«, von Ekstase und Form in sich vereinige. Dieses »Einheitsmysterium« verweise auf das »Eine«, das »Ur-Eine«, das die attische Tragödie als Ursprung und Ziel des Lebens begriffen habe. Das »Eine« kann, weil es eben das Eine ist, nie ganz verlorengehen. Selbst in der historisch bedingten Entzweiung und Verderbnis, wie sie die nachantike Welt über jenes Eine gebracht habe, bleibe die »Kraft« erhalten, die wieder zur Einheit drängt. (In solchen Genien wie Hölderlin oder Nietzsche ist sie spürbar.) Verborgen wirke der griechische Ursprung einer tragischen Erfahrung des Lebens im heutigen Leben weiter. Da es einmal zur »Geburt der Tragödie« gekommen ist, steht »*eine Wiedergeburt der Tragödie*« bevor.[11] – Der *Entwurf* einer Wiederkehr ergibt sich aus Nietzsches Abneigung, den Gang der Geschichte, wie es Hegel tat, dem Weltgeist zu überlassen. An die Stelle dieses anonymen Lenkers setzt Nietzsche die namhaften, ihrer selbst und ihrer Bestimmung bewußten Genies. Ihr Wort und Wille entscheide über die Zukunft der Kultur. Zu diesen genialen Führern gehört, als vorläufig letzter, Nietzsche selbst. Die Forderung allein schon, daß die griechische Kultur wieder ins Leben treten müsse, ist die wichtigste Bedingung dafür, daß sie dereinst wirklich ins Leben treten wird. Wenn Kultur vom Wollen ihrer höchsten Geister geformt wird, ist es sogar möglich, durch die unerhörte Genialität des Entwurfs künftig das griechische Vorbild zu übertreffen. Daher erwog Nietzsche, ob er nicht durch eine eindringliche Analyse der griechischen Kultur Chancen entdecken könnte, die sie zu nutzen versäumt habe. »Diese Reformation der Hellenen, wie ich sie träume, wäre ein wunderbarer Boden für die Erzeugung von Genien geworden: wie es noch nie einen gab.«[12]

Das kommende Griechenland wird jenes sein, dessen Gestalt der neue »dionysisch-apollinische Genius«, Nietzsche nämlich, in seinen Schriften zeichnet. Dieses Selbstbewußtsein, ohne das ein Buch wie *Die Geburt der Tragödie* nie gewagt worden wäre, spricht sich offen im Vorwort zum posthum veröffentlichten *Antichrist* aus: »Dies Buch gehört den Wenigsten. Vielleicht lebt selbst noch Keiner von ihnen. Es mögen die sein, welche meinen Zarathustra verstehn: wie *dürfte* ich mich mit denen verwechseln, für welche heute schon Ohren wachsen? – Erst das Übermorgen gehört mir. Einige werden posthum geboren.«[13] *Der Antichrist* zeigt im Umriß, wie der Vorsatz, »alterthümlich zu leben«, verwirklicht werden könnte: »*Nicht* Zufriedenheit, sondern mehr Macht; *nicht* Friede überhaupt, sondern Krieg; *nicht* Tugend, sondern Tüchtigkeit [...] Die Schwachen und Missrathnen sollen zu Grunde gehen: erster Satz *unsrer* Menschenliebe. Und man soll Ihnen noch dazu helfen. Was ist schädlicher als irgend ein Laster? – Das Mitleiden der That mit allen Missrathnen und Schwachen – das Christenthum ...«[14] Was die Passage andeutete – Zweifel am Wert der Moral und der Menschlichkeit –, verschärft das wenig später geschriebene Buch zu Geboten eines politischen Katechismus. Darin zeichnet sich ein Staat ab, der Nietzsches Vorschläge zu Regeln der sozialen Organisation nehmen könnte. Diesen künftigen Staat hat es schon einmal gegeben, in Griechenland. Aus eigenen Studien und aus Gesprächen mit Jacob Burckhardt, der damals in Basel Vorlesungen über die griechische Kulturgeschichte hielt, kannte Nietzsche die Herrschaftsform Spartas. Anders als Burckhardt bewunderte er sie: Hier war alles Leben dem Machterwerb und Machterhalt einer kleinen Zahl von Aristokraten untergeordnet. Sie forderten von sich ständige Kriegsbereitschaft, kräftigten durch Sport ihre Körper, dezimierten durch systematische Exekutionen Sklaven und Unterworfene, töteten die »Schwachen und Missrathnen« unter ihren eignen Kindern. Gottfried Benns Essay von 1934, *Dorische Welt,* »Eine Untersuchung über die Beziehung von Kunst und Macht«, wird diese Verklärung Spartas zeitgemäß fortführen: Krieg, Sklaverei, Züchtung, Tötung, Männlichkeit, Sport und Kunst hätten im Griechenland des 5. Jahrhunderts v. Chr. zusammengewirkt, um den »größten Glanz der weißen Rasse« erstrahlen zu lassen.[15] Benn hoffte, daß mit dem Umsturz von 1933 die von Nietzsche inspirierte Wiederkehr eines spartanischen Griechenland in Deutschland begonnen habe.

Was Benn 1934 politisch wahrnahm, deutete er als Erneuerung der ältesten Form europäischer Kultur in der jüngsten Manifestation deutscher Macht. Zu Nietzsches Zeit hatte es noch keine Anzeichen für eine solche Zukunft gegeben. Nachdem er von Wagner abgefallen war oder Wagner von ihm, war er isoliert, sich aber dennoch sicher, daß ihm »das Übermorgen« gehören werde. Um diesen Anspruch auf den Besitz der Zukunft zu rechtfertigen, hatte er nichts vorzuweisen als eine beschwörende Sprache. Der junge Ulrich von Wilamowitz-Moellendorff, der später zum führenden Repräsentanten der

Klassischen Philologie werden sollte, verspottete Nietzsches *Geburt der Tragödie* als »Zunkunftsphilologie«; Nietzsches Schreibweise kann man im Ernst als ›Zukunftsstil‹ charakterisieren. Zukunft ist eine Dimension der Zeit, die sprachlich durch das Tempus des Futur erschlossen wird. Auf diese grammatisch präzise Darstellung der Zukunft läßt sich Nietzsche nicht ein; denn die futurische Form des Verbs versichert noch nicht, daß die gedachte Zukunft eintreten werde. Um solches Mißgeschick zu bannen, spricht Nietzsche von der Zukunft, als wäre sie schon Gegenwart, also nicht vorsichtig ›Erst das Übermorgen wird mir gehören‹, sondern seherisch »Erst das Übermorgen gehört mir.« Dieser Kunstgriff erzeugt Gewißheit: Bis übermorgen kann nichts dazwischenkommen; heute schon ist übermorgen.

Auch die Passage aus dem *Fall Wagner* vermeidet das grammatische Futur, obwohl sie von der Zukunft handelt. Diese muß also an anderen Eigenschaften des Textes evident werden. Es ist ein probates Mittel der literarischen wie der religiösen Rhetorik, über die Gegenwart satirisch und polemisch zu sprechen, über die Zukunft gläubig und pathetisch. Für die Passage gilt diese Unterscheidung ebenfalls: Die Gegenwart ist durch Dekadenz geprägt, durch Verarmung, Müdigkeit und Krankheit, die Zukunft durch Aufstieg, Übersicht, Genesung. Die Gegenwart: das sind die anderen; sie leben in einer Zeit, die Nietzsche schon hinter sich hat. Er berichtet von ihr im Präteritum: »nur dass ich das begriff, nur dass ich mich dagegen wehrte.« Die anderen haben diese Gegenwehr versäumt, weshalb bei ihnen noch andauert, was längst Vergangenheit sein könnte. Nach der entscheidenden Wende in der Passage (»Eine tiefe Entfremdung ...«) fehlt im Hauptsatz ein Verb, das die Zeitform zu erkennen gäbe; in einem Nebensatz steht das Präsens (»übersieht, – *unter* sich sieht«). Dennoch verraten Vokabular (»Wunsch«, »Ziel«) und Konjunktiv (»wäre«) hinlänglich, daß von einem künftigen Zustand die

Rede ist. Die Passage legt auf knappem Raum einen weiten Weg von der Vergangenheit über die Gegenwart in die Zukunft zurück. Entsprechend wechselt die Darstellungsweise: Vom Vergangenen wird erzählt, das Gegenwärtige kritisiert, das Künftige in der Ekstase erschaut. Nietzsche fügt Stile zu einer Stilfolge, die den Verlauf von Jahren oder Jahrzehnten als dramatische Entwicklung in wenigen Zeilen nacherleben läßt. Für gewöhnliche Lektüren gilt: wer liest, erlebt Leben, ohne sich ihm auszusetzen. Nietzsche kündigt diese bequeme Absprache zwischen Buch und Leser auf, indem er alle Zeitdimensionen auf den prekären Moment einer Entscheidung zuspitzt, einer Entscheidung zwischen dem Rückfall in die Vergangenheit und dem Aufbruch in eine Zukunft. Diese Zukunft untersteht keinem Tempus mehr, sie ist Erfüllung und Stillstand der Zeit.

Von Anfang an sah Nietzsche in der Vorwegnahme der Zukunft Grund und Ziel seiner intellektuellen Existenz: »nur noch als Kämpfer haben wir gerade in unserer Zeit ein Recht zu existieren, als Vorkämpfer für ein kommendes Saeculum, dessen Formation wir an uns, an unsern besten Stunden nämlich, etwa ahnen können: da diese besten Stunden uns doch offenbar dem Geiste *unserer* Zeit entfremden, aber doch irgendwo eine Heimat haben müssen; weshalb ich glaube, wir haben in diesen Stunden so eine dumpfe Witterung des Kommenden.«[16] Wenn die Zeiten, die doch sonst so unerbittlich dem Gesetz des Nacheinander unterliegen, im Protokoll der besten Stunde sich vermischen, ist die Macht der Zeit gebrochen, »alles Zeitliche, Zeitgemässe« abgetan. Der Wunsch des Philosophen hat sich erfüllt, er ist »zeitlos« geworden. »Über dem Getümmel der Zeitgeschichte lebt die Sphäre des Philosophen und des Künstlers.«[17] An der Passage ist zu beobachten, wie ein Zeitbild – der Niedergang und der Kampf dagegen – einem Raumbild weicht – dem Sehen in die Ferne, von der Höhe herab. In diesen Räumen endet die Macht des Zeitworts. Nichts hindert dann die Rückkehr des »Ur-Einen« und seiner historisch-überhistorischen Repräsentation, der hellenischen Kultur. Ließe sich die Zeit wirklich aufheben und zu einer sich drehenden »Sphäre« umbilden, so würde »die Wiederkunft des Gleichen« eintreten, die Nietzsche als seine letzte Erkenntnis lehren wollte.

18

Vornehm

Die Passage aus dem *Fall Wagner* teilt dem Leser mit, daß zwischen dem Autor und den gewöhnlichen Menschen, zwischen dem Ich und den anderen, ein wesentlicher Unterschied bestehe. (Der Leser wird sich daraufhin anstrengen, nicht zu den Gewöhnlichen zu zählen.) Dem Autor gehören auch die Rollen des Philosophen und Parteigängers Zarathustras; die anderen sind als anonyme Masse bewußtlos in kollektive Gegebenheiten und Prozesse eingebunden, in die Zeit, den Niedergang, das verarmte Leben, mit einem Wort: in die »Thatsache Mensch«. Von dieser Masse entfernt sich schrittweise das Ich, um ins Zeitlose und Erhabene aufzubrechen. Es nimmt sich von den Vielen aus; es ist also eine Ausnahme; es ist »vornehm«. Dieses Wort liebt Nietzsche so sehr, daß er sich einmal selbst zur Mäßigung mahnen muß: »Vermeiden der Worte ›vornehm‹ und überhaupt aller Worte, worin eine Selbst-In-Scenesetzung liegen könnte.«[1]

In der Passage wächst von Zeile zu Zeile die zeitliche und räumliche Distanz zu der gewöhnlichen Welt. Eben durch das »*Pathos der Distanz*« hat Nietzsche »Vornehmheit« definiert, wobei sich der räumliche Abstand von oben und unten als Umschreibung sozialer Distinktion zu erkennen gibt: »Das Pathos der Vornehmheit und Distanz« sei »das dauernde und dominirende Gesammt- und Grundgefühl einer höheren herrschenden Art im Verhältniss zu einer niederen Art, zu einem ›Unten‹.«[2] In *Jenseits von Gut und Böse* nimmt die Frage »was ist vornehm?« das gesamte »Neunte Hauptstück« ein.

Als Voraussetzungen, Kennzeichen und Ziele der Vornehmheit werden hier angeführt: aristokratische Gesellschaft, Rangordnung der Menschen vom Herrn bis zum Sklaven, Griechenland als Vorbild, »Selbst-Überwindung«, Verachtung des Nützlichkeitsdenkens, Strenge gegen sich selbst und Härte gegen andere, Züchtung der eigenen Art, Unnachgiebigkeit bei der Erziehung der Jugend und der »Verfügung über die Weiber«, Egoismus, tiefes Leiden, »Instinkt der Reinlichkeit«, Ehrfurcht vor sich selbst. Unvornehm sei es, wie Sklaven, Bürger, Frauen, für andere zu existieren, vornehm dagegen, wie der Aristokrat, der Philosoph, der Künstler, den Zweck der Existenz in sich zu tragen. Der soziale Gegensatz von Vornehm und Gemein ruhe auf einem tieferen Fundament als der moralische Antagonismus von Gut und Schlecht, der sich von jenem erst herleite: aristoi, die Besten in jeder Hinsicht, nannten sich die griechischen Aristokraten; Adelige sind edel.

Der Begriff des Vornehmen verschafft Nietzsches Idol des Genies und des Führers einen sozialen Hintergrund, denn »vornehm« bezeichnet eine dauerhafte Haltung, die nicht nach einzelnen Heldentaten und Geniestreichen wieder erlischt. Genies sind selten, Gelegenheiten zu einer großen Tat ebenfalls, der Führer wird erst in der Zukunft erscheinen; vornehm aber dürfen einige, die das Schicksal begünstigt hat oder die sich um Stil bemühen, jetzt schon sein. Held, Genie, Führer sind einsam; die Vornehmen dagegen – eine Vorstufe zu diesen Ausnahmeerscheinungen – erfreuen sich am geselligen Umgang miteinander, an wechselseitiger Anerkennung, am »Pathos der Distanz« zu den Nicht-Vornehmen. Wer vornehm ist, hat sich, obgleich er Mensch ist, über die »Thatsache Mensch« erhoben; nach dem Ende der aristokratischen Gesellschaft bewahrt er den »*letzten Edelsinn*«.[3] Die Vornehmen bilden, wie früher die Adelskaste, eine Klasse für sich, wenngleich die Zugehörigkeit zu ihr nicht streng geregelt ist. Durch Stil und intellektuelles Ansehen kann das fehlende Adelsprädikat leichter aufgewogen werden als durch Reichtum. Deshalb eignet sich das Adjektiv »vornehm« besonders dazu, Schriftstellern, Künstlern und sogar einigen Gelehrten eine gesellschaftliche Sonderstellung zu verschaffen, die ihnen den Zugang zu Adelskreisen öffnet. Wer keine Ländereien hat, pocht klugerweise auf den Rang des »Geistes«. *Adel des Geistes* nannte Thomas Mann 1948 eine Sammlung seiner Essays[4] – eine Standesbezeichnung, die sich Schriftsteller im 20. Jahrhundert am liebsten und ohne große Umstände verliehen. Gegen alles Bürgerliche und Vulgäre opponieren die bürgerlichen Künstler und Künstlernaturen leidenschaftlicher noch als die geborenen Aristokraten. Gehören also nicht beide, Standes- und Gefühlsadelige, dieser neuen, überständischen Welt der Vornehmheit an? Daher ist das Gütesiegel »vornehm« durch inflationäre Verwendung bedroht.

Es ist nicht leicht, in der modernen Welt vornehm zu sein. »Die antike Färbung der Vornehmheit«, bemerkte Nietzsche, der die Gegenwart an der Antike zu messen gewohnt war, »fehlt uns, weil unserem Gefühle der antike Sclave fehlt.« Dieser »*Mangel der vornehmen Form*« liege in der bürgerlichen Ökonomie begründet, in der die »Arbeiter« im »Arbeitgeber« (schon Nietzsche kennt das Wort) nicht den Herrn respektieren, sondern den Profitgierigen verachten. Tritt das Geldinteressse, das Arbeiter und Kapitalisten einzig verbindet, an die Stelle des Rangunterschieds, so könne es keine Herren, also auch keine Vornehmheit geben.[5] Nicolaus Sombart, der in seinen Erinnerungen an die Zeit vor dem Zweiten Weltkrieg den Überbleibseln der guten Gesellschaft nachspürt, entscheidet mit einem schlichten, aber einleuchtenden Kriterium die Frage, wer ein »Herr« sei: »Es geht einfach um die Frage, was ist ein ganzer Mensch. Entweder ist er ein Herr, dann hat er einen Diener, oder er hat keinen, dann ist er kein Herr mehr!«[6] Dennoch verleiht Sombart, ein Zugeständnis an die gängige Metapher »Adel des Geistes«, das Prädikat »vornehm« auch Leuten, die keine Diener haben. Bekanntlich sterben im 20. Jahrhundert die Diener aus – ein bedeutender Vorgang für die Geschichte des Geistes. Soweit nicht Maschinen an die Stelle der Diener treten, müssen die Herren und Damen nun selbst für die gröberen Bedürfnisse des Leibes und des Haushalts sorgen. Darüber gerät der Glaube an die Autonomie und Vornehmheit des Geistes ins Wanken. Heute wird das Wort »vornehm« nur noch ironisch zitiert.

»Vornehm« gehörte zum Wortschatz von Personen, die nicht durch adelige Herkunft selbstverständlich vornehm waren. In den Memoiren von Helene von Nostitz, der Enkelin des deutschen Botschafters in Paris, Graf Münster, kommt das Wort »vornehm« nur zweimal vor, obwohl sie vor allem von der Welt der Hocharistokratie erzählt: einmal, um eine mit »vornehmer négligence« ausgeführte Handbewegung des Kaisers Franz Joseph zu beschreiben, ein andermal, um die »unendlich vornehme Allüre« zu rühmen, mit der die Windhunde ihres Großvaters die Pfote hoben.[7] Auf eine ganze Person wendet sie das Wort nicht an. Anders hielten es die bürgerlichen Schriftsteller, mit denen Helene von Nostitz ebenfalls umging. Sie nahmen, um als unzeitgemäß zu erscheinen, sich und ihresgleichen mit großzügiger Gewähltheit in den Orden der Vornehmen auf. Dabei ließ sich die »Selbst-In-Scenesetzung«, die Nietzsche zuweilen doch etwas peinlich war, nicht vermeiden. Auch er bescheinigte sich adelige Abstammung: »Ich bin ein polnischer Edelmann pur sang [...] Ich habe gegen Alles, was heute noblesse heisst, ein souveraines Gefühl von Distinktion.«[8] Deshalb darf er getrost auf den Adelsnamen eines ›Friedrich von Nietzsche‹ verzichten. »Eine Grundgewissheit, welche eine vornehme Seele über sich selbst hat«,[9] ersetzt Schloß, Stammtafel und Familienwappen.

Um 1900 arbeiteten viele Schriftsteller an der Verschönerung ihres Namens, damit er vornehmer klinge. Hugo von Hofmannsthal hätte eigentlich nach seinem frisch nobilitierten Vater ›Hugo Hofmann von Hofmannsthal‹ heißen müssen, doch unterdrückte er den an die bürgerliche Vergangenheit der Familie Hofmann erinnernden Namensteil. René Rilke ließ seinen Vornamen zu »Rainer Maria« erblühen und stellte sich durch eine historische Notiz zu Beginn seiner *Weise von Liebe und Tod des Cornets Christoph Rilke* selbst ein Adelsdiplom aus: »den 24. November 1663 wurde Otto von Rilke / auf Langenau / Gränitz und Ziegra / zu Linda mit seines in Ungarn gefallenen Bruders Christoph hinterlassenem Antheile am Gute Linda beliehen.«[10] Rudolf Borchardt behauptete kühn, daß von seiner Großmutter Emilie Leo »zu stammen adlig macht.«[11] Als Karl Eugen Gass Borchardt in dessen gemieteter toskanischer Villa besuchte, fiel ihm der zwiespältige Habitus des bürgerlichen Mieters im aristokratischen Ambiente auf: »er wünscht sehr, als Aristokrat und Herr zu erscheinen, und mit etwas steifer Grandezza teilte er uns mit, daß die Villa Bernardini eine Zeitlang im Besitz der Schwester Napoleons gewesen sei, die nebenan, in dem klassizistischen Himmelbett, geschlafen habe.«[12] Stefan George hob zunächst den Wohlklang seines Namens, indem er die französische Aussprache (›Schorsch‹) durch die deutsche ersetzte; dann korrigierte er die Namen seiner Jünger: Die Brüder Gundelfinger hießen jetzt Gundolf, aus Frank Mehnert wurde Victor Frank, aus Fritz Wolters Friedrich Wolters, in Edgar Salins Schweizer Familiennamen wurde die Betonung von der ersten auf die zweite Silbe verschoben. Dazu kam, daß George in seinen Kreis viele Adelige aufgenommen hatte. Das größte Geschick, mit der Aristokratie in ein vertrautes und vorteilhaftes Verhältnis zu kommen, bewies Rilke.[13]

Dichter hielten sich schon immer mit Vorliebe an Fürstenhöfen auf, wo sie für den Vortrag ihrer Lieder und Epen entlohnt wurden. Von den homerischen Zeiten bis ins 18. Jahrhundert dienten die Hofdichter dem Festschmuck der Herren, von denen sie durch eine soziale Kluft geschieden waren. Zu den revolutionären Veränderungen am Ende des 18. Jahrhunderts gehörte auch, daß Dichter den Rang von Aristokraten beanspruchten und erhielten. Durch die Nobilitierungen Goethes und Schillers wurde dieser Rang öffentlich anerkannt. Der mittelalterliche König Karl in der *Jungfrau von Orleans* räumt den Dichtern eine Stellung ein, wie sie Schiller selbst einzunehmen trachtete: »Sie stellen herrschend sich den Herrschern gleich [...] Drum soll der Sänger mit dem König gehen, / Sie beide wohnen auf der Menschheit Höhen!« (V. 481–485). Allerdings tröstet sich der König damit, daß das »harmlos Reich« der Dichter »nicht im Raume liegt«. Doch im Künstlerroman, dessen Muster *Wilhelm Meisters Lehrjahre* vorgaben, teilen sich Künstler und Aristokraten bereits den gemeinsamen gesellschaftlichen Raum. Wilhelm Meister, Kaufmannssohn und Kunstenthusiast, öffnet sich durch Theaterspiel, Liebesaffären, Geschäftsverbindungen und Eheschließung den Zugang zur Adelswelt. Novalis, als Friedrich von Hardenberg ein echter Adeliger, verspottete Goethes Roman als »Wallfahrt nach dem Adelsdiplom«.[14]

Aus dem poetischen Spiel in einem »harmlos Reich« zog Nietzsche moralkritische, soziale und politische Konsequenzen. Er ersetzte die christlich-bürgerliche Wertskala von Gut und Böse durch den ästhetisch-feudalen Antagonismus von »*Edel und Gemein*«[15] und propagierte für sich und seinesgleichen »*die aristokratische Absonderung von der Menge*«.[16] Eine der ersten Interpretationen Nietzsches, in den achtziger Jahren von dem dänischen Kritiker Georg Brandes unternommen, charakterisierte sein Werk als aristokratischen Radikalismus. Michael Georg Conrad beobachtete 1895 die ersten Wirkungen Nietzsches in der jüngsten Generation von Dichtern und Künstlern (also bei der Generation, zu der auch George, Hofmannsthal und Rilke gehören): Sie »fühlten sich plötzlich unbeschreiblich *aristokratisch*. Und je fragwürdiger ihre Herkunft und Existenz, desto bestimmter war ihre über

Nacht gewachsene Vornehmheit«, wofür ihnen Zarathustras »Übermenschentum« die Parole geliefert habe.[17] Sobald sich das Aristokratische als Anspruch und Geste von dem exakt umschriebenen Stand der Aristokratie ablöste, wurde es zum Erkennungszeichen einer intellektuellen Aristokratie. Im »Pathos der Distanz« habe Nietzsche, so pflichtete ihm der Soziologe Georg Simmel bei, einen neuen ethischen Wert entdeckt, so sehr dieser auch den hergebrachten Moralbegriffen widerstreite: »Mit dieser Betonung der Distanz hat Nietzsche eine Wertkategorie eingeführt, die, so wirksam sie in der Wirklichkeit des Lebens ist, in der Ethik bisher so gut wie unbekannt war: die Vornehmheit. Dies ist ein innerer Wert, der auf keinen anderen ganz zu reduzieren ist.«[18] Da Vornehmheit ein »innerer Wert« ist, also allein vom Selbstgefühl des Vornehmen abhängt, verbreitete sich dieser Wert epidemisch in einer intellektuellen Gruppe, deren Status und Funktion in der modernen Gesellschaft nicht sicher anzugeben war. Marginalität läßt sich leicht als gewollte Distanz ausgeben.

Es versteht sich von selbst, daß Vornehmheit eine Gesellschaft von Nicht-Gleichen voraussetzt oder, falls sie noch nicht existiert, herzustellen versucht. Der ästhetische Habitus der Distanz zitiert eine politische Ordnung. Am wenigsten vornehm ist die Demokratie. In der Epoche des allgemeinen Wahlrechts beharrte die Partei der »Vornehmen« darauf, daß »eine lange Leiter der Rangordnung und Werthverschiedenheit von Mensch zu Mensch« den Menschen vom Menschen trenne und daher eine »beständige Übung im Gehorchen und Befehlen, Nieder- und Fernhalten« nötig sei.[19] Auf die erneut von ihm gestellte Frage »was ist vornehm?« antwortet Nietzsche: »Daß man der *großen Zahl* nicht durch Worte, sondern durch Handlungen beständig widerspricht.«[20] An ihr Ziel gelangt Vornehmheit erst, wenn eine dauerhafte Herrschaft, also dauerhafte Ungleichheit gesichert ist. Simmel zieht die politische Konsequenz aus Nietzsches Vorgaben: »In Anbetracht der tatsächlichen und nur in einer Utopie zu beseitigenden Ungleichheit in den Qualitäten der Menschen ist die ›Herrschaft der Besten‹ jedenfalls diejenige Verfassung, die das innere und ideelle Verhältnis der Menschen am genausten und zweckmäßigsten in ihrem Äußern zum Ausdruck bringt.«[21] Die selbsternannte Elite, deren Mitglieder sich gegenseitig als »vornehm« titulierten, entwarf einen Staat, in dem das Grundmaß der Demokratie, die »*große Zahl*«, nicht gelten sollte. Die »Herrschaft der Vornehmen«, also der Wenigen, ist ein politisches Ziel, das aus einem ästhetischen Werturteil hervorgeht; »vornehm ist dies Verschmähen des roh Alltäglichen, der Fühlart von Markt und Gasse«, also der Vielen.[22] Eine »Nation«, so lehrten die Schüler Nietzsches, bestehe nicht aus der Gesamtzahl der Einwohner, sondern existiere vorläufig nur als »*Minderheit*, die geheiligte Auslese über dem Pöbel, die Vorform eines neuen Volkes zu der das Morgen ›Ja‹ sagen kann.«[23] Die mit einem außergewöhnlichen Sprachvermögen begabte Minderheit spricht dem Volk die Formeln vor und die Formen zu, die es dann zum »Volk« unter der Führung der Vornehmen zusammenschließen.

Kunst und Kultur sind heute, weit über alle Hoffnungen der Romantiker und der Kommunisten hinaus, zum Volksvermögen geworden. In dieser Zeit, da der freie Zugang zur ästhetischen Sphäre demokratische Praxis geworden ist, klänge der Satz, mit dem Thomas Mann Nietzsches Ansicht über Kultur referiert und sich zueigen macht, brüskierend: »Kultur, das ist die Vornehmheit des Lebens.«[24] Noch befremdlicher als Simmels These, am zweckmäßigsten sei die »Herrschaft der Besten«, muß heute der ihr folgende Satz wirken: »Dies ist vielleicht der tiefste Grund, aus dem Künstler so oft aristokratisch gesonnen sind.« Heute tun Künstler oft genug ihre demokratische Gesinnung kund. Peter Behrens jedoch entwarf eine Zarathustra-Villa als Mittelpunkt der Künstlerkolonie auf der Darmstädter Mathildenhöhe. – Es läßt sich nicht bestreiten, daß selbst im Zeitalter der Demokratie die Kunstwerke undemokratisch nach ihrem Rang geordnet sind und diesem Rang entsprechend die Massen anziehen, die nicht nach Rang geordnet sind. Kenner, Gelehrte und Künstler stimmen in dem Urteil überein, daß einigen Werken der Kunst- und Literaturgeschichte ein hoher, höherer, höchster Rang zukomme. Über den Wert von Kunstwerken entscheidet die kleine Zahl der Spezialisten, nicht die »große Zahl« der Masse. Darum eignet sich das Kunsturteil zum Modell elitären Denkens in einer egalitären Gesellschaft, und darum sind alle Apologeten der Vornehmheit durch die Schule der Schönheit gegangen. Wo alles gleich wird und sich nur durch meßbare Quantitäten unterscheidet, unterscheiden sich Kunstwerke durch unmeßbare, aber spürbare Qualitäten.

Seit dem 19. Jahrhundert verlieren Herkommen und Sitte ihre Bedeutung für das soziale und kulturelle Verhalten. Eine »ästhetische Erziehung«, wie Schiller sie vorsah und vorhersah, sollte an die Stelle schwindender Traditionen treten. Durch den intensiven Umgang mit Literatur und Kunst – bei Nietzsche sind dies die antike Poesie und die romantische Musik – entsteht individuelle Kultiviertheit, »die Vornehmheit des Lebens«. Die Kunst – wenigstens in der Gestalt, die sie bis ins 19. Jahrhundert hatte – gibt ihrem Betrachter den träumerischen Gedanken ein ›So schön könnte das Leben sein‹ und erregt den Wunsch, das Leben nach Maßgabe eines Kunstwerks zu stilisieren. Der Archäologe Ludwig Curtius erinnert sich an den Lebensstil in den Florentiner Villen, die um die Jahrhundertwende die Bildhauer Adolf (seit 1903: von) Hildebrand und der Maler Johann Ernst Sattler bewohnten: »Wenn von den Mädchen eines mit einem silbernen Reif in den blonden Locken neben den Zitronenbäumen in ihren großen roten Tonkübeln auf der Terrasse Mandoline spielte und die anderen dazu sangen, so war es, als sei eine Gruppe musizierender Engel aus einem Bilde des Giovanni Bellini lebendig geworden.« In der anderen Villa herrscht das »Monalisalächeln« der Hausherrin, die »einen Gesang des Homer griechisch oder den Tacitus lateinisch« studiert und der Künstlerresidenz »den Stil gab, als wäre es ein Fürstenhaus.« Für diese Lebensweise sei die »schöne Welt« ein »im Hildebrandischen Kreise beliebter Ausdruck« gewesen.[25] Gegen das »*verarmte* Leben«, das Nietzsche als Folge der christlich-bürgerlichen Moral beklagte, stellten die Künstler und ihre Interpreten beflissen ein reiches Leben von dionysisch-apollinischer Schönheit.

Der Stil von Kunstwerken setzte sich – als hätte es Kants Unterscheidung von praktischer Vernunft und ästhetischer Urteilskraft nie gegeben – in einem Leben fort, das sich vornehm von der nicht-schönen Welt abgrenzte. Es bedurfte nur noch eines weiteren Schritts, um aus der Superiorität von »Geist« und »Form«, den Leitbegriffen des ästhetischen Aristokratismus, ein Modell sozialer Distinktion und politischer Macht herzuleiten. 1939 blickte Heinrich Mann aus eigener Erfahrung auf die Wirkungen von Nietzsches Philosophie der Vornehmheit zurück, wovon die bürgerliche Jugend der Jahrhundertwende bezaubert gewesen war. »Er stellte an die Spitze seiner geforderten Gesellschaft den stolzen Geist, – warum nicht uns selbst? Nach uns der König, die Adligen und Krieger, dann lange nichts. Welcher Zwanzigjährige läßt sich das zweimal sagen?«[26] So wurde es populär, vornehm zu sein. Scheiterte der Jüngling mit dem Vorhaben, ein vornehmer Herr zu werden, so konnte er sich immer noch mit der Überzeugung trösten, auf jeden Fall zu einem vornehmen Kollektiv, zur »Herrenrasse«, zu gehören.

19

Die Stile und der Stil

Wie man Wörter zu schreiben hat, was sie bedeuten, welche Sätze korrekt sind – diese Grundregeln des Schreibens liegen fest und lassen sich in Wörterbüchern, Lexika und Grammatiken nachschlagen. Für den Stil jedoch, den man schreibt, den man schreiben möchte oder an anderen bewundert, gibt es keine Regeln, sondern nur Kritik und Ratschlag, Vorliebe und Abscheu – wie beim Umgang mit Kunstwerken. Stil bezeichnet also die ästhetische Seite des individuellen Sprachgebrauchs. Rhetorik läßt sich lehren, Stil dagegen ist eine Fähigkeit, wenn nicht gar eine Eigenschaft des Schreibenden, die wie angeboren wirkt, obwohl sie sich spät erst entwickelt und bewußter Änderung unterliegt.

Da Stil schwer zu erwerben ist und da nur wenige so schreiben, daß man von ihrem Stil spricht, gilt er als Adelstitel des Prosaschriftstellers. ›Stil‹ und sein Resultat, ›Prosa‹ (es ist nicht üblich, von ›lyrischem Stil‹ zu reden), veränderten sich im späten 19. Jahrhundert von Sachbegriffen zu Auszeichnungen. Der Wortschatz gibt die Gegebenheiten und Begebenheiten der Welt wieder, die Syntax stellt logische Beziehungen zwischen ihnen her, der Stil jedoch verweist auf nichts als das künstlerische Vermögen des Autors. Vornehm ist Stil, weil er seinen Zweck in sich trägt (doch gerne zeigt, daß er ihn in sich trägt) und nicht so leicht wie die Mittel der Rhetorik erkennen läßt, daß er auf Wirkung berechnet ist. Rhetorische Auftritte glücken oder mißglücken während ihres Auftritts; Stil aber rettet einen Text manchmal für die Nachwelt, in der das, wovon der Text handelt, fast gleichgültig geworden ist. In der Antike und in der frühen Neuzeit war ›Stil‹ ein untergeordneter Terminus der Rhetorik; er bestimmte, welche Wörter (verba) welchen Gegenständen (res) angemessen seien: erhabene Wörter den erhabenen Gegenständen, schlichte den schlichten. Doch durch Nietzsches Forderung und Beispiel wird Stil zum obersten Ziel des Prosaschriftstellers und zum wichtigsten Kriterium des Urteils über ihn. Selbst beim historischen Rückblick auf die ältere Literatur, die den Geboten der Rhetorik unterstand, dominiert nun der Stilbegriff. Eduard Nordens Buch über *Die antike Kunstprosa*, 1898 erschienen und heute noch ein Standardwerk, will eine »Stilgeschichte« sein. Wenn Nietzsche anführt, was er »den Alten verdanke«, so rühmt er deren Stil, vor allem den der horazischen Ode, als »*vornehm* par excellence«.[1]

Stil schafft in der Sprache eine Distinktion wie Vornehmheit unter den Menschen. Stil hat die schlichte Norm der Korrektheit hinter sich gelassen. (Die Sätze der Passage aus dem *Fall Wagner* sind nicht korrekt, sondern stilvoll inkorrekt.) Wer so schreibt, daß ein Stilwille erkennbar wird, zieht daraus das Bewußtsein seiner Überlegenheit und Einsamkeit. Was Borchardt an Hofmannsthal rühmt, trifft generell auf solche Schriftsteller zu, deren vornehme Sprache und Haltung sie über die Banausen ihrer Zeit hinausheben: »Die Ferne des Lebens vom Leben, die seine gramlosen Augen sehen, heißt Stil. Die Notwendigkeit, die er gebietet, heißt Form.«[2] Fehlen Stand, Reichtum, Titel und Macht als Mittel der Abgrenzung (Schriftstellern fehlen sie, wie Borchardt aus eigener Erfahrung wußte, meistens), so können Stil und Form als Ersatz dienen. Der gebieterische Ton – »die Notwendigkeit, die er gebietet« – steht dabei den aristokratischen Gesten gesellschaftlich anerkannter Superiorität wenig nach. Bereits der Dandy entdeckte, daß der Stil von Kleidung und Umgangsformen die Ferne des eigenen Lebens vom Leben der anderen zu demonstrieren und diese zu beeindrucken vermag. Unter stilbewußten Schriftstellern ist der Typ des Dandy nicht selten; Heine, George, Borchardt, der junge Hofmannsthal wandelten das englische Vorbild ins Deutsche ab. Geldknappheit beschränkte bei den deutschen Dandys jene Eleganz, mit der die englischen Exzentriker, von George Brummell bis Oscar Wilde, die gute Gesellschaft verblüfften. Die deutschen Nachahmer mußten sich auf eine preiswertere Darstellung von Stil konzentrieren, auf den Sprachstil.

Zu der Zeit, da Nietzsche seinen Stil und seine Reflexionen über Stil entwickelte, erstreckte sich der Begriff bereits auf ein zweites Gebiet, außerhalb der Sprache: auf die Kunststile, die vergangenen wie die aktuellen. Der historische Blick des 19. Jahrhunderts beobachtete, daß Bauten oder Gemälde bei gleicher Aufgabenstellung zu verschiedenen ästhetischen Lösungen kamen, abhängig von der Zeit oder dem Künstler. Diese Unterschiede des Ornaments, der Bildkomposition ließen sich wie die Machart eines Textes betrachten und auf einen bestimmten Stilwillen oder Stilzwang zurückführen. So viele Stile waren von der Kunstgeschichte entdeckt, so viele standen nun den Künstlern zur Auswahl, daß die Fülle zunehmend als Last empfunden wurde. Anders als bei der Stilkritik der Sprache genügte den bildenden Künsten des 19. Jahrhunderts nicht das Kriterium ›gut oder schlecht‹, vielmehr mußten sie sich zwischen klassischem, gotischem, florentinischem und vielen anderen möglichen Stilen entscheiden. Die Frage *In welchem Style sollen wir bauen?* trug schon 1828 eine Schrift des Karlsruher Baudirektors Heinrich Hübsch im Titel. Architektur und Inneneinrichtung des 19. Jahrhunderts probierten eine Vielzahl von Stilen aus, allesamt Zitate aus der Vergangenheit: Klassizismus, Orientalismus, Neogotik, Neorenaissance, Neobarock und einige mehr. Hinzukam das kunsthistorische Wissen über Stile aller Zeiten und Kulturen, wie sie von Museen gesammelt und in Büchern beschrieben waren. Nietzsche wandte sich bereits 1873 gegen die desorientierende Pluralität beliebiger, frei wählbarer, überlebter und wiederbelebter Stile: »Kultur ist vor allem Einheit des künstlerischen Stiles in allen Lebensäusserungen eines Volkes. Vieles Wissen und Gelernthaben ist aber weder ein nothwendiges Mittel der Kultur, noch ein Zeichen derselben und verträgt sich nöthigenfalls auf das beste mit dem Gegensatze der Kultur, der Barbarei, das heisst: der Stillosigkeit oder dem chaotischen Durcheinander aller Stile.«[3] Gegen das gegenwärtige Chaos der Stile stellte Nietzsche die Einheit jener Kulturen, die jeweils nur einem einzigen Stil gehorchten. Wiederum war dafür die griechische Kultur das Modell.[4] Doch plädierte Nietzsche nicht für die klassizistische Wiederholung von Einzelformen, sondern für die Wiederkehr einer der griechischen Kultur analogen Stileinheit in der Moderne. Seine Sätze drängten auf diese Zukunft hin, in der sämtliche Bereiche des Lebens so sein würden, wie vorerst lediglich Nietzsches Sprache es war.

Wollte Kunstgeschichte, die im 19. Jahrhundert entstanden war, eine wissenschaftliche Disziplin werden, so mußte sie sich vom klassizistischen Konzept des einen richtigen Stils (neben dem, so lautete das Vorurteil, es nur Verfall und Verirrungen gab) verabschieden und die Pluralität von Stilen anerkennen, die sich dem historischen Verständnis erschlossen. Jeder dieser Stile hatte in seiner Epoche sämtliche Erscheinungen der Kultur durchdrungen, besaß also einen absoluten Wert in seiner Zeit, jedoch nur einen relativen Wert im Wechsel der Zeiten. Selbst Nietzsche, der das griechische Vorbild nie vergessen konnte, erwog 1879, ob nicht dem »Barockstile« ein relatives Recht zuzugestehen sei; immerhin habe er durch »die Beredtsamkeit der starken Affecte und Gebärden, des Hässlich-Erhabenen, der grossen Massen, überhaupt der Quantität an sich« Literatur und Rhetorik, die »bildenden wie musischen Künste« seiner Zeit geprägt.[5] Das 19. Jahrhundert war das erste, dem das naive Zutrauen zu einem Stil ohne Alternativen abhanden gekommen war. Die Kunsthistoriker betrieben Stilgeschichte, die Künstler suchten nach einem Stil. So stand die Verfügbarkeit aller Stile der Sehnsucht nach einem einzigen Stil im Weg. Doch das Wort ›Stil‹ – zugleich ein Begriff, ein Thema, eine Erkenntnis, eine Idee, ein Wunsch – vereinigte die entgegengesetzten Tendenzen. ›Stil‹ bezeichnete um die Jahrhundertwende mehr als die Eigenart des sprachlichen und künstlerischen Ausdrucks; er bedeutete ein Ideal, das zur Verehrung der Vergangenheit, zur Kritik der Gegenwart und zu einem Entwurf der Zukunft berechtigte.

Sofern es möglich ist, aus dem falschen Leben heraus für die Zukunft ein richtiges zu erdenken, kann diesem auch nur ein einziger, der richtige Stil angemessen sein. Um 1900 wurde die »Sehnsucht nach Stil« allgemein.[6] Endlich sollte der Plural der Stile dem Singular des Stils weichen. Dessen erste Realisation nach der Epoche des Historismus war der Jugendstil. Ein einheitlicher Entwurf hielt Vorschläge für die Reform der Lebensweise und für die Revolution der Kunst parat. Kaufhäuser wie Siegfried Bings »L'Art Nouveau« in Paris versorgten ihre Kunden mit einem Design, das Frühstückstassen und Statuen, Halsketten und Gemälde zeitgenössischer Künstler aufeinander abstimmte.[7] Dieser erste umfassende Kulturstil der Moderne versprach allen, die ihn übernahmen, daß jeder Augenblick ihnen das Gefühl vermitteln werde, den richtigen Stil zu leben. Allerdings nahm nur eine kleine avantgardistische und wohlhabende Elite an diesem Experiment eines Totalstils teil. Er war ein Angebot, aber kein Zwang. Der totalitäre Stil kam erst später.

Frühere Epochen der Kultur hatten einen Stil, meistens ohne ihn benennen zu können (während beim Anbruch der Moderne die Manifeste in der Ankündigung von Stilen wetteiferten, von denen manchmal nur der Name zustande kam). Nie aber war er ihr höchster Wert; den glaubten sie in ihrer

Religion, ihrer Sitte zu besitzen; Stil war lediglich eine Begleiterscheinung. Wandte sich im 19. Jahrhundert die Kunstgeschichte jenen Epochen zu, so teilte sie mit ihnen nicht mehr deren Religion und Sitte, bemerkte jedoch an den erhaltenen Resten der Kultur, und nicht nur der Kunst, einen je einheitlichen Stil (der oft den einzigen Anhaltspunkt für die Datierung und Zuordnung dieser Reste bot). Der Stil, so folgerten daraus die Kunsthistoriker und Kulturphilosophen, ist das einzige, was von der Vergangenheit im wesentlichen übrigbleibt, das einzige, was einer Epoche eine wirkliche Einheit gewährt, sinnlicher und geistvoller als die Chimären der Religion und der Sitte. Bei diesem neidvollen Rückblick auf Epochen eines geschlossenen Stils wird der Kulturkritik bewußt, was Stil für eine Kultur leistet, was er also für eine künftige Kultur leisten könnte. Stil schließt den Horizont einer Kultur ab, macht sie unangreifbar für Kritik, ist einzigartig und beherrschend, in sich notwendig, nach außen abgegrenzt, in seinen Grundlagen irrational. Stil trifft Entscheidungen: dies paßt zu ihm, dies nicht; er schließt mehr aus als ein. Er zieht ein schmale, abstrakte Grenzlinie durch die grenzenlose Fülle des Wirklichen und Möglichen. Stil erfordert Askese, den Verzicht auf alles Stillose, und sei es noch so verführerisch; er ist einfach, da er es erlaubt, das meiste auf der Welt als stillos zu verwerfen. Er hat keinen Bezug zu den dringlichen Angelegenheiten der Lebenspraxis; er ist auch, da er sich in Formen darstellt, nicht aus Sachverhalten zu begründen; er tritt aber mit solcher Überzeugtheit und Bestimmtheit auf, daß er die ästhetische Illusion von Sinn und Gehalt hervorruft. »Der grosse Stil entsteht, wenn das Schöne den Sieg über das Ungeheure davonträgt.«[8]

Wegen dieser Eigenschaften von »Stil« ist seine Proklamation dazu prädestiniert, rigide Lebensformen in geschlossenen Gesellschaftsformen zu empfehlen, zu erzwingen. »Stil ist alles!«, erkennt Goebbels' Romanfigur Michael, »Stil ist Übereinstimmung zwischen Gesetz und Ausdruck. Wer Stil haben will, muß beides haben, Gesetz und Ausdruck. So heißt denn Stil haben nichts anderes, als alles das als selbstverständlich tuen, wirken, leiden und gestalten, was dem eigenen Gesetz entspricht.«[9] In die Offenheit und Liberalität des modernen Lebens führt Stil ein »Gesetz« ein, zunächst für den einzelnen, dann – sobald der Einzelne die Macht erlangt hat – für alle. So vermittelt Goebbels' Stillehre zwischen seinen beiden Vorbildern, zwischen George, der ein Stilgesetz für sich und seinen Kreis aufstellte, und Hitler, der mit seinen Anhängern für ein ganzes Volk neue Formen der Kleidung, des Grüßens und der Aufmärsche erfand.

Lange hatte man beklagt, daß es den Deutschen an Stil fehle; darum sollte er, wie Rudolf Kassner forderte, nun endlich geschaffen werden: »Was ist deutscher Stil! Es ist nämlich ganz gut, sich zu erinnern, dass auch die Deutschen Stil haben, d. h. die Fähigkeit besitzen, Stil zu schaffen, da man bei uns, wenn man von Stil spricht, meist an den englischen, französischen, japanischen oder sonst einen Stil denkt.«[10] Schon Nietzsche sah in der »Bildung *des deutschen Stils* im Leben Erkennen Schaffen Reden Gehen usw.«[11] eine Aufgabe, die an keine deutsche Tradition anknüpfen konnte. Oder doch an eine? In einer Gestalt, abseits der Kunst und doch angeblich der künstlerischen Form verwandt, entdeckte Nietzsche ein unerwartetes Vorbild für den deutschen Stil der Zukunft: »Mein Ausgangspunct ist der preussische Soldat: hier ist eine wirkliche Convention, hier ist Zwang, Ernst und Disciplin, auch in Betreff der Form.«[12] Hatte sich in anderen Kulturen die Vorherrschaft eines Stils zwanglos ergeben, so bedurfte es zur Einführung von Stil bei einem stillosen Volk der Zwangsmittel, und zwar solcher, die sich am leichtesten verordnen und durchsetzen ließen, also militärischer. So entstand, was entstehen sollte: der soldatische Stil. Er trat zunächst unter dem Namen »preußischer Stil« auf.

Der Preußische Stil heißt ein Buch von 1916, in dem Arthur Moeller van den Bruck den architektonischen Klassizismus Gillys und Schinkels als monumentalen Ausdruck eines »kargen Staates« feiert. Das Kapitel »Stil« verschmilzt eine metaphysische Erhöhung dieses Begriffs mit dem Lob preußischer Härte zum Bild eines künftigen deutschen Gewaltstils und Gewaltstaats. Die große Vergangenheit und noch größere Zukunft eines künstlerisch-militärisch-politischen Gesamtstils versucht Moeller van den Bruck durch eine Diktion zu beschwören, die keinen Widerspruch duldet:

Stil ist geistige Kunst. – Das reine Sein hat einst den Menschen erdacht. – Im unreinen Sein wurde der Mensch verwirklicht. – Im Stil findet der Mensch wieder zu seinem Ebenbilde zurück. – Stil ist Bewußtsein. – [...] Deshalb ist Stil nur auf geistiger Grundlage möglich, auf mythischer oder religiöser oder metaphysischer Grundlage, je nach den Zeiten, aber nicht auf derjenigen des täglichen, sinnlichen, sich selbst überlassenen, und wäre es des künstlerischesten Lebens. – Stil ist Zusammenfassung, Flächengefüge, Meißelschlag einer Zeit: *Bindung des Ungebundenen für die Ewigkeit, die nach uns kommt: Stil ist Architektonik in jeglicher Kunst. – Sein Wesen ist die Notwendigkeit. – Seine Formen sind Körper in Maß und Gesetz.* – [...] *Preußen verband den Ruhm mit seinem Nam*en, wenn es nun in diesem Stil, den wir klassizistisch nennen, und der klassisch war, sein soldatisches und diszipliniertes Wesen zu einer monumentalen Sichtbarkeit steigerte, daß es mit derselben Grundsätzlichkeit im Künstlerischen, die seinen Grundsätzlichkeiten im Philosophischen wie im Politischen entsprach, dem Wesen des Stiles überhaupt am nächsten kam: so daß wir, wenn wir von einem preußischen Stil sprechen, vor einem Stil an sich stehen.[13]

Die Idee eines einzigen Stils, eines »Stils an sich«, erklärt den Stilpluralismus des ästhetischen Historismus für überwunden. Dieser heroische Stil, aus spartanisch-preußischer Vergangenheit zitiert, aber für ein neues Deutsches Reich entworfen, nimmt dessen Anbruch vorweg. Es wird ein Stil der Herrschaft sein. Wenn unter der Losung »Stil« Kunst, Kunstphilosophie und Politik sich treffen, gewinnen Künstler und ihre Interpreten Zugang zur Macht.[14] Daher ist »*der große Stil* Ausdruck des ›Willens zur Macht‹ selbst.«[15] Die Macht zieht aus einer machtorientierten Theorie des Stils einen eigenen Vorteil, denn eine Macht, die Stil hat, wird durch ihr künstlerisches Charisma der rationalen Kontrolle und Kritik entzogen. Ein solcher Stil gibt ein dauerndes Fest, das niemand stören darf. Für die Einrichtung des Fests und für die Beseitigung alles Störenden hat die Macht zu sorgen.

20

Stil und Anti-Stil

Nietzsches Stil machte Epoche: Er begründete eine Epoche des Stils und den Stil dieser Epoche. Vom Ende des 19. Jahrhunderts bis zur Mitte des 20. Jahrhunderts war der tote Nietzsche in Deutschland lebendiger als irgendeiner der damals lebenden Autoren. Er lieferte die Ideen, Schlagworte und Stilgebärden, die zwei, drei Generationen in die euphorische Bereitschaft zur Katastrophe versetzten: Nur der wird der Erhebung teilhaftig, der den Untergang nicht fürchtet. Am Ende der Passage aus dem *Fall Wagner* führt die einsame Gebirgswanderung in solche Fernen und Höhen, daß Umkehr und Wiederkehr unwahrscheinlich werden. Folgt man der Metaphorik des Aufstiegs über Abgründe zu Gipfeln, so könnte man von einem ›steilen Stil‹ sprechen.

Die Art, wie Moeller van den Bruck »Stil« mehr umschrieben denn beschrieben hat, ist selbst Beispiel eines solchen steilen Stils: »Stil ist Zusammenfassung, Flächengefüge, Meißelschlag einer Zeit: Bindung des Ungebundenen für die Ewigkeit, die nach uns kommt: Stil ist Architektonik in jeglicher Kunst. – Sein Wesen ist die Notwendigkeit.« Die Absätze, die oft nur aus drei, vier Wörtern bestehen, ahmen die Form von religiösen Geboten, militärischen Befehlen oder philosophischen Aphorismen nach, von Formen also, die sich unerbittlich und dauerhaft, »für die Ewigkeit«, ins Gedächtnis einprägen wollen. Dieser lakonische Stil will vom »neuen Dorertum« künden, »das in der norddeutschen Tiefebene entstand«[1] (soll heißen: in Preußen). Auf eine Frage, die nuancierte Erwägungen erfordert – was ist Stil? –, gibt Moeller entschlossene, apodiktische, eherne Antworten, als hätte übermenschliche Inspiration ihm die Antwort schon eingegeben, ehe überhaupt die Frage gestellt werden konnte. Knappheit an Wörtern, Kargheit der Sätze ist nur eine andere Erscheinungsweise der entfesselten, vom normalen Sprachgebrauch möglichst weit abweichenden Prosa. Indem die scheinbare Explikation des Begriffs »Stil« auf Begründungen, Verknüpfungen, Einschränkungen verzichtet, schwingt sie sich zur absoluten Stellung eines Richterspruchs, eines Machtworts auf und schüchtert durch die Wucht der Formulierung jeden denkbaren Widerspruch ein. Deshalb entfallen, wie auch in Nietzsches Büchern, Fußnoten, da sie den Eindruck erwecken könnten, dieser privilegierte Besitzer und Verkünder fragloser Wahrheiten habe erst bei anderen Autoren etwas nachlesen müssen. Der Prophet verachtet die Gelehrten.[2] Diskussion mit anderen ist unerwünscht und wohl auch unmöglich, da sich der Geist, der aus diesen eisigen Worten spricht, wie der Nietzsches, in unzugänglichen Regionen aufzuhalten scheint.

Der Leser darf froh sein, daß er überhaupt einer Mitteilung aus solchen Höhen gewürdigt wird. »Ich hasse die lesenden Müssiggänger« hatte Nietzsche durch die Maske Zarathustras bekannt.[3] Der Leser mag sich anstrengen, um nicht als Müßiggänger zurückgewiesen, sondern als Begleiter für die Gebirgswanderung auserwählt zu werden: Er muß so lesen, daß das Gelesene ihm zueigen wird, also so, als hätte er es selbst schreiben mögen. So wurde aus Nietzsches Stil der Stil der Epoche. Lektüre, Interpretation und Nachbildung gingen dabei ineinander über, etwa in Ernst Bertrams richtungsweisendem »Versuch einer Mythologie« Nietzsches: »Die von ihm selber dunkel beglückt und schreckensvoll deutlich erahnte Möglichkeit seines eigenen Mysteriums wird zu überpersönlicher Wirklichkeit; sein Leben gehört fortan selbst zu den deutbar großen mystischen Schaubildern, deren Scheu und Geheimnis, deren den irdischen Tod entwaffnendes *Gleichnis* die Menschheit zusammenhält.«⁴ Was zum Gleichnis geworden ist, läßt sich wiederholen. Nietzsche war tot, lebte aber als »überpersönliche Wirklichkeit« in jeder Schrift wieder auf, die sich seines Stils befleißigte. Zitat, Referat, Paraphrase, Imitation multiplizierten die waghalsigen Formulierungen eines Einzelgängers und verwandelten sie in scheinbar erprobte, zuverlässige Axiome einer gemeinsamen ›Weltanschauung‹. Diese sprachlichen Aneignungen Nietzsches bestätigten sich gegenseitig; aus ihnen entstand das Substrat eines Kulturjargons, der ein halbes Jahrhundert lang herrschen sollte. Er vermischte poetische Elemente mit philosophischen Postulaten und verwirrte sich darin, so daß sich das Erdichtete und Erträumte, das ganz und gar Ungesicherte, mit volltönender Überzeugung vortragen ließ. Den sich tollkühn überschlagenden Extremen gab sich die Sprache bis zur Phrenesie hin.

Buch und Gestalt Zarathustras, der mit Adler und Schlange im Gebirge haust, hatten den steilen Stil zur erinnerbaren Landschaft, zur vorstellbaren Figur, zum zitierbaren Spruch verfestigt. Bereits Nietzsche selbst ging mit Zarathustra, den er doch erfunden hatte, wie mit einer halb mythischen, halb wirklichen Person um; in der Passage wünscht er sich »das Auge *Zarathustra's*«. Bei der Nachwelt tauschten Nietzsche und Zarathustra, der Autor und sein Held, ihre Eigenschaften miteinander aus, indem Zarathustra-Stil und Zarathustra-Pose durch Leben und Rede Nietzsches beglaubigt zu sein schienen. War das »Ziel«, für diese wild-erhabenen Worte zu leben, nicht das »Opfer« wert, für sie zu sterben? Ein Zeitungsbericht über die Beerdigung Friedrich Nietzsches verknappt und verklärt dessen intellektuelle Biographie, die doch nur in seinen Schriften zu fassen ist, zum bildlichen und zugleich realen Aufstieg in die Höhenregion Zarathustras: »Immer steiler führt der Weg hinan, die Mittagssonne brennt, Keiner vermag mehr mit dem gewaltig Ausschreitenden Schritt zu halten, die letzten Freunde fallen ab, und Friedrich Nietzsche steht einsam. Und in solcher Einsamkeit schafft er sein Lebenswerk. Von dem ehernen Meißel sprühen die Funken, Felsblöcke donnern in die Tiefe. Das Abbild seines Geistes steht da in olympischer Majestät, vom Berge herab jubelt das Hohelied der Kraft.«[5] Auf der höchsten Höhe ist der Meißel am Werk; Nietzsche wollte an einer Seite Prosa mit dem Meißel wie an einer »Bildsäule« arbeiten; von dort oben ist der »Meißelschlag« zu hören, an dem Moeller van den Bruck den großen Stil erkennen wollte.

Nietzsches Stil und Raumvorstellung der Höhe lassen sich nach seinem Tod auf andere Personen, Gegenstände und Programme übertragen. Schreibt Stefan Georges Paladin Friedrich Wolters über einen Gedichtband seines »Herrschers«, so strebt er danach, die ästhetische Besonderheit dieser Gedichte im Gebirgspanorama einer überhöhten Metaphorik zu vergegenwärtigen, die ihr nietzscheanisches Vorbild noch weit übertrifft: »Da er [George] im Hymnischen aufschwung schon die künstlerischen grenzmarken seiner zeit überflog, misst er seine kraft an den aufgetürmten bergen des klassischen erbes und da ihre ruhige steilheit zu übersteigen ihn die ungeheure entfernung hindert, welche gipfel von gipfel trennen muss, taucht er mit tiefem flug in seine einsamen schluchten und ringt in den innersten adern mit dem dunklen golde seines blutes, dass es die überschweren schätze und die starren prächte zu den säulen und gebälken seines baues gebe.«[6] Auf der höchsten Höhe und in der tiefsten Tiefe dieser Sprache verschmelzen Nietzsche, Zarathustra, George und Wolters zu einer einzigen Personifikation des großen Stils. Bereits in der *Geburt der Tragödie* hatte Nietzsche versucht, das tragische Pathos der griechischen Tragödie im tragischen Pathos seines Stils zu wiederholen. Imitation sollte Zeichen einer inspirierten Form von Interpretation sein. Im George-Kreis und in einer von ihm geprägten Richtung der Germanistik wurde solche »Zwiesprache« mit dem dichterischen Werk im halbdichterischen Ton Methode. So rast auch Wolters' nietzscheanische Einfühlung in Georges Dichtung lange im dionysischen Rausch der Wörter und Bilder, ehe er doch noch am Ende zur apollinischen Form der »säulen«, der »gebälke« und zum Schlußpunkt dieses ausschweifenden Satzes hinfindet. Solche schwindelerregende Sprache entsteht aus der – nicht unberechtigten – Furcht, daß der gewöhnliche Ausdruck die Mitteilung als trivial oder sinnlos entlarven könnte.

Hermann Hesse wollte 1919 in einem »Aufruf an die deutsche Jugend« der vom Krieg enttäuschten Generation von einer Wiederaufnahme des Zarathustra-Kults abraten. Der Einzelne solle sich dem kollektiven Rausch entziehen und statt dessen, wie Hesse mit einem ungeschickten Bild im Schlußsatz sagt, von seinem »eigenen Vogel« leiten lassen: »Singt und spricht er aber, euer Vogel – oh, dann folget ihm, folget ihm in jede Lockung und noch in die fernste und kälteste Einsamkeit und in das dunkelste Schicksal hinein!«[7] Hesse warnt vor Nietzsche mit dem gleichen Bild und im gleichen Ton, in dem Nietzsche den Weg des kühnen Einzelgängers gepriesen hatte; Hesse hätte ebensogut vor sich selbst warnen können.

In den zwanziger Jahren begann ein Teil der deutschen Schriftsteller, die hohe Tonlage der Sprache wieder herabzustimmen. »Neue Sachlichkeit« ist kein unpassender Name für diese Ernüchterung, die den immer noch anhaltenden, sogar gesteigerten Sprachrausch der Nietzscheaner beenden wollte. Diese hatten aus der Erfahrung und dem Ausgang des Ersten Weltkriegs den Schluß gezogen, daß die Sprache des Übermenschen radikalisiert werden müsse, wenn sie doch noch Erfolg haben sollte. Die desillusionierte und – leider nur durch Desillusionierung – zur westlichen Demokratie bekehrte Opposition dagegen sah das Schreiben, Denken und Handeln im Stil Nietzsches durch die Ursachen und Folgen der Katastrophe kompromittiert. Sogar bei der Lektüre Nietzsches entdeckte nun der sachlichere Blick einige Stellen, die überraschenderweise einen Sinn für die aufdringlich realen Seiten des Lebens verrieten. Einem satirischem Aufsatz über die Familie stellt Tucholsky eine Notiz Nietzsches als Motto voran: »Die Griechen, die so gut wußten, was ein Freund ist, haben die Verwandten mit einem Ausdruck bezeichnet, welcher der Superlativ des Wortes ›Freund‹ ist. Dies bleibt mir unerklärlich.« Tucholskys Aufsatz selbst beginnt mit einer großen Geste, um die komische Wirkung durch den Kontrast zur banalen Alltagserfahrung zu steigern: »Als Gott am sechsten Schöpfungstage alles ansah, was er gemacht hatte, war zwar alles gut, aber dafür war auch die Familie noch nicht da.«[8] Die – freilich nicht ernstgemeinte – Rede von Gott begnügt sich mit dem einfachsten Wortschatz: ansehen, machen, gut sein, da sein. Dem steilen Stil war der Sinn für das Komische und damit für die wirklichen Probleme des alltäglichen Lebens verschlossen gewesen. Der »freie Geist« wollte von der Unfreiheit des an seinen Körper und seine Mitmenschen, vor allem die Familie, gebundenen Menschen nichts wissen. Dem Stil, der diese Bereiche nicht wirklich überwunden, sondern nur durch Stilisierung verdeckt hatte, trat nun bewußt ein Anti-Stil entgegen.

»Der Acker ist ein Kartoffelfeld und ein Schlachtfeld. Er ist es nicht zu gleicher Zeit. Die Fabrik ist zu gleicher Zeit ein Ort der Produktion und der Ausbeutung.«[9] An Schlichtheit ist Brechts Satzbau nicht zu überbieten: drei kurze, parataktische Sätze, dreimal mit dem unscheinbarsten Verb, »ist«, konstruiert. Vor dem Hintergrund der einfachen Syntax tritt der komplizierte Gedanke desto deutlicher hervor: Scheinbar eindeutige Dinge haben einen doppelten, in sich widersprüchlichen Zweck, wobei außerdem zwischen Gleichzeitigkeit und Ungleichzeitigkeit dieses Zwecks zu unterscheiden ist; der Acker liefert ein sinnfälliges, elementares, daher ungenügendes und also noch zu präzisierendes Modell der kapitalistischen Ökonomie. (Wieviel einfacher ist doch Brechts Darlegung im Vergleich zu dieser Auslegung!) Der Gleichmut, mit dem die Wörter gefügt sind, steht im Gegensatz zur raschen Dialektik der Differenzen, die sich an diesen Wörtern erhellen. Der Stil ist nichts, die Lehre alles – so könnte man Brechts schriftstellerische Intention fassen, wäre dieser Verzicht auf Stil nicht selbst ein literarischer Akt, eine stilistische Demonstration. Sie treibt die Vereinfachung so weit, weil sie sich von der Hypertrophie des Worts absetzen möchte, der so lange schon und immer noch die Prosa der kulturphilosophischen Verlautbarungen in Deutschland unterlag. Auch Brecht hatte in seiner Jugend »begeistert« *Zarathustra* gelesen.[10] Nun sind seine Sätze sachgemäß und dennoch durch die Hervorkehrung von Sachlichkeit polemisch. In der Epoche des großen Stils bleibt der Nicht-Stil durch den bewußten, strikten Gegensatz auf den großen Stil bezogen. Auch die Simplizität von Brechts Stil ist Attitüde und Emphase; auch Anti-Stil ist Stil. Die unablässige Feier von »Stil«, wie sie seit Nietzsche unter deutschen Schriftstellern üblich geworden war, verhinderte (abgesehen vom wissenschaftlichen und alltäglichen Sprachgebrauch) selbst bei den skeptischen Realisten die Möglichkeit eines neutralen, pragmatischen Stils.

Wenn Anti-Stil die negative Variante des großen Stils ist und zu ihm gehört wie die Ausnüchterung zum Rausch, so unterscheidet sich doch die Situation Brechts – sein Name steht exemplarisch für die Stilopposition der zwanziger und dreißiger Jahre – von der Situation vor dem Siegeszug Nietzsches. Von Nietzsche und seinen Folgen hatte Gildemeister noch nichts gewußt. Sein Essay *Von Höflichkeit* steht wie selbstverständlich in der europäischen Tradition einer eleganten Prosa, die sich von genialischer Dunkelheit und von trockener Schlichtheit gleich weit entfernt hielt. Eine solche Nonchalance war neben und nach dem Triumph des großen Stils nicht mehr möglich, zumal er mit sozialen Implikationen und politischen Wirkungen einherging, die niemanden gleichgültig lassen konnten. Der große Stil hatte große Folgen: Brechts Sätze über Acker und Fabrik sind im Exil geschrieben. Aber auch der kleine Stil sollte große Folgen haben: Mit den Emigranten kehrte nach dem Zweiten Weltkrieg eine bescheidenere Sprache nach Deutschland zurück. Sie bestimmte einige Jahrzehnte lang den Stil der Literatur, der Kritik, des Essays. So nüchtern war dieser Stil, daß man ihn als Stil gar nicht bemerkte.

Anmerkungen

1 Wort und Zahl

1 Ingo Schulze, *Auf der Suche nach der verlorenen Sprache* (Ich danke dem Autor für die Erlaubnis, aus dem Manuskript seines noch nicht veröffentlichten Aufsatzes zu zitieren). Schulzes Erfahrung hat Boris Groys, *Das kommunistische Postskriptum*, Frankfurt 2006, S. 7, als Theorie formuliert: »Die Ökonomie funktioniert im Medium Geld. Sie operiert mit Zahlen. Die Politik funktioniert im Medium Sprache. Sie operiert mit Worten – mit Argumenten, Programmen und Resolutionen, aber auch mit Befehlen, Verboten, Entschließungen und Verordnungen. Die kommunistische Revolution ist die Überschreibung der Gesellschaft vom Medium Geld auf das Medium Sprache.«
2 Friedrich Nietzsche, *Schopenhauer als Erzieher*, in: F. N., *Sämtliche Werke*. Kritische Studienausgabe, hg. von Giorgio Colli und Mazzino Montinari (diese Ausgabe wird künftig als KSA zitiert), Bd. 1, München 1980, S. 366.
3 Rudolf Borchardt, *Die Neue Poesie und die Alte Menschheit*, in: R. B., *Reden*, hg. von Marie Luise Borchardt, Stuttgart 1955, S. 110 f.
4 Ernst Jünger, *Der Arbeiter*, 2. Aufl., Hamburg 1932, S. 26.
5 Ebd., S. 33.
6 Nietzsche, KSA, Bd. 1, S. 320.
7 In einer Rede am 5. 9. 1923 vor der Münchner NSDAP (Hitler, *Sämtliche Aufzeichnungen 1905–1924*, hg. von Eberhard Jäckel, Stuttgart 1980, S. 999).
8 Novalis, *Werke, Tagebücher und Briefe Friedrich von Hardenbergs*, hg. von Hans-Joachim Mähl und Richard Samuel, Bd. 1, München 1978, S. 395.
9 KSA, Bd. 8, S. 394.

10 Gottfried Benn an Dieter Wellershoff, 22. 11. 1950, in: G. B., *Ausgewählte Briefe*, Wiesbaden 1957, S. 203 f.
11 Thomas Mann, *Betrachtungen eines Unpolitischen* (zuerst 1918), Frankfurt 1983, S. 86.

2 Stilbeschreibung

1 Rezension in der Schweizer Zeitung *Der Bund*, 16./17. 9. 1886, zitiert in: *Nietzsche und die deutsche Literatur*, hg. von Bruno Hillebrand, Bd. 1, Tübingen 1978, S. 60.
2 Gottfried Benn, *Doppelleben*, in: G. B., *Sämtliche Werke*. Stuttgarter Ausgabe, Bd. 5, Stuttgart 1991, S. 165.
3 KSA, Bd. 7, S. 585.
4 KSA, Bd. 1, S. 675 f.
5 KSA, Bd. 2, S. 595.
6 KSA, Bd. 5, S. 189.
7 Nietzsche, *Briefwechsel*. Kritische Gesamtausgabe, 3. Abt., Bd. 1, Berlin 1981, S. 479.
8 KSA, Bd. 6, S. 304 f. Thomas Mann kommentiert Nietzsches Neigung zum hemmungslosen Selbstlob: »Natürlich muß es ein großer Genuß sein, dergleichen niederzuschreiben, aber ich finde es unerlaubt.« (*Nietzsche's Philosophie im Lichte unserer Erfahrung*, in: Th. M., *Leiden und Größe der Meister*, Frankfurt 1982, S. 845 f.).
9 Im Gespräch mit Josef Paneth, 15. 2. 1884, zitiert von Richard Frank Krummel, *Josef Paneth über seine Begegnung mit Nietzsche in der Zarathustra-Zeit*, in: *Nietzsche-Studien* 17 (1988), S. 488.
10 Erwin Panofsky, *Meaning in the Visual Arts*, Harmondsworth 1970, S. 37: »that which a work betrays but does not parade.«
11 KSA, Bd. 3, S. 17.
12 An Constantin Georg Naumann, 26. 6. und 28. 6. 1888, in: Nietzsche, *Briefwechsel*. Kritische Gesamtausgabe, 3. Abt., Bd. 5, Berlin 1984, S. 342 und 344.
13 Die Abbildung ist dem Original gegenüber um ein Drittel verkleinert.

3 Zwischen den Wörtern

1 KSA, Bd. 8, S. 286 (Aufzeichnung von 1876).
2 Ebd., S. 619.
3 Ebd.
4 Jürgen Stenzel, *Zeichensetzung*, Göttingen 1966, S. 96, über ein Epigramm Goethes, das mit gehäuften Ausrufezeichen den emphatischen Stil Lavaters parodiert. Stenzels genau beobachtende und gedankenreiche »Stiluntersuchungen an deutscher Prosadichtung« haben meinen Blick für die Bedeutung der Interpunktion geschärft.
5 Den analog zum ›Gedankenstrich‹ gebildeten Terminus ›Gedankenpunkte‹ schlägt Stenzel für die drei Punkte »…« vor, die auch Lücken- oder Auslassungszeichen heißen: »Gedankenpunkte bezeichnen die Unabgeschlossenheit eines Satzes oder Teilsatzes: mit Worten, heißt das, ist nicht mehr zu sagen oder soll nicht mehr gesagt werden, was gleichwohl noch vermittelt werden soll. […] Ein Punkt artikuliert das Satzende, drei Punkte suspendieren es, indem sie den Satz in unartikulierte, oft anspruchsvoll unartikulierbare Weiten oder Tiefen öffnen.« (Ebd., S. 107).
6 An die Schwester, 20. 5. 1885, in: Nietzsche, *Briefwechsel*. Kritische Gesamtausgabe. 5. Abt., Bd. 3, Berlin 1982, S. 53.
7 KSA, Bd. 2, S. 141.
8 KSA, Bd. 5, S. 354.

4 »Von Höflichkeit«

1 KSA, Bd. 4, S. 358.
2 KSA, Bd. 1, S. 391.
3 Otto Gildemeister, *Essays,* 3. Aufl., Bd. 1, Berlin 1898, S. 59.
4 KSA, Bd. 5, S. 278. Zeitgenossen, die Nietzsche kennenlernten, vermerkten übereinstimmend seine Bescheidenheit und Höflichkeit im privaten Umgang. Der Freistil seiner Prosa war lediglich ein schriftstellerischer Gestus.
5 KSA, Bd. 7, S. 200. Nietzsche sagt dies 1871 von Schopenhauers »Sprache und Stil«, meint aber bereits das eigene, weit über Schopenhauer hinausgehende Stilideal.
6 KSA, Bd. 1, S. 651.

7 Neben Herman Grimm ist Otto Gildemeister der erste, der seine Aufsätze mit dem aus dem Englischen übernommenen Begriff ›Essay‹ bezeichnet. In seinem Essay über Macaulay (1860) versucht er, die Deutschen mit dieser englischen Form vertraut zu machen: »Die bedeutendsten Männer aller Gebiete achteten es nicht für Raub, über die Gegenstände ihres besonderen Wissens in der Sprache der menschlichen Bildung zu reden. Derartige Besprechungen nennen die Engländer ›Essays‹, welches Wort zu unserem ›Abhandlung‹ sich verhält wie ein gebildeter Mann von Welt zu einem gelehrten Pedanten.« (Otto Gildemeister, *Essays*, 3. Aufl., Bd. 2, Berlin 1899, S. 57).
8 KSA, Bd. 2, S. 196. »Genius« und »Genie« gebraucht Nietzsche synonym.

5 Poesie der Prosa

1 An die Schwester, 20. 5. 1885, in: Nietzsche, *Briefwechsel*. Kritische Gesamtausgabe, 3.Abt., Bd.3, Berlin 1982, S. 52f.
2 KSA, Bd. 11, S. 329. In manchen Ausgaben und Anthologien hat das von Nietzsche nicht veröffentlichte Gedicht die Überschrift »Vereinsamt« erhalten.
3 KSA, Bd. 12, S. 400f.
4 Heinrich Heine, *Ludwig Börne*, in: H.H., *Historisch-kritische Gesamtausgabe der Werke*, Bd. 11, Hamburg 1978, S. 13.
5 KSA, Bd. 2, S. 372.
6 Vgl. die Aufzeichnungen für die Vorlesungen *Geschichte der griechischen Beredsamkeit* und *Aristoteles Rhetorik*, in: Nietzsche, *Werke*. Kritische Gesamtausgabe, 2. Abt., Bd. 4, Berlin 1995; zur Herkunft der rhetorischen Mittel aus der Poesie siehe besonders S. 371.
7 KSA, Bd. 10, S. 39, in einer an Lou von Salomé adressierten kleinen »Lehre vom Stil«.
8 KSA, Bd. 3, S. 447.
9 Ebd., S. 440.

6 Unter der Schrift

1 Einleuchtend unterscheidet Wladimir Weidlé in *Gestalt und Sprache des Kunstwerks,* Mittenwald 1981, S. 53, zwischen einer mimischen Energeia, wie sie sich in Tanz und Gesang einer frühen, also auch der frühgriechischen Kultur vergegenwärtigt, und dem klassischen Ergon, dem späteren verfestigten Kunstwerk, das als Statue, Gemälde oder Text ästhetisch wahrnehmbar wird.
2 KSA, Bd. 1, S. 135.
3 Ebd., S. 228.
4 An Carl von Gersdorff, 18. 11. 1871, in: Nietzsche, *Briefwechsel.* Kritische Gesamtausgabe, 2. Abt., Bd. 1, Berlin 1977, S. 243.
5 KSA, Bd. 1, S. 487.
6 Ebd.
7 Ebd., S. 494.
8 KSA, Bd. 7, S. 116. An der Sprache der frühgriechischen Lyrik wie des neueren Volkslieds bemerkte Nietzsche die Anstrengung, »*die Musik nachzuahmen*«: »das Wort, das Bild, der Begriff sucht einen der Musik analogen Ausdruck und erleidet jetzt die Gewalt der Musik an sich.« (KSA, Bd. 1, S. 49).
9 KSA, Bd. 6, S. 352 (über die *Genealogie der Moral*).
10 KSA, Bd. 8, S. 285.
11 KSA, Bd. 4, S. 145.
12 KSA, Bd. 6, S. 335.
13 Ebd., S. 260. Bereits der siebzehnjährige Schüler Friedrich Nietzsche stellte in einem Schulaufsatz die Vorzüge einer musikalischen Prosa an Hölderlins *Hyperion* heraus, »der in der wohlklingenden Bewegung seiner Prosa, in der Erhabenheit und Schönheit der darin auftauchenden Gestalten auf mich einen ähnlichen Eindruck macht, wie der Wellenschlag des erregten Meeres. In der That, diese Prosa ist Musik, weiche schmelzende Klänge, von schmerzlichen Dissonanzen unterbrochen, endlich verhauchend in düstren, unheimlichen Grabliedern.« (Nietzsche, *Werke*. Kritische Gesamtausgabe, 1. Abt., Bd. 2, Berlin 2000, S. 339).
14 Nietzsche, *Werke*. Kritische Gesamtausgabe, 2. Abt., Bd. 3, Berlin 1993, S. 99–338. Gegen solche Gleichsetzung von musikalischer und sprachlicher Rhythmik spricht eine Unterscheidung

Georgiades': »Was also für den musikalischen Rhythmus die ihm *innewohnende* zahlenmäßige Festlegung der Zeitrelationen, somit auch der Betonungsabstände, ist für den sprachlichen Rhythmus das *von der Bedeutung abhängige*, daher nicht auf feste Zahlenverhältnisse zurückführbare Sprechen.« (Thrasybulos Georgiades, *Nennen und Erklingen*, Göttingen 1985, S. 20).
15 KSA, Bd. 11, S. 59 f.
16 Jean Paul, *Sämtliche Werke*. Historisch-kritische Ausgabe, 2. Abt., Bd. 6, Weimar 1996, S. 729.
17 KSA, Bd. 2, S. 164.
18 KSA, Bd. 4, S. 405.
19 Wilhelm Weigand, *Welt und Weg*, Bonn 1940, S. 14 f.
20 KSA, Bd. 7, S. 23.
21 KSA, Bd. 3, S. 463.

7 In Erwartung der Rede

1 KSA, Bd. 1, S. 220 – 222.
2 Adam Müller, *Zwölf Reden über die Beredsamkeit und deren Verfall in Deutschland*, in: A. M., *Kritische, ästhetische und philosophische Schriften,* hg. von Walter Schroeder und Werner Siebert, Bd. 1, Neuwied/Berlin 1967, S. 328. Müller konnte nicht ahnen, wie exakt seine Befürchtung in Erfüllung gehen sollte: Der Computer, der »Rechner«, rechnet die Schrift in Zahlen um und läßt nur aus Rücksicht auf die Gewohnheit des Lesens diese Zahlen auf der »Benutzeroberfläche« wieder als Buchstaben erscheinen.
3 Elias Canetti, *Die Fackel im Ohr*. Lebensgeschichte 1921–1931, München 1993, S. 79. Canetti lebte damals in Frankfurt.
4 Müller (wie Anm. 2), S. 300 und 302.
5 Theodor Mundt, *Die Kunst der deutschen Prosa*, Berlin 1837, S. 47.
6 Heinrich Heine, *Ludwig Börne*, in: H. H., *Historisch-kritische Gesamtausgabe der Werke*, Bd. 11, Hamburg 1978, S. 13.
7 KSA, Bd. 7, S. 505 und 508.
8 Heine (wie Anm. 6), S. 70.
9 KSA, Bd. 2, S. 592.
10 »*Goebbels spricht*«. Reden aus Kampf und Sieg, Oldenburg

1933. Mit der Formel »Es spricht der Führer« wurden Hitlers Reden auf Parteitagen und im Rundfunk eingeleitet.
11 Adolf Hitler, *Mein Kampf*, 5. Aufl., München 1933, S. XIX.
12 Müller (wie Anm. 2), S. 407.

8 Sprechen

1 Theodor W. Adorno, *Minima Moralia*, Frankfurt 1951, S. 204.
2 KSA, Bd. 5, S. 252.
3 Immanuel Kant, *Kritik der Urteilskraft*, B 216f.
4 KSA, Bd. 1, S. 347.
5 Ein Beispiel unter vielen ist der Sammelband *Nietzsche oder »Die Sprache ist Rhetorik«,* hg. von Josef Kopperschmidt und Helmut Schanze, München 1994. Eine Auswahl von Nietzsche-Interpretationen französischer Dekonstruktivisten bietet der Band *Nietzsche aus Frankreich*, hg. von Werner Hamacher, Frankfurt/Berlin 1986.
6 KSA, Bd. 2, S. 600.
7 *Geschichte der griechischen Beredsamkeit*, in: Nietzsche, *Werke*. Kritische Gesamtausgabe, 2. Abt., Bd. 4, Berlin 1995, S. 383.
8 KSA, Bd. 4, S. 106.
9 Arthur Schopenhauer, *Ueber Schriftstellerei und Stil,* in: A.S., *Sämtliche Werke,* hg. von Arthur Hübscher, Bd. 6, T. 2, 2. Aufl., Wiesbaden 1947, S. 554.
10 KSA, Bd. 2, S. 611.
11 KSA, Bd. 5, S. 410.
12 Ebd., S. 339.
13 Ebd., S. 231.

9 Spruch

1 KSA, Bd. 3, S. 252 und 517f.
2 KSA, Bd. 4, S. 85.
3 Ebd., S. 48.
4 Johann Gottfried Herder, *Zerstreute Blätter.* Vierte Sammlung 1792, in: J.G. H., *Sämtliche Werke,* hg. von Bernhard Suphan, Bd. 16, Berlin 1887, S. 11.

5 Gustav Gerber, *Die Sprache als Kunst*, 2. Aufl., Bd. 1, Berlin 1885, S. 52.
6 Eduard Norden, *Die antike Kunstprosa* (zuerst 1898), 9. Aufl., Stuttgart 1983, S. 30f., führt Belege dafür an, daß es bereits in der frühesten Antike eine gehobene, formelhafte Prosa, also Sprüche, gab. Doch schon die Griechen – und nicht erst die Romantiker – glaubten, daß die Poesie älter sei als die Prosa.
7 KSA, Bd. 8, S. 452.
8 KSA, Bd. 2, S. 604.
9 KSA, Bd. 8, S. 450.
10 KSA, Bd. 10, S. 68.
11 Sieben Beispiele aus der Auswahl von 92 Aphorismen Nietzsches, die Gerhard Fieguth in seine Reclam-Anthologie *Deutsche Aphorismen* (Stuttgart 1978) aufgenommen hat.

10 Stilkritik

1 Wilhelm von Humboldt, *Ankündigung einer Schrift über die Vaskische Sprache und Nation*, in: W. v. H., *Werke*, hg. von Andreas Flitner und Klaus Giel, Bd. 5, Darmstadt 1981, S. 122.
2 Karl Kraus, *Untergang der Welt durch schwarze Magie*, Frankfurt 1989 (= K. K., *Schriften*, hg. von Christian Wagenknecht, Bd. 4), S. 192.
3 Karl Kraus, *Die Sprache*, Frankfurt 1987 (= K. K., *Schriften*, hg. von Christian Wagenknecht, Bd. 7), S. 372. Bei einer anderen Gelegenheit fordert Kraus, und nicht im Scherz, eine »kulturelle Gesetzgebung […], die den Mut hätte, die Untaten der Wortmißbraucher unter Strafsanktion zu stellen« und für schlechte Reime »die Prügelstrafe« vorsieht (S. 324).
4 Seneca, *An Lucilius*, 114. Brief, Abschnitt 22 (übers. von Manfred Rosenbach); vgl. Wolfgang G. Müller, *Topik des Stilbegriffs*, Darmstadt 1981.
5 KSA, Bd. 1, S. 230–239.
6 Ebd., S. 746.
7 Fritz Mauthner, *Beiträge zu einer Kritik der Sprache*, 3. Aufl., Bd. 1, Hamburg 1923, S. 366.
8 KSA, Bd. 1, S. 19.
9 KSA, Bd. 8, S. 279.

10 Ebd., S. 283. Die Genitivkonstruktionen im 6. Punkt klingen eher lateinisch als deutsch.
11 KSA, Bd. 4, S. 364.

11 Gegensätze

1 KSA, Bd. 7, S. 26.
2 Ebd.
3 KSA, Bd. 8, S. 124.
4 KSA, Bd. 1, S. 361 f.
5 Ebd., S. 375.
6 KSA, Bd. 12, S. 510.
7 KSA, Bd. 5, S. 54.
8 Ebd., S. 137.
9 KSA, Bd. 8, S. 93.

12 Sein Kampf

1 KSA, Bd. 8, S. 94.
2 Adorno charakterisiert in der Glosse über den »Ringverein« die »ringenden Menschen, die permanent im Kampf mit sich selbst, in Entscheidungen unter Einsatz der ganzen Person leben«, sich auf Kierkegaard oder Nietzsche berufen und ihre Bücher im Verlag von Eugen Diederichs erscheinen lassen (Theodor W. Adorno, *Minima Moralia*, Frankfurt 1951, S. 174).
3 Rudolf Pannwitz, *Was ich Nietzsche und George danke*, hg. von Marco Meli, Florenz 1993, S. 52. Pannwitz schrieb diesen Rückblick auf seine Jugend 1948.
4 Ebd., S. 75.
5 KSA, Bd. 1, S. 730.
6 KSA, Bd. 13, S. 531.
7 Belege bringt der Artikel »Geist« in Grimms *Deutschem Wörterbuch*, Bd. 5, Leipzig 1897, Sp. 2695.
8 KSA, Bd. 6, S. 335.
9 KSA, Bd. 5, S. 241.
10 KSA, Bd. 4, S. 260.
11 KSA, Bd. 1, S. 145 und 485.

12 Vgl. Joachim Radkau, *Das Zeitalter der Nervosität*, München/Wien 1998.
13 KSA, Bd. 1, S. 381.
14 KSA, Bd. 4, S. 193.
15 Ebd., S. 49f.
16 Joseph Goebbels, *Das eherne Herz*, München 1943, S. 472.
17 KSA, Bd. 1, S. 448–451.
18 KSA, Bd. 13, S. 192.
19 Werner Sombart, *Händler und Helden*, Leipzig 1915, S. 53.
20 KSA, Bd. 13, S. 66.

13 Ich

1 KSA, Bd. 2, S. 373.
2 An Franz Overbeck, 31. 12. 1882, in: Nietzsche, *Briefwechsel.* Kritische Gesamtausgabe, 3. Abt., Bd. 1, Berlin 1981, S. 314.
3 An Carl von Gersdorff, Ende Juni 1883, ebd., S. 386.
4 KSA, Bd. 1, S. 384.
5 Rudolf Pannwitz, *Was ich Nietzsche und George danke*, hg. von Marco Meli, Florenz 1993, S. 67. An anderer Stelle heißt es: »Ich gewann mir das Verlorene zurück, verschmolz es mit dem, woran ich es verloren hatte, nahm unaufhörlich Neues auf, überliess mich ihm, fand da auch den Abstand.« (S. 108) Wiederum wird sich der Leser fragen: worum ging es?
6 KSA, Bd. 1, S. 729.
7 KSA, Bd. 13, S. 68.
8 Ebd., S. 192.
9 Ebd., S. 143f.
10 Ebd., S. 646.
11 6. 1. 1889, in: Nietzsche, *Briefwechsel*. Kritische Gesamtausgabe, 3. Abt., Bd. 5, Berlin 1984, S. 577f. Vorher schon glaubt Nietzsche zu beobachten, daß er in Turin als »irgend etwas extrem Distinguirtes« behandelt werde (an Franz Overbeck, 13. 11. 1888, ebd., S. 469). Niemand ist so extrem distinguiert wie Gott.
12 KSA, Bd. 5, S. 243; ähnlich schon in dem Gedicht *Sils-Maria*: »Da plötzlich, Freundin! wurde Eins zu Zwei – / – Und Zarathustra gieng an mir vorbei ...« (KSA, Bd. 3, S. 649).
13 KSA, Bd. 11, S. 83.

14 KSA, Bd. 1, S. 350.
15 KSA, Bd. 2, S. 21.

14 Führer Nietzsche

1 KSA, Bd. 5, S. 235. Nietzsche hatte sich vergeblich darum bemüht, an der Universität Basel vom Lehrstuhl für Philologie auf den für Philosophie zu wechseln.
2 Ebd., S. 126. Den alten Philosophen, von Sokrates bis Schopenhauer, wirft Nietzsche vor, selbst décadents gewesen zu sein. Nur die Vorsokratiker, über die er ein Buch schreiben wollte, schätzt er als Vorbilder.
3 Ebd., S. 132.
4 KSA, Bd. 2, S. 194.
5 KSA, Bd. 13, S. 541.
6 KSA, Bd. 1, S. 356.
7 Diese Aufgabe des paidagogos führt Platons Dialog *Lysis* (208c) anschaulich vor. Spöttisch und abschätzig wird in späterer Zeit dem Lehrer der Knaben, als gehörte er ebenfalls dem Sklavenstand an, der Titel eines »Pädagogen« angehängt.
8 KSA, Bd. 1, S. 745.
9 Ebd., S. 685.
10 Ebd., S. 671.
11 KSA, Bd. 4, S. 306.
12 KSA, Bd. 8, S. 43.
13 Ebd., S. 46.
14 Ebd., S. 91.
15 KSA, Bd. 13, S. 39.
16 Ebd., S. 476.
17 KSA, Bd. 1, S. 749.
18 KSA, Bd. 5, S. 145.
19 KSA, Bd. 13, S. 479.
20 KSA, Bd. 1, S. 698.
21 KSA, Bd. 13, S. 639.
22 Friedrich Wolters, *Herrschaft und Dienst*, 3. Aufl., Berlin 1923, S. 9.
23 Ernst Jünger, *Das Wäldchen 125*, 3. Aufl., Berlin 1928, S. VIII f.

15 Im Jahrhundert der Führer

1 Ernst Gundolf / Kurt Hildebrandt, *Nietzsche als Richter unsrer Zeit*, Breslau 1923, S. 3. Ascona, Schwabing und Heidelberg waren bevorzugte Orte dieser sich selbst als Führer prophezeienden Propheten zu Beginn des 20. Jahrhunderts. Die Beliebtheit und Beliebigkeit von Führerschaft dauerte in den folgenden Jahren an. In der Einleitung zum Dezemberheft 1927 der Monatsschrift »für die Zukunft deutscher Kultur«, *Die Tat*, gebraucht ihr Herausgeber Eugen Diederichs bereits auf der ersten Seite siebenmal die Wörter »Führertum«, »Führer« und »Geführte«. Er hält den Wunsch nach einem Führer für ein allgemeines Bedürfnis der Zeit: »Man treibt Sport und huldigt dem Führer, den man sich auserwählt hat« und bald durch einen neuen ersetzt (19. Jahrgang, S. 647).
2 Stefan George, *Nietzsche*, in: S. G., *Der Siebente Ring*, Berlin 1907, S. 12.
3 Friedrich Gundolf, *Gefolgschaft und Jüngertum* (1909), in: *Der George-Kreis*, hg. von Georg Peter Landmann, 2. Aufl., Stuttgart 1980, S. 78.
4 Richard Oehler, *Friedrich Nietzsche und die deutsche Zukunft*, Leipzig 1935, S. 96.
5 Brigitte Hamann, *Hitlers Wien*, München 1996, leitet Hitlers Führerkult von österreichischen Ideologen und Politikern ab, deren Reden und Schriften der junge Hitler zu Beginn des 20. Jahrhunderts in Wien hörte und las. So ließ sich Georg von Schönerer, der die Partei der antisemitischen, antitschechischen »Alldeutschen« leitete, von seinen Anhängern »Führer« nennen. Die Bedeutung Nietzsches bei diesen präfaschistischen Gruppen vernachlässigt Hamanns kenntnisreiches Buch. So zitiert sie S. 306 aus der Vorrede zu Guido von Lists *Die Ursprache der Ario-Germanen und ihre Mysteriensprache* (Wien 1914), ohne dabei die Nachahmung von Nietzsches Stil zu erkennen: »Ich biete mit diesem Werke das Höchste, Heiligste, was seit langen Jahrhunderten geboten wurde, die Verkündigung der ario-germanischen Götter-Morgen-Dämmerung; – der Starke von Oben, er ist im Heraufstieg!« (es folgen Hakenkreuze). Der »Starke von Oben«, der Führer, ist ein Wiedergänger Zarathustras.

6 Vgl. Carl Schmitt, *Die Diktatur*, 2. Aufl., Berlin 1928, S. 10f. Die Tyrannis galt als Mißbrauch der Diktatur.
7 Zitiert und übersetzt von Ernst Nolte, *Marx und Nietzsche im Sozialismus des jungen Mussolini*, in: Historische Zeitschrift 191 (1960), S. 307.
8 Max Weber, *Politik als Beruf* (1919), in: M.W., *Wissenschaft als Beruf/Politik als Beruf*, hg. von Wolfgang J. Mommsen und Wolfgang Schluchter, Tübingen 1994, S. 37.
9 KSA, Bd. 5, S. 238.
10 Edgar Salin, *Um Stefan George*, Godesberg 1948, S. 14.
11 Die Funktion dieser Medien im Dritten Reich ist bekannt. Wie »das Bild Georges« durch die Verbreitung von Photographien geprägt wurde, hat Gert Mattenklott, *Bilderdienst*, München 1970, S. 175–317, beschrieben.
12 Jochen Schmidt hat erkannt, daß sich die Idee des Genies in der des Führers fortsetzt; s. das Kapitel »Der ›Führer‹ als Genie« in: J.S., *Die Geschichte des Genie-Gedankens in der deutschen Literatur, Philosophie und Politik 1750–1945*, 2. Aufl., Bd. 2, Darmstadt 1988, S. 194–212. Schmidt sieht im Napoleon-Kult des 19. Jahrhunderts eine Vorstufe zur Gleichsetzung von Führer und Genie. (Nietzsche, dem es um die Erzeugung des Genies zu tun war, beabsichtigte, Corte auf Korsika zu besuchen, wo Bonaparte gezeugt worden war.) Aufschlußreich ist auch Schmidts Kapitel über »Die kollektive Genialität der Rasse« (ebd., S. 213–237).
13 Theodor Geiger, *Führer und Genie*, in: Kölner Vierteljahrshefte für Soziologie 6 (1926/27), S. 237. Geiger versteht den »Führer« nicht als ideologisches Konstrukt; vielmehr versucht er in biederer Entschlossenheit zu wissenschaftlicher Objektivität, soziale Typen von Führern zu unterscheiden. Kritische Vorbehalte gegen den Geniebegriff und seine Ausweitung auf das politische Gebiet waren in dieser Zeit selten. Eine Ausnahme ist Edgar Zilsels Polemik gegen *Die Geniereligion* (1918 erschienen, 1990 wieder herausgegeben von Johannes Dvořák).
14 Rudolf Borchardt, *Führung*, in: R.B., *Reden*, hg. von Marie Luise Borchardt, Stuttgart 1955, S. 402. Im Rückblick auf den Krieg wurden die Tätigkeiten von Offizieren zur heroischen Tat von Führern stilisiert. Die zahllosen Bücher über die Schlachten des Ersten Weltkriegs und die anschließenden Kämpfe der Freikorps

bezeichnen mit dem Wort »Führer« eine militärische Funktion, prägen damit aber die Vorstellung vom heldenhaft entschlossenen, autonom entscheidenden Führer in der Nachkriegszeit. Erfolgreicher noch als die Schriften Ernst Jüngers war bei der Verbreitung dieses Führerbilds Walter Flex' *Wanderer zwischen beiden Welten* (1917), wovon mehr als eine Million Exemplare verkauft wurden. Der Held dieses »Kriegserlebnisses« wird ausdrücklich mit Zarathustra verglichen.
15 Friedrich Wolters, *Herrschaft und Dienst*, 3. Aufl., Berlin 1923, S. 12.
16 Joseph Goebbels, *Michael*, München 1929, S. 14.
17 Max Kommerell, *Der Dichter als Führer in der deutschen Klassik*, Berlin 1928, S. 284 f. Um kein falsches Bild von Kommerell entstehen zu lassen: neben solchen Entgleisungen stehen in dem Buch des Fünfundzwanzigjährigen eindringliche Porträts der Schriftsteller und kenntnisreiche Analysen literaturhistorischer Zusammenhänge. Bereits die Überschrift von Walter Benjamins Rezension, *Wider ein Meisterwerk* (1930, in: W. B., *Gesammelte Schriften*, Bd. 3, Frankfurt 1972, S. 252–259), formuliert das ambivalente Urteil, zu dem noch ein heutiger Leser kommen mag. Bald danach befreite sich Kommerell von George und dem Jargon seines Kreises. Die späteren Bücher und Aufsätze – über Lessing, Jean Paul, Goethe, Kleist, Calderón – zähle ich (und nicht ich allein) zum Besten, was der deutschen Literaturwissenschaft im 20. Jahrhundert gelungen ist.

16 Wort und Tat

1 Friedrich Hölderlin, *Sämtliche Werke und Briefe*, hg. von Michael Knaupp, Bd. 1, München 1992, S. 265.
2 Aus dem fragmentarischen Gedicht *Wie wenn am Feiertage ...*, ebd., S. 262.
3 Jean Paul, *Sämtliche Werke*. Historisch-kritische Ausgabe, 2. Abt., Bd. 6, Weimar 1996, S. 718.
4 Karl Marx, *Thesen über Feuerbach*, in: K. M. / Friedrich Engels, *Werke*, Bd. 3, Berlin 1962, S. 7.
5 Diese Beispiele finden sich in der *Fröhlichen Wissenschaft*, Nr. 11–21.

6 KSA, Bd. 1, S. 413.
7 KSA, Bd. 13, S. 54.
8 Hans Zehrer, *Zwischen zwei Revolutionen,* in: *Die Tat* 20 (1928/29), S. 534.
9 KSA, Bd. 6, S. 343.
10 KSA, Bd. 5, S. 279.
11 KSA, Bd. 6, S. 161. Eine Abteilung der *Götzen-Dämmerung* heißt »Sprüche und Pfeile« (ebd., S. 59–66): Aphorismen treten im kriegerischen Gewand auf (womit Nietzsche vermutlich auf das griechische Vorbild des ›geflügelten Worts‹ anspielt, das wie ein gefiederter Pfeil ins Herz des Hörers trifft).
12 KSA, Bd. 13, S. 18.
13 Stefan Zweig, *Das neue Pathos* (1909), in: *Expressionismus,* hg. von Paul Raabe, München 1965, S. 17f. Der Literaturhistoriker Raabe steht selbst im Bann jener aktionistischen Sprache, wenn er seiner Sammlung den Untertitel »Der Kampf um eine literarische Bewegung« gibt.
14 Heinrich Eduard Jacob in der Einleitung zu seiner Anthologie *Verse der Lebenden* (1924), ebenfalls in Raabes Sammlung *Expressionismus* abgedruckt (S. 199).
15 Edgar Salin, *Um Stefan George,* Godesberg 1948, S. 30f.
16 Ludwig Thormaehlen, *Erinnerungen an Stefan George,* Hamburg 1962, S. 218.
17 Helene von Nostitz, *Aus dem alten Europa,* hg. von Oswalt von Nostitz, Frankfurt 1978, S. 60. Die erste Ausgabe des Buchs erschien 1924.
18 Alfred Rosenberg, *Der Mythus des 20. Jahrhunderts* (1930), 177.-182. Aufl., München 1941, S. 268f.
19 Hugo von Hofmannsthal, *Aufbauen, nicht einreißen* (1915), in: H.v.H., *Prosa,* Bd. 3, hg. von Herbert Steiner, Frankfurt 1964, S. 239; siehe auch den Aufsatz *Die Taten und der Ruhm* (ebd., S. 242–251).
20 Ernst Bloch, *Geist der Utopie,* 2. Aufl., Berlin 1923, S. 4.
21 Ludwig Reiners, *Stilkunst,* 4. Aufl., München 1951, S. 115.
22 KSA, Bd. 3, S. 526f.
23 Abgedruckt in: *Manifeste und Proklamationen der europäischen Avantgarde,* hg. von Wolfgang Asholt und Walter Fähnders, Stuttgart 1995, S. 4f.
24 Abgedruckt in: *Der Dichter als Kommandant.* D'Annunzio er-

obert Fiume, hg. von Hans Ulrich Gumbrecht u. a., München 1996, S. 33. Mehrere Beiträge in diesem Band sind lehrreich für den Übergang des poetisch übertreibenden Worts zur theatralisch kriegerischen Aktion.
25 Ernst Jünger, *Der Arbeiter*, 2. Aufl., Hamburg 1932, S. 53.

17 Unzeitgemäß

1 KSA, Bd. 1, S. 21.
2 An Erwin Rohde, 17. 8. 1869, in: Nietzsche, *Briefwechsel.* Kritische Gesamtausgabe, 2. Abt., Bd. 1, Berlin 1977, S. 42.
3 Nietzsche, *Werke.* Kritische Gesamtausgabe, 1. Abt., Bd. 2, Berlin 2000, S. 436.
4 KSA, Bd. 1, S. 247.
5 Geistreich und anschaulich behandelt Tom Stoppards Stück *The Invention of Love* (1997) den moralischen Konflikt und die poetische Versöhnung zwischen hellenischem Traum und modernen Sitten. Hauptfigur des Dramas ist der homophile Lyriker und Cambridger Professor für Klassische Philologie A. E. Housman (1859–1936).
6 KSA, Bd. 1, S. 687.
7 15. 12. 1870, in: Nietzsche, *Briefwechsel* (wie Anm. 2), S. 165.
8 KSA, Bd. 8, S. 75 und 89.
9 Wenn das 20. Jahrhundert antike Vorbilder in einigen Lebensformen aufgreift, werden diese so selbstverständlich, daß das Bewußtsein von ihrer Herkunft und damit das Interesse am griechischen Altertum schwinden. Diese paradoxe Entwicklung beobachtete Eugen Diederichs, *Die geistigen Aufgaben von heute, morgen und übermorgen*, in: *Die Tat* 19 (1927/28), S. 651: »Das höchste Ideal der älteren Generation zur Zeit unserer Jugend war das Griechentum. Es wurde aber darüber nur *geredet*, es wurde nicht *gelebt*. Gelebt wird es vielmehr von unserer heutigen Jugend, wenn sie Körperkultur treibt und nichts mehr von den alten Griechen wissen will.«
10 KSA, Bd. 1, S. 311.
11 Ebd., S. 103.
12 KSA, Bd. 8, S. 112.
13 KSA, Bd. 6, S. 167.

14 Ebd., S. 170.
15 Gottfried Benn, *Dorische Welt*, in: G. B., *Sämtliche Werke*. Stuttgarter Ausgabe, Bd. 4, Stuttgart 1989, S. 134.
16 An Carl von Gersdorff, 18. 11. 1871, in: Nietzsche, *Briefwechsel* (wie Anm. 2), S. 242.
17 KSA, Bd. 7, S. 421.

18 Vornehm

1 KSA, Bd. 12, S. 401.
2 KSA, Bd. 5, S. 259.
3 KSA, Bd. 3, S. 417.
4 Bereits die Schülerin Tony Buddenbrook weiß im Internat zu differenzieren: Die erste Adelige, die sie trifft, die ländlich-stämmige Mitschülerin Armgard von Schilling, »war durchaus nicht vornehm«; jedoch wendet Tony »dieses Wort ›vornehm‹« auf die aparte, künstlerisch begabte Bürgerstochter Gerda Arnoldsen an (Thomas Mann, *Buddenbrooks*, Frankfurt 1981, S. 88).
5 KSA, Bd. 3, S. 389 und 407; ein unmittelbares Verhältnis der Herrschaft gebe es in der Gegenwart nur noch zwischen »Soldaten und Führer«.
6 Nicolaus Sombart, *Jugend in Berlin*, Frankfurt 1991, S. 72.
7 Helene von Nostitz, *Aus dem alten Europa*, hg. von Oswalt von Nostitz, Frankfurt 1978, S. 137 und 18.
8 KSA, Bd. 6, S. 268.
9 KSA, Bd. 5, S. 233.
10 In dem Aktenauszug, den Rilkes Onkel Jaroslav auf der Suche nach adeligen Vorfahren anfertigen ließ, ist nur von einem »Otto Rülke« (oder »Rülcke«) die Rede; s. Rainer Maria Rilke, *Werke*. Kommentierte Ausgabe, Bd. 1, Frankfurt 1996, S. 720.
11 Rudolf Borchardt, *In Memoriam*, in: R. B., *Prosa*, Bd. 6, Stuttgart 1990, S. 10. Borchardts Retuschen an seinem Lebenslauf grenzen an Hochstapelei. So behauptete er in einem Brief, mit dem er – vergeblich – beim Vater einer jungen Dame um deren Hand anhielt, er habe in Oxford studiert, sei promoviert und besitze ein beträchtliches Vermögen – was alles nicht zutraf (an Wilhelm Ruer, 11. 4. 1902, in: R. B., *Vivian*, hg. von Friedhelm Kemp und Gerhard Schuster, Marbach 1985, S. 50 f.).

12 Karl Eugen Gass, *Pisaner Tagebuch*, hg. von Paul Egon Hübinger, 2. Aufl., Heidelberg 1962, S. 157.
13 Auffällig sind in der Literatur der Jahrhundertwende die zahlreichen adeligen und wohlklingenden Namen: Detlev von Liliencron, Hugo von Hofmannsthal, Leopold von Andrian, Lou Andreas-Salomé, Stefan George, Karl Wolfskehl, Rainer Maria Rilke. Die Namen passen so gut zur feierlichen Tonlage der damaligen Dichtung, daß sich der Verdacht aufdrängt, der Name habe bei der Bestimmung zum Dichter mitgeholfen. Man höre dagegen die Namen der Schriftsteller nach 1945 – Böll, Schmidt, Frisch, Grass, Walser, Müller, Wolf –, und schon ist man auf die Bescheidenheit und den Realismus dieser Literatur eingestimmt.
14 Novalis, *Schriften*, hg. von Paul Kluckhohn und Richard Samuel, 2. Aufl., Bd. 3, Stuttgart 1968, S. 646.
15 KSA, Bd. 3, S. 374.
16 KSA, Bd. 13, S. 61.
17 Michael Georg Conrad, *Der Übermensch in der Politik*, Stuttgart 1895, S. 25.
18 Georg Simmel, *Zum Verständnis Nietzsches,* in: G.S., *Gesamtausgabe*, Bd. 7, Frankfurt 1995, S. 62.
19 KSA, Bd. 5, S. 205.
20 KSA, Bd. 13, S. 475.
21 Georg Simmel, *Zur Philosophie der Herrschaft* (1907), in: G.S., *Gesamtausgabe*, Bd. 8, Frankfurt 1993, S. 171; vgl. auch Simmels Aufsatz *Soziologie der Ueber- und Unterordnung* (ebd., S. 180–257).
22 Max Kommerell, *Der Dichter als Führer in der deutschen Klassik*, Berlin 1928, S. 300. Die Verachtung der Massen gehörte zum Stil nicht nur deutscher Intellektueller. Unter Berufung auf Nietzsche verteidigten auch in England Schriftsteller wie W.B. Yeats, H.G. Wells, D.H. Lawrence, T.S. Eliot, F.R. Leavis den Vorrang der elitären Kultur vor den Massenmedien (vgl. John Carey, *Haß auf die Massen. Intellektuelle 1890–1939*, Göttingen 1996, besonders das Kapitel »Geborene Aristokraten«), ohne daß dadurch die englische Demokratie erschüttert worden wäre. In Deutschland, wo die Demokratie keine Tradition hatte, konnten Nietzsches Parolen der Verachtung leichter zum politischen Programm werden.
23 Rudolf Borchardt, *Die Aufgaben der Zeit gegenüber der Litera-*

tur, in: R.B., *Reden*, hg. von Marie Luise Borchardt, Stuttgart 1955, S. 396. Borchardts *Eranos-Brief* (1924, in: R.B., *Prosa*, Bd. 1, hg. von Marie Luise Borchardt, Stuttgart 1957, S. 90–130) beurteilte und verurteilte die gesamte deutsche Geschichte seit 1871, exemplarisch dargestellt an der Veränderung der Geisteswissenschaften, als Verlust an Vornehmheit. Im *Gespräch über Formen* empfahl er, Wilamowitz' banalisierende Übersetzungen griechischer Tragödien zu meiden und sich durch die Lektüre der Originale dem »Bild voll ungeheurer Drohungen und grandioser Vornehmheit« auszusetzen (ebd., S. 346). Nur den Wenigen, die – ohne Professoren der Klassischen Philologie zu sein – griechische Texte lesen können, wird sich also deren Vornehmheit erschließen.
24 Thomas Mann, *Nietzsche's Philosophie im Lichte unserer Erfahrung*, in: Th. M., *Leiden und Größe der Meister*, Frankfurt 1982, S. 849.
25 Ludwig Curtius, *Deutsche und antike Welt*, Stuttgart 1958, S. 153 und 144.
26 Heinrich Mann, *Nietzsche*, in: *Mass und Wert* 2 (1939), S. 277.

19 Die Stile und der Stil

1 KSA, Bd. 6, S. 155.
2 Rudolf Borchardt, *Rede über Hofmannsthal* (1905), in: R.B., *Reden*, hg. von Marie Luise Borchardt, Stuttgart 1955, S. 69.
3 KSA, Bd. 1, S. 163.
4 »Das Dasein eines Stiles, welcher schon an sich ein großes kulturgeschichtliches Ereignis ist«, gesteht auch Jacob Burckhardt, trotz aller Skepsis gegenüber den politischen Verhältnissen in Griechenland, der griechischen Kultur zu (J.B., *Griechische Kulturgeschichte*, Bd. 1, Darmstadt 1970, S. 10).
5 KSA, Bd. 2, S. 437f.
6 Die Diagnose, daß diese Zeit von einer »Sehnsucht nach Stil« erfüllt sei, zitiert Georg Bollenbeck (*Stilinflation und Einheitsstil*, in: *Stil*, hg. von Hans Ulrich Gumbrecht und K. Ludwig Pfeiffer, Frankfurt 1986, S. 218) aus Samuel Lublinskis *Bilanz der Moderne* (1904). »Vom neuen Stil« handelten zahlreiche Bücher in diesen Jahren, z. B. von Henry van de Velde und Hermann Muthe-

sius. *De Stijl* nannte sich die Zeitschrift einer holländischen Künstlergruppe, von der das Bauhaus vieles übernehmen sollte.
7 Siehe den Katalog der Ausstellung *L'Art Nouveau. La Maison Bing* in der Villa Stuck, München 2005. Die Villa des Malers Franz (seit 1906: von) Stuck, 1897/98 von ihm selbst eingerichtet, gibt selbst ein aufwendiges Beispiel eines durchstilisierten Lebensgesamtkunstwerks.
8 KSA, Bd. 2, S. 596.
9 Joseph Goebbels, *Michael*, München 1929, S. 18.
10 Rudolf Kassner, Stil, in: R. K., *Die Mystik, die Künstler und das Leben* (1900), in: R. K., *Sämtliche Werke*, hg. von Ernst Zinn, Bd. 1, Pfullingen 1969, S. 287.
11 KSA, Bd. 7, S. 510. Wie könnte wohl der deutsche Gehstil aussehen?
12 Ebd., S. 685. Die Uniform sollte zur stilvollsten Kleidung des deutschen Mannes avancieren; die Uniform erzwang Form. Carl Einstein erinnert sich, wie er bei Beginn des Ersten Weltkriegs den Wechsel von der Zivilkleidung zur Uniform erfuhr: »Wir spürten wir sollten Form erhalten [...] Es ging um eine Verwandlung – die alle Kräfte durchdringen wird.« (*Einige der schwierigen Aufgaben des Militärs*, in: C. E., *Werke*. Berliner Ausgabe, Bd. 4, Berlin 1992, S. 78).
13 Arthur Moeller van den Bruck, *Der Preußische Stil*, Breslau 1931, S. 125–127. Die zahlreichen Absätze im Text gebe ich durch Gedankenstriche wieder.
14 Auffällig ist, welche große Rolle die Themen Kunst, Form und Stil in den Grundlagenwerken des Nationalsozialismus spielen, etwa bei Hans F. K. Günther, *Rasse und Stil*, München 1926 (die »Rassen« sollen anhand ihrer »künstlerischen ›Form‹« identifiziert werden, S. 15) und Alfred Rosenberg, *Der Mythus des 20. Jahrhunderts*, München 1930 (der mittlere der drei Teile behandelt »Das Wesen der germanischen Kunst«).
15 KSA, Bd. 13, S. 63. Nur wer im Besitz der Macht ist, vermag zu vollbringen, was Nietzsche schon früh gefordert hatte: »*Das Erhabene festhalten zu können!*« (KSA, Bd. 7, S. 423).

20 Stil und Anti-Stil

1 Arthur Moeller van den Bruck, *Der Preußische Stil*, Breslau 1931, S. 125.
2 Allerdings darf der Prophet frühere Propheten zitieren, die auf ihn verweisen, also Nietzsche, denn er ist »kein prophet fürs volk sondern ein prophet für die propheten« (Rudolf Pannwitz, *Einführung in Nietzsche*, München 1920, S. 4).
3 KSA, Bd. 4, S. 48.
4 Ernst Bertram, *Nietzsche* (1918), 5. Aufl., Berlin 1921, S. 361.
5 Karl Bulcke, *Die Trauerfeierlichkeit am Sarge Friedrich Nietzsches* (*Berliner Tagblatt*, 29. 8. 1900), zit. in: Tanja Zeeb, *Die Wirkung Nietzsches auf die deutsche Gesellschaft der Jahrhundertwende im Spiegel der Tagespresse*, in: *Nietzsche-Studien* 33 (2004), S. 288.
6 Friedrich Wolters, *Herrschaft und Dienst*, 3. Aufl., Berlin 1923, S. 15 f. Der esoterische Buchschmuck Melchior Lechters in der verschwenderisch gedruckten Erstausgabe von 1909 erhöht noch Wolters' erhabene und entrückte Sprache.
7 Hermann Hesse, *Zarathustras Wiederkehr*, in: H.H., *Gesammelte Werke*, Bd. 10, Frankfurt 1970, S. 497.
8 Kurt Tucholsky, *Die Familie* (1923 in der *Weltbühne* erschienen), in: K.T., *Gesamtausgabe*, Bd. 6, Reinbek 2000, S. 7.
9 Bertolt Brecht, *Werke*. Berliner und Frankfurter Ausgabe, Bd. 22, T. 1, Berlin u. a. 1993, S. 254. Diese Aufzeichnung von 1936 (oder 1937) gehört zu dem von Brecht geplanten Aufsatz »Über den Bühnenbau der nichtaristotelischen Dramatik«.
10 Dies vermerkt er 1920 im Tagebuch, siehe Brecht, *Werke* (wie Anm. 9), Bd. 26, Berlin u. a. 1994, S. 115.

Register

Adorno, Theodor W. 45, 78, 114, 206
Äschylos 12, 114
Andreas-Salomé, Lou 201, 215
Andrian, Leopold von 215
Aristoteles 56, 65
Arndt, Ernst Moritz 71, 76
Bakunin, Michail Alexandrowitsch 152
Beethoven, Ludwig van 137, 147
Behrens, Peter 178
Bellini, Giovanni 179
Benjamin, Walter 45, 211
Benn, Gottfried 12 f., 17, 76, 166
Bertram, Ernst 191
Bing, Siegfried 185
Bismarck, Otto von 71
Bloch, Ernst 45, 156
Böll, Heinrich 215
Bopp, Franz 96
Borchardt, Rudolf 9, 76, 147, 175, 182 f., 214, 216
Borges, Jorge Luis 114
Börne, Ludwig 73
Brandes, Georg 176
Brecht, Bertolt 195 ff.
Brummell, George 183

Büchmann, Georg 88
Buffon, Georges Louis Leclerc Graf von 97, 103
Burckhardt, Jacob 128 f., 167, 216
Cadorna, Luigi 158
Calderón de la Barca, Pedro 211
Canetti, Elias 72
Cäsar 137, 155
Cicero 78, 97, 106
Conrad, Michael Georg 176
Curtius, Ludwig 179
D'Annunzio, Gabriele 158
Danton, Georges Jacques 71
Darwin, Charles Robert 115, 147
Diederichs, Eugen 153, 206, 209, 213
Dostojewskij, Fjodor Michailowitsch 127
Dürer, Albrecht 147
Eckhart, Meister 156
Eichendorff, Joseph von 8, 11
Einstein, Carl 217
Eliot, T.S. 215
Fichte, Johann Gottlieb 71, 76
Ficino, Marsilio 163
Flex, Walter 211
Fourier, Charles 152

Frank, Victor (Frank Mehnert) 175
Franz Joseph, Kaiser von Österreich 174
Frisch, Max 215
Fritzsch, Ernst Wilhelm 60
Gass, Karl Eugen 175
Geiger, Theodor 210
George, Stefan 10, 114, 126, 139, 141, 144 f., 147 f., 155, 175 f., 183, 187, 193 f., 210 f., 215
Georgiades, Thrasybulos 203
Gerber, Gustav 91
Gersdorff, Carl von 61, 125
Gildemeister, Otto 39–47, 49, 196, 201
Gilly, Friedrich 188
Goebbels, Joseph 76, 119, 148, 186 f.
Goethe, Johann Wolfgang von 8, 21, 72 ff., 136, 147–150, 163, 176, 200, 211
Grass, Günter 76, 215
Grimm, Herman 201
Grimm, Jacob 71, 96, 99
Grimm, Wilhelm 99
Groys, Boris 198
Günther, Hans F. K. 217
Gundolf, Ernst 141, 175
Gundolf, Friedrich 141, 148, 155, 175
Hamann, Brigitte 209
Hamann, Johann Georg 96
Hegel, Georg Wilhelm Friedrich 165
Heidegger, Martin 142
Heine, Heinrich 52, 73, 75, 183

Henscheid, Eckhard 102
Heraklit 91
Herder, Johann Gottfried 90 f., 96, 148
Herwegh, Georg 151
Hesse, Hermann 8, 194
Hildebrand, Adolf von 179 f.
Hitler, Adolf 10, 17, 76, 119, 141 f., 144, 147 f., 187, 204, 209
Hoffmann, E.T.A. 8
Hofmannsthal, Hugo von 13, 76, 156, 174, 176, 182 f., 215
Hölderlin, Friedrich 46, 148 ff., 152, 163, 165, 202
Homer 114 f., 137, 180
Horaz 182
Housman, A.E. 213
Hübsch, Heinrich 183
Humboldt, Wilhelm von 96
Isokrates 97
Jakob, Heinrich Eduard 155
Jean Paul (Johann Paul Friedrich Richter) 46, 65, 148 f., 151, 211
Jünger, Ernst 9, 121, 139, 158, 211
Kant, Immanuel 81, 102, 147, 180
Kassner, Rudolf 187
Keller, Guido 158
Kierkegaard, Sören 206
Kippenberg, Anton 75
Kittler, Friedrich 8
Kleist, Heinrich von 149, 211
Klopstock, Friedrich Gottlieb 72, 77, 148
Kommerell, Max 136, 148 f., 178, 211

Korn, Karl 102
Körner, Theodor 151
Kraus, Karl 94–97, 102, 205
La Rochefoucauld, François VI., Duc de 93, 95
Lavater, Johann Caspar 200
Lawrence, D.H. 215
Leavis, F.R. 215
Lechter, Melchior 218
Lessing, Gotthold Ephraim 136, 211
Leyen, Friedrich von der 75
Lichtenberg, Georg Christoph 93 f.
Liliencron, Detlev von 215
List, Guido von 209
Lublinski, Samuel 216
Luhmann, Niklas 8
Luther, Martin 21, 65 f.,
Macaulay, Thomas Babington 201
Mahler, Gustav 63
Mann, Heinrich 180
Mann, Thomas 8, 13, 16, 76, 173, 178, 199
Marinetti, Filippo Tommaso 157 f.
Marx, Karl 151 f.
Mauthner, Fritz 102
Michelangelo 137
Mirabeau, Honoré Gabriel Comte de 71
Moeller van den Bruck, Arthur 188, 190 f., 193
Molière (Jean Baptiste Poquelin) 97
Montaigne, Michel de 47
Müller, Adam 69–74, 76, 203
Müller, Heiner 215

Mundt, Theodor 73
Münster, Georg Herbert, Graf 174
Mussolini, Benito 16 f., 143, 148
Muthesius, Hermann 216 f.
Napoleon Bonaparte 175, 210
Naumann, Constantin Georg 24
Newton, Isaac 147
Norden, Eduard 182, 205
Nostitz, Helene von 156, 174
Novalis (Friedrich von Hardenberg) 11, 176
Oehler, Richard 141
Overbeck, Franz 125
Paneth, Josef 21
Pannwitz, Rudolf 114, 125 f., 206, 218
Panofsky, Erwin 22
Peirce, Charles S. 22
Pico della Mirandola, Giovanni 163
Platon 65, 97, 208
Plautus 97
Pörksen, Uwe 102
Prudentius 114
Raabe, Paul 212
Reiners, Ludwig 156
Rembrandt 147
Rilke, Rainer Maria 175 f., 215
Robespierre, Maximilien de 71
Rohde, Erwin 21, 163
Rosenberg, Alfred 16, 142, 156, 217
Saint-Just, Louis Antoine Léon de 71

Salin, Edgar 145 f., 155, 175
Sattler, Johann Ernst 179
Schiller, Friedrich von 73 f., 136, 148 f., 176, 179
Schinkel, Karl Friedrich 188
Schlegel, August Wilhelm 71, 96
Schlegel, Friedrich 71, 96
Schleiermacher, Friedrich Daniel Ernst 71
Schmidt, Arno 215
Schmidt, Jochen 210
Schmitt, Carl 142
Schönerer, Georg von 209
Schopenhauer, Arthur 19, 44, 55, 69, 81, 84, 98, 102, 106 ff., 110, 117, 120, 123, 125, 129, 132, 134 f., 160, 200, 208
Schulze, Ingo 7, 198
Seneca 97
Shakespeare, William 147
Simmel, Georg 177 f.
Sokrates 129, 208
Solger, Karl Wilhelm Ferdinand 71
Sombart, Nicolaus 173
Sombart, Werner 120 f.
Sorel, Georges 143
Spengler, Oswald 16, 142
Stauffenberg, Berthold Schenk Graf von 144
Stauffenberg, Claus Schenk Graf von 144
Stenzel, Jürgen 200
Sternberger, Dolf 102
Stoppard, Tom 213
Strauß, David Friedrich 20, 43, 83, 98–101
Strauß, Richard 63
Stuck, Franz von 217
Süskind, W. E. 102
Tacitus 180
Theweleit, Klaus 121
Thormaehlen, Ludwig 155
Tucholsky, Kurt 195
Varnhagen, Rahel 73
Velde, Henry van de 216
Vittorio Emanuele II., König von Italien 129
Wagner, Richard 8, 30, 34, 44, 46, 60 ff., 84, 88, 108–111, 117, 123, 129, 134, 160, 167
Walser, Martin 215
Weber, Max 8, 144
Weidlé, Wladimir 202
Weigand, Wilhelm 67
Wells, H.G. 215
Widmann, Josef Victor 16 ff.,
Wilamowitz-Moellendorff, Ulrich von 168, 216
Wilde, Oscar 183
Winckelmann, Johann Joachim 136, 163
Wittgenstein, Ludwig 13
Wolf, Christa 215
Wolfskehl, Karl 215
Wolters, Friedrich 139, 145, 147, 175, 193 f.
Wustmann, Gustav 101
Yeats, W.B. 215
Zehrer, Hans 153
Zilsel, Edgar 210
Zweig, Stefan 155